W0411043

GERHARD PILGRAM. WILHELM BERGER. GERHARD MAURER (FOTOS).

Das Weite suchen

ZU FUSS VON KÄRNTEN NACH TRIEST
EIN WANDER-REISE-LESEBUCH

Herausgeber:
Universitätskulturzentrum UNIKUM, Klagenfurt

Weitere Informationen zum Projekt „Das Weite suchen“:
www.unikum.ac.at

IMPRESSUM

© 2006 Carinthia Verlag
in der Verlagsgruppe Styria GmbH & Co KG, Wien-Graz-Klagenfurt
Alle Rechte Vorbehalten
www.carinthiaverlag.at

Fotos: © Gerhard Maurer, Klagenfurt
Gestaltung: TextDesign
Satz & Repro: TextDesign GesmbH, Klagenfurt
Druck und Bindung: Stiepan Druck Ges.m.b.H., Leobersdorf
Printed in Austria

ISBN-10: 3-85378-594-8
ISBN-13: 978-3-85378-594-2

Für Günther Hödl

Inhalt

Vorwort und Gebrauchsanweisung

Vorliegendes Buch versteht sich als Anleitung für eine Weitwanderung von Kärnten zum Meer; es ist ein Kursbuch zu einer »Fernreise« im Dreiländereck von Österreich, Slowenien und Italien. Wer sich darauf einlässt, und sei es nur abschnittsweise, darf sich auf wunderbare Landschaften, viele Kulturdenkmäler und die Begegnung mit interessanten Menschen freuen. Wer die Region bereits zu kennen glaubt, wird sie bald mit neuen Augen betrachten; wer sie zum ersten Mal bereist, wird von ihrer außerordentlichen Vielfalt begeistert sein.

Man durchmisst nicht nur unterschiedliche Kultur- und Naturräume, sondern auch zahlreiche historische Schauplätze. Zentren des Fremdenverkehrs wie Faak, Bled und Bohinj liegen ebenso auf der Strecke wie wenig besuchte Gegenden. Die Baška grapa, das Vipava-Tal oder die Hügel des Karst sind solche Gebiete. Neben prominenten Städten wie Gorizia und Triest erwarten den Wanderer vor allem malerische Dörfer und einsame Weiler – Orte, in denen die Zeit stehen geblieben ist. Mit der Šentviška planota, der Banjšice und dem Kanalski Kolovrat lernt man schließlich nahezu unbekannte Landschaften von außerordentlicher Schönheit kennen. Sie zu entdecken und zu Fuß zu erkunden, gehörte zu den beglückendsten Erfahrungen im Zuge der Recherchen für dieses Buch.

Die Reise gliedert sich in 17 Etappen, die entweder einzeln absolviert oder zu mehrtägigen Wanderungen kombiniert werden können. Man braucht also keineswegs wochenlang und bis zur Erschöpfung zu Fuß unterwegs zu sein, sondern kann die Strecke »in Fortsetzungen« zurücklegen. Am klügsten ist es, jeweils wenigstens zwei Etappen zu einer Wanderung mit Übernachtung zusammenzuziehen und dafür je ein (verlängertes) Wochenende oder einen Kurzurlaub einzuplanen. Für Frühaufsteher sind die meisten Etappen (von Villach aus) auch als Tagesausflüge zu schaffen.

Die Wanderungen verlaufen stets in Reichweite der Karawankenbahn zwischen Villach und Rosenbach, der Wocheiner Bahn zwischen Jesenice und Nova Gorica und der Karstbahn zwischen Štanjel und Triest. Alle Ausgangs- und Endpunkte sind mit dem Zug erreichbar; wer mit dem PKW anreist, kann am Abend per Bahn zu diesem zurückkehren.

Auch die Quartiere befinden sich im Umkreis der Bahnstationen. Wer mehrere Tage unterwegs ist, hat die Möglichkeit, ein »Basislager« zu beziehen und mit leichtem Gepäck zu wandern. Für mehrtägige Aufenthalte bieten sich Bled, Bohinj, Most na Soči, Gorizia und Štanjel

Bei Nemški Rovt in Bohinj (Wochein)

an. Nicht alle Quartiere erfüllen das Kriterium von Gemütlichkeit und Komfort. Auch das kulinarische Angebot ist nicht überall vom Feinsten.

Die Bahnnähe bedeutet nicht, dass man sich hauptsächlich entlang der Gleise bewegt, im Gegenteil: Die Routen verlaufen größtenteils eine Geländestufe höher und abseits des Verkehrs. Die Höhenunterschiede halten sich trotzdem in Grenzen; etwas größer sind die »Umwege«, die in Kauf genommen werden. Die wenigsten Etappen sind also Bergwanderungen im engeren Sinn; sie zu bewältigen, erfordert dennoch ein Mindestmaß an Kondition und eine gute Ausrüstung.

Die angegebenen Wegzeiten entsprechen einem durchschnittlichen Schritttempo. Pausen und Besichtigungen sind nicht berücksichtigt. Im Herbst und bei längeren Etappen empfiehlt es sich, möglichst früh aufzubrechen. An heißen Sommertagen ist von den Wanderungen in der Primorska, dem Küstenland, abzuraten. Umso angenehmer wandert man in diesem Gebiet im Spätherbst und Winter.

Die Wegbeschreibungen sind weniger kompliziert als sie auf den ersten Blick erscheinen mögen. Wer sich zu Beginn der Wanderung anhand der Kartenskizze einen Überblick verschafft und sich an den Schlüsselstellen orientiert, wird vor Ort wenig Mühe haben, den Wegverlauf nachzuvollziehen. Alle Etappen sind von den Autoren mehrmals und in verschiedenen Varianten ausprobiert sowie von Ortsunkundigen getestet worden. Scheinbar unlogische Wegverläufe haben dramaturgische Gründe, etwa um längere Asphaltpassagen zu vermeiden oder unerquicklichen Ansiedlungen auszuweichen.

Wanderkarten bieten eine zusätzliche Navigationshilfe und ermöglichen Abkürzungen oder individuelle Routenänderungen. Man bedenke aber, dass in den Karten nicht alle Wanderwege eingezeichnet sind und nicht jeder eingezeichnete Pfad tatsächlich gangbar ist. So mancher Weg beginnt vielversprechend, um nach einer halben Stunde im Dornengestrüpp zu enden. Außerdem sind viele Markierungen zwar gut gemeint, aber äußerst mangelhaft. Im Ernstfall verlasse man sich auf den eigenen Spürsinn. Wer sich trotzdem verirrt, stelle sich der Herausforderung mit Neugier und der Lust am Ungewissen.

Über Rückmeldungen freuen sich
Gerhard Pilgram, Wilhelm Berger und Gerhard Maurer,
unikum@uni-klu.ac.at

Ergänzende Texte, zusätzliche Etappen, diverse Wegvarianten und Aktualisierungen finden sich unter www.unikum.ac.at, Zugauskünfte unter www.oebb.at, www.slo-zeleznice.si und www.trenitalia.com.

WARMBAD VILLACH
TOPLICE
FAAK AM SEE
BAČE
AUT
ROSENBACH
PODROŽCA
SLO
JESENICE
BLEJSKA DOBRAVA
BLED
BOHINJSKA BISTRICA
PODBRDO
HUDAJUŽNA
MOST NA SOČI
AVČE
KANAL
ANHOVO
PLAVE
MEDANA
ITA
GORIZIA
NOVA GORICA
VOLČJA DRAGA
BRANIK
ŠTANJEL
SEŽANA
MIRAMARE
TRIESTE
TRST
TRIEST

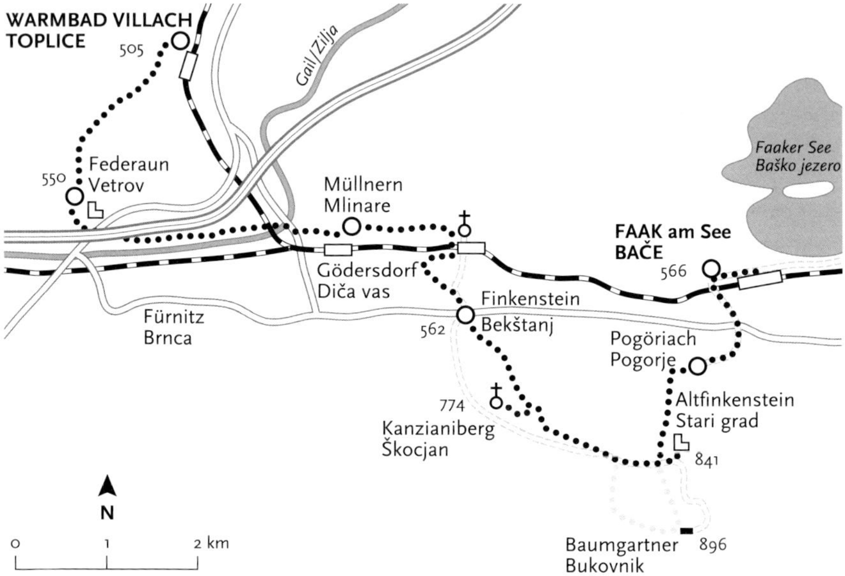

I Kein Bleiben

WANDERUNG VON WARMBAD VILLACH/TOPLICE NACH FAAK AM SEE/BAČE

Villach zu verlassen, ist das der beste Weg: Man wandert ohne große Anstrengung von Bahnhof zu Bahnhof, genießt die Vielfalt der Landschaft und ein Potpourri geschichtsträchtiger Siedlungen. Über ramponierte Ortsbilder trösten manches Naturjuwel und eine Reihe interessanter Kulturdenkmäler hinweg. Ein Auftakt (fast) nach Maß, der Lust macht auf Meer.

Den ersten Abschnitt legt man auf der gut erhaltenen Römerstraße bei Warmbad Villach zurück, die einst Noreia mit Aquileia verband. Keltische Hügelgräber liegen ebenso am Weg wie das Tschamer-Loch und die Studenca, die sich im Frühjahr wie ein Sturzbach aus dem Fels ergießt. Bei Oberfederaun, das auf dem Eselsohr des Dobratsch sitzt, biegt man nach Osten. Man folgt der Gail bis Müllnern, wo eine Nudelfabrik ums Überleben kämpft. Sanft wellt sich das Gefilde bei Finkenstein, das trotz Zersiedelung noch dörflichen Charakter hat. Wie ein Vulkan erhebt der Mittagskogel sich im Süden. Man wechselt auf die rechte Seite des Tales und steigt im Wald zur hübschen Kanzianikirche an. Den Höhepunkt der Wanderung erreicht man mit der Burgruine in Altfinkenstein. Prächtig ist die Bergkulisse, bezaubernd sind die Hügel im Umkreis, und selbst der Häuserbrei im Tal nimmt sich von hier betrachtet malerisch aus.

ANMERKUNGEN: Leichte Wanderung. Länge: 17 km. Mehrere Abkürzungsmöglichkeiten. Gehzeit: 5 Stunden. Anstiege: ca. 350 m. Karte: Kompass Wanderkarte Nr. 062, Villach-Faaker See. Einkehr: Finkenstein, Altfinkenstein, Pogöriach.

WEGBESCHREIBUNG: Man überschreitet den Parkplatz vis-à-vis des Bahnhofs Warmbad Villach und betritt rechts des **»Kursalons«** eine Allee. Nach 50 m wendet man sich nach links (Beginn der »Laufstrecke«), durchschreitet den Kurpark und gelangt zu einer **Kapelle**. Kurzer Anstieg über eine Geländestufe bis zu einem Quersträßchen; auf diesem nach links (Markierung 09). Nach 300 m eine Gabelung; man geht rechts und folgt nach 30 m dem Wegweiser »Römerweg«.

Bauernhof in Finkenstein/Bekštanj

Man passiert die **Napoleonwiese** (Hügelgräber) und stößt bald darauf auf die **Römerstraße**, welcher man folgt. Anstieg bis zu einem kleinen Sattel. Kurz darauf passiert man die **Studenca** (temporäre Quelle) und ignoriert die darauffolgende Abzweigung nach links (Wegweiser »Warmbad«). Geradeaus weiter auf breitem Wege bis **Oberfederaun** (0:45 Std.).

Bei den ersten Häusern auf einem Asphaltsträßchen geradeaus bis zu einem großen Bildstock (Weitwanderweg Nr. 209). Man geht rechts und folgt der Straße bergab bis **Unterfederaun**. Am Ortsbeginn eine Querstraße; man geht links. Nach gut 100 m nimmt man eine Abzweigung nach rechts, unterquert die Autobahn, dann eine weitere Straßenbrücke. Nach 50 m verlässt man die Straße nach rechts und wandert auf breitem Uferweg entlang der Gail flussabwärts. Nach 25 Min. unterquert man eine Eisenbahnbrücke und biegt sofort nach links. Man steigt zur **Bundesstraße** an und wendet sich auf dieser nach rechts. Man überquert die Gail und wendet sich nach der Brücke nach links (Wegweiser »Müllnern«). Man durchschreitet – stets der Warmbader Straße folgend – den gesamten Ort, passiert dabei die »Kunstmühle« und gelangt nach ca. 15 Min. zur Finkensteiner **Nudelfabrik** (1:45 Std.).

Man passiert das ehemalige Gewerkenschloss (»WdL-Haus«), geht auf ansteigendem Weg links an der **Nudelfabrik** und einem Wohngebäude vorbei, um auf breitem, ebenem Wege neben einem Kanal weiter zu wandern. Nach 100 m steigt der Weg an und führt in den Wald. Nach kurzem steilem Anstieg nimmt man eine Abzweigung nach rechts, erreicht gleich darauf einen Querweg und geht auf diesem nach rechts. Sehr schöner Feldweg bis zu den ersten Häusern von **Finkenstein**. Schöner Blick auf den Mittagskogel. Am Ortsrand folgt man einem Sträßchen bis zu einer Querstraße, auf dieser nach rechts bis zur **Kirche** (2:15 Std.).

Vor der Kirche eine Kreuzung; man geht rechts bergab bis zu einer Gabelung vor dem **Bahnhof Finkenstein**. Man geht rechts (!), quert die Gleise und wandert 500 m westwärts. Man passiert ein Sägewerk und biegt in ein ansteigendes Sträßchen nach links. 10 Min. unerquicklicher Asphalt. Man passiert die »Dorfmühle« und gelangt kurz darauf zu einer Querstraße; auf dieser nach rechts bis zum neuen Ortszentrum von Finkenstein an der **Bundesstraße**. Man wendet sich auf dieser nach links und biegt nach 250 m nach rechts in den asphaltierten Kazianibergweg. Nach 200 m eine Gabelung; man geht links bergauf (Markierung). Am Ortsrand ein Querweg; man geht geradeaus (Wegweiser »Kazianiberg«) und steigt 20 Min. auf markiertem Waldweg bis zu einem kleinen Sattel an. Hier wendet man sich nach rechts und steigt steil auf einem »Naturlehrpfad« zur **Kazianibergkirche** an (3:15 Std.).

Man kehrt zum Sattel unterhalb der Kirche zurück und geht hier geradeaus (Wegweiser »Burgruine«). Der Weg vereinigt sich kurz darauf mit einem breiteren Weg; man geht geradeaus (ignoriert den Wegweiser »Pogöriach«). Wenig später eine Gabelung; man geht links und wandert bald darauf neben einer Asphaltstraße, bis man schließlich auf dieselbe trifft. Auf der Straße nach links. 15 Min. Asphalt bis **Altfinkenstein** (4:00 Std.).

Variante: Man biegt am Ortsbeginn von Altfinkenstein nach rechts in den markierten Weg Nr. 683 und steigt steil bis zum Bauernhof vulgo **Zwanzger** an. Schönes Panorama. Von dort auf einem Sträßlein in östlicher Richtung bis zur **Baumgartner Höhe**. Bei einem Bildstock an der Straße links bergab bis zur Talstation eines Sessellifts. Weiter bergab in einer Schneiße bis **Altfinkenstein**. Zusätzlicher Zeitaufwand: 1 Std.).

Aufstieg zur **Burgruine**. Schöner Rundblick. Zurück zum Ruinenstüberl an der Querstraße unterhalb der Ruine. Von hier auf markiertem Weg (Wegweiser »Pogöriach«) im Wald steil bergab bis **Pogöriach** (4:30 Std.). Bei den ersten Häusern ein Querweg, man geht rechts und folgt einem Sträßchen bis zum Pogöriacher Hof unterhalb der Kirche; hier nimmt man eine Abzweigung nach rechts. Nach 10 Min., beim Gasthof Urschitz, biegt man nach links und erreicht kurz darauf die Bundesstraße. Man geht geradeaus und erreicht **Faak am See**. Nach 150 m eine Gabelung; man hält sich links und gelangt nach 500 m zu einem Bahnübergang. Man überquert die Schienen, wendet sich nach rechts und erreicht den **Bahnhof Faak am See** (5:00 Std.).

Finkenstein/Bekštanj: Eiernudeln mit Häuserbrei

Wo liegt Finkenstein? Auf diese Frage wissen selbst die Einheimischen keine eindeutige Antwort, hat doch die Gemeinde gleich mehrere, weit auseinander liegende Ortskerne. Es sind dies Finkenstein, Alt Finkenstein und Faak am See, das wiederum in (mindestens) zwei »Zentren« zerfällt. Dazu kommen die Industrie- und Verkehrsknotenpunkte Fürnitz und Gödersdorf sowie 21 weitere Dörfer und Weiler, von denen die kleinsten, Outschena und Petschnitzen, unüberhörbar slowenischen Ursprungs sind. Zusammengehalten werden die Ortschaften von einem dichten Netz aus gehsteiglosen Umfahrungs- und Stichstraßen, an deren Verästelungen die Einfamilien- und Ferienhäuser wie Sprossenkohl gedeihen und, sofern sie sich nicht ausgerechnet Paradies nennen, zu namenlosen Gebäudehaufen verklumpen. Finkenstein ist eine der bevölkerungsreichsten Landgemeinden Kärntens und kann als Musterbeispiel für Landschaftsschwund durch Zersiedelung betrachtet werden. Aus dem undefinierbaren Häuserbrei ragt aber auch eine Reihe landschaftlicher Kleinode und interessanter Kulturdenkmäler heraus, die bei geschickter Routenwahl ein abwechslungsreiches Besichtigungsprogramm ergeben.

Müllnern/Mlinare, das zwei Kilometer westlich des Hauptortes liegt, besitzt mit der Finkensteiner Eiernudelfabrik ein bemerkenswertes Industriedenkmal. Das auf den ersten Blick unauffällige Ensemble, bestehend aus ehemaligem Gewerkenschloss, Fabriksgebäude, Eiskeller, Arbeiterwohnhaus und Kleinkraftwerk, blickt auf eine über 400jährige Geschichte zurück. Sie begann mit der Errichtung eines Hammerwerkes, dessen protestantische Eigentümer im Zuge der Gegenreformation vertrieben wurden. In weiterer Folge diente das Werk als Getreidemühle, Schnapsbrennerei und Hefefabrik, ohne den wechselnden Eigentümern je viel Glück zu bringen. Der Durchbruch erfolgte erst im Jahr 1906, als der Bozener Nudelfabrikant Giuseppe Gregori – der bereits für die Verpflegung tausender Arbeiter beim Bau der Karawankenbahn gesorgt hatte – die Anlage erwarb und mit der Produktion von »tadellosen, wohlschmeckenden und in jeder Beziehung reinlichst erzeugten Teigwaren« begann. Bald waren die »Finkensteiner Eiernudeln« – von denen es fast 50 verschiedene Sorten gab – im ganzen Kaiserreich ein Begriff. 80 Arbeiter erzeugten jährlich bis zu 2500 Tonnen Teigwaren, die bis Budapest und in den Balkan, aber auch nach Italien exportiert wurden.

Zwölf Jahre später – mit dem Zerfall der Monarchie waren die meisten Absatzmärkte verloren gegangen – hatte der Höhenflug ein

Ende. Österreichs erste Nudelfabrik schlitterte in eine Krise, die sich zum Dauerzustand auswachsen sollte. Sichere Umsätze gab es nur im Dritten Reich, als die Nudelproduktion als »kriegswichtig« galt und staatlich gelenkt wurde. Auch die Partisanen deckten sich mit Finkensteiner Eiernudeln ein – mit vorgehaltener Pistole, aber gegen korrekte Bezahlung.

Am freien Markt konnte sich das Familienunternehmen – es wird heute von der Ururenkelin des Gründers geführt – nur schwer behaupten. In den 50er und 60er Jahren des 20. Jahrhunderts ging die Produktion unter dem Druck der ausländischen Konkurrenz rapide zurück; weitere Einbrüche gab es nach dem Beitritt Österreichs zur EU. Heute sind die Finkensteiner Eiernudeln aus den Regalen der Supermärkte fast völlig verschwunden; beliefert werden hauptsächlich Betriebsküchen und die Gastronomie. Der Jahresausstoß beträgt lediglich 400 Tonnen. Hatten 1947 noch 60 Frauen und ein paar Männer Arbeit gefunden, beschäftigt die Fabrik heute nur noch sieben Personen.

Die Produktpalette ist aber immer noch erstaunlich breit. Sie reicht von den »Muscherln«, »Ringerln« und »Fleckerln« unter der Marke »Goldfink« über Bio-Teigwaren bis zu den berühmten Buchstabennudeln. Dazu kommt das klassische Repertoire, von Fettuccine bis Tagliolini, die man als »Pasta Gregori« zu vermarkten sucht. Am arbeitsintensivsten ist die Spaghetti-Erzeugung, denn die Nudeln müssen immer noch händisch geschnitten und zum Trocknen aufgelegt werden. Die Firma nimmt für sich in Anspruch, »Qualität auf dem höchstmöglichen Standart« (sic!) zu produzieren und stellt auf Wunsch auch maßgeschneiderte Nudeln her. So ließ sich der Künstler Werner Hofmeister eine Edition von Q-Nudeln anfertigen. Angeregt wird hiermit die Produktion einer zweisprachigen Buchstabensuppe, in der das deutsche Alphabet mit den schönen slowenischen Zischlauten Č, Š und Ž angereichert ist.

Dass Finkenstein/Bekštanj einen nicht unbeträchtlichen Anteil slowenischer Bürger hat, ist für Außenstehende kaum erkennbar. Weder weisen zweisprachige Ortstafeln darauf hin, noch spielt die Zweisprachigkeit in der Fremdenverkehrswerbung eine Rolle.

Einer, der gegen diese spezifisch kärntnerische Form der Verdrängung immer wieder seine Stimme erhebt, ist der Künstler Valentin Oman. 2005 mit dem Ehrenkreuz für Wissenschaft und Kunst ausgezeichnet, nannte er alle Personen und Institutionen »unbegreiflich dumm und von präpotenter Arroganz, die im Kärntner Slowenen eine

Ehemalige Fremdenpension in Finkenstein/Bekštanj

Bedrohung sehen oder ihn zum Feindbild hochstilisiert haben«. International bekannt wurde der 1935 geborene Maler mit seinen teils düsteren, teils farbintensiven »Menschenbildern«, die aus mehreren Schichten Farbe, Gaze oder Papier förmlich hervortreten und an freigelegte Fresken erinnern. Sein öffentliches Eintreten für die Rechte der slowenischen Minderheit brachte ihm die Gegnerschaft deutschnationaler Organisationen ein und die Empfehlung des Landeshauptmannes, das Land zu verlassen. In Finkenstein hat sich der Künstler ein Atelier nach eigenen Plänen errichten lassen. Dem Duktus seiner Bilder entsprechend ist daraus ein fast sakraler Bau geworden. Die unglaubliche Menge der hier gelagerten Werke zeugt von der enormen Produktivität des Künstlers. In Ledenitzen (das ebenfalls zur Gemeinde Finkenstein gehört) kann eine von ihm gestaltete Aufbahrungshalle besichtigt werden. Kernstück ist eine Reihe länglicher Glasfenster mit schemenhaften Figuren auf tiefblauem Grund. »Im Innenraum«, heißt es auf der Homepage des Künstlers, »walten müdfarbige Menschheitsspuren«.

Lebendiger geht es im zweisprachigen Kindergarten und in der zweisprachigen Volksschule von Finkenstein zu. Ersterer wird privat geführt, zweitere ist laut Selbstdarstellung bestrebt, »den Schülern von klein auf eine offene Denkweise gegenüber Menschen mit anderer Kultur, Sprache und Hautfarbe anzuerziehen«. In vier von fünf Klassen wird in beiden Landessprachen unterrichtet; eine Klasse bietet zusätzlich Italienisch an. Dass die Schule trotz Bekenntnis zur Zweisprachigkeit lediglich eine deutsche Aufschrift trägt, ist wohl ein Zugeständnis an jene Bürger, die in jeder »Ljudška šola« einen Brückenkopf der Slowenisierung vermuten. Solchen Leuten erscheint wohl auch der Finkensteiner Kulturverein *Slovensko prosvetno društvo »Jepa–Baško jezero«* verdächtig, der sich der Pflege des slowenischen Liedguts widmet.

Die Verleugnung der slowenischen Wurzeln könnte der Gemeinde mittlerweile zum Nachteil im touristischen Wettbewerb gereichen. So kritisierte 2005 die Frankfurter Allgemeine Zeitung in einer großen Reportage über den Faaker See, dass die Möglichkeit der »Begegnung mit der slowenischen Kultur und Sprache« bei der touristischen Selbstdarstellung der Region völlig vernachlässigt und »die doppelte kulturelle Identität des Landes« unterschlagen werde. »Damit«, so die FAZ weiter, »gerät die Geschichte eines Landes in Vergessenheit, in dem noch vor hundert Jahren jeder vierte im Alltag slowenisch sprach. [Anm.: 1894 sprachen in Finkenstein/Bekštanj laut Volkszählung von 150 Einwohnern 145 Slowenisch; in Faak/Bače gaben von 259 Haushalten nur vier (!) Deutsch als Umgangssprache an.] Das 1972 beschlossene Ortstafelgesetz, das die Gemeinden zu zweisprachigen topographischen Aufschriften verpflichtet, ist bis heute nicht umgesetzt.« Als Symbol für dieses Versäumnis mag die Schrifttafel über dem Eingang des hundertjährigen Bahnhofsgebäudes von Faak am See gelten: Ursprünglich zweisprachig, wurde sie vor Jahrzehnten weiß überpinselt und mit einer deutschen Aufschrift versehen. Die Übermalung wurde aber von Wind und Wetter so in Mitleidenschaft gezogen, dass – quasi in Oman'scher Manier – Fragmente der alten Beschriftung allmählich wieder zum Vorschein kommen.

Vor einem Menschenalter, als die Slowenen in der Gemeinde noch die Mehrheit stellten, war Finkenstein ein kleines Dorf. Eine Ahnung vom ursprünglichen Ortsbild vermittelt sich beim Rundgang im Bereich der Bahnstation, über der sich die ursprünglich gotische Kirche St. Stefan erhebt. Der wuchtige Bau ist ein Werk des Meisters Jörg von Klagenfurt und diente als Wehranlage gegen die Türken, wovon noch heute die Schießscharten oberhalb des Presbyteriums zeugen. Ein steiler überdachter Stiegenaufgang stellt die Verbindung zur Dorfstraße her, über die mitten im Ort die Eisenbahn hinwegdonnert. An den Ersten Weltkrieg erinnert ein Heldendenkmal mit Jugendstilelementen. Ein steinerner Krieger mit Stahlhelm stützt sich müde auf sein Sturmgewehr. Das Minenspiel drückt eine geradezu unsoldatische Skepsis aus, und die scheint angesichts der Inschrift durchaus angebracht: »Führe unsere Heldenbrüder, oh Herr, zum glorreichen und letzten Siege im Himmelreiche.«

Im Umkreis hat sich aber mit mehreren eingeschoßigen Häusern und verwitterten Scheunen alte bäuerliche Architektur von wohltuender Schlichtheit erhalten. Ein Schmuckstück ist die hübsch renovierte Bauernmühle aus dem 18. Jahrhundert, die als Dorfmuseum eingerichtet wurde und eines der letzten unverputzten Steinhäuser des Ortes ist. Ebenso malerisch, doch leider von einer hässlichen Gaststätte bedrängt, ist das Kirchlein St. Margaretha an der Bundesstraße. Es stammt aus dem 14. Jahrhundert und trägt seine Glocke auf einem Dachreiter offen zur Schau. An der Südseite prangen Fresken aus dem 15. Jahrhundert, darunter die Darstellung des Heiligen Christopherus, der unter dem Durchzugsverkehr sichtlich leidet. Vom Autolärm unbehelligt bleibt die 700jährige Kirche des Heiligen Kanzian am Kanzianiberg südlich der Bundesstraße. Sie steht auf einem bewaldeten Felshügel, an dessen terrassiertem Westhang sich schon in der Jungsteinzeit und im Altertum eine Siedlung bzw. ein römisches Kastell befanden. Der Ort kann nur zu Fuß über einen steilen Weg erreicht werden, weshalb sich der Ansturm selbst in der Wandersaison in Grenzen hält. So hat der Besucher den schönen gotischen Bau meist für sich allein. Besonders auffällig ist der schlanke achtseitige Glockenturm, der auf einem würfeligen Unterbau sitzt und ein wenig an einen Leuchtturm erinnert. Mit verblassten Fresken und ungelenken Steinornamenten lässt das Mittelalter grüßen. Bei Schlechtwetter gibt die schindelgedeckte Vorlaube mit schön bemalter Decke einen stimmungsvollen Unterstand ab. Ein schmaler Schlitz in der Eingangstür erlaubt den Blick ins bescheiden eingerichtete und reich bemalte Kircheninnere. »Lebt« die Kirche nicht zuletzt von der angenehmen Patina, die sie im Lauf der Zeit angesetzt hat, haben die Bildstöcke des dazugehörigen Kreuzweges infolge einer unsensiblen Renovierung jede Aura verloren. In Würde gealtert ist aber das immer noch bewirtschaftete, weltabgewandte Ensemble aus Bauernkeusche, Scheune, Stall und Schuppen zu seinen Füßen.

Burgruine Finkenstein/Stari grad

Mit der benachbarten Burgruine Finkenstein in Altfinkenstein betritt man das meistbesuchte Kulturdenkmal der Gemeinde. Es handelt sich um die Überreste einer ursprünglich bambergischen Festung, die 1142 erstmals erwähnt wurde. Schon Santonino pries die »herrliche und ziemlich ausgedehnte Landschaft« zu ihren Füßen. In guter Erinnerung war ihm die Burg vor allem wegen eines zehngängigen »Fastenmenüs« geblieben, das man ihm hier kredenzte.

Heute präsentiert sich die Anlage als reichlich verwirrender Komplex aus verstümmeltem Burgfried, brüchigem Gemäuer mit gotischen Zierelementen (unter denen die »venezianischen« Kielbogenportale und -fenster besonders hervorstechen) und neuzeitlichen Zubauten. Er bildet die Kulisse einer für Freiluftveranstaltungen genützten »Burgarena«, die einen ehemaligen Kräutergarten ausfüllt. Dazu kommen gastronomische und sanitäre Einrichtungen, die kaum über das Stadium eines Provisoriums hinausgekommen sind. Was die Touristiker als Sehenswürdigkeit preisen, hält der Burgenforscher Martin Aigner schlicht für »scheußlich restauriert«. Als Beispiel für die Verschandelung nennt er »die gotische Burgkapelle, die sich hinter einem Pizzaofen und einer Theke versteckt und als Lebensmittellager verwendet wird«. Nicht minder stören ihn die großflächigen Werbetransparente an der Fassade sowie eine »unnütze Blechtafel, von der man erfährt, dass die Burg in Kärnten steht«.

Legt man weniger strenge Maßstäbe an, kann das Formenchaos – zumindest in der Vor- und Nachsaison, wenn das ästhetische Unvermögen der Gestalter unverblümt zutage tritt – durchaus vergnüglich sein. Faszinierend ist die dunkelgrüne Plastiklandschaft aus Regenplanen, die den sanften Hügeln der näheren Umgebung nachempfunden zu sein scheint. Versöhnlich stimmt auch die schöne Häusergruppe unterhalb der Burg, bestehend aus der ehemaligen Meierei und den historischen Wirtschaftsgebäuden aus Bruchsteinwänden mit bemoosten Schindeldächern. Bezugspunkt ist eine ehrwürdige Linde, die den Aufgang zur Burg markiert und einem betagten Schlosshund als Schattenspender dient. Wer sich von dem freundlichen Tier über die Stufen, die einst Santonino ging, zur Aussichtsterrasse geleiten lässt, darf sich vor allem auf eines freuen: den wunderbaren, der Realität unverschämt schmeichelnden Rundblick auf das Gebiet um den Faaker See.

Dass Baško jezero, wie der Faaker See auf Slowenisch heißt, in einem alten Reiseführer als »der malerischste und romantischeste See Österreichs« bezeichnet wurde, ist bei näherem Augenschein nur noch schwer nachvollziehbar. Vom Schilfgürtel im Westen abgesehen, ist das Ufer weitgehend verbaut und kaum frei zugänglich. So klingt es heute wie ein Hohn, was der Reiseschriftsteller Carl Ghon Ende des 19. Jahrhunderts zu Papier gebracht hat: »Die Gegend scheint alle unpassenden Formen ausgeschlossen zu haben, denn Lieblichkeit und Großartigkeit vereinigen sich hier zu einer seltenen Harmonie.«

Den alten Zauber verspürt man nur noch auf der langgestreckten Moräneninsel in der Mitte des Sees. Schon 1906 wurde hier ein altes Gasthaus zum Hotel ausgebaut, dessen mondäne Gäste mit der im selben Jahr fertiggestellten Karawankenbahn anreisten und sich mit dem Ruderboot zu ihrem Quartier bringen ließen. 1930, das Hotel befand sich mittlerweile im Besitz eines Onkels des Philosophen Ludwig Wittgenstein, entstand nach den Plänen des bekannten »Wörtherseearchitekten« Franz Baumgartner ein heute denkmalgeschütztes Badehaus. Der dunkelbraune Holzbau, bestehend aus einem markant gegliederten, dreigeschoßigen Mitteltrakt und zwei ausladenden Seitenflügeln mit Umkleidekabinen, gilt als wertvolles Zeugnis der Badekultur der Zwischenkriegszeit. Nostalgische Gefühle weckt auch die Liegewiese, die nichts zu bieten hat als saftiges Gras, etwas Kiesel und ein schwimmendes Holzpodest. Umrahmt wird das Ensemble zu Lande vom natürlichen Mischwald, zu Wasser von Binsen, Schilf und Seerosen. Erreichbar ist das Idyll mit der »Möwe«, dem einzigen auf dem See zugelassenen Motorboot.

Setzt man auf der Insel erfolgreich auf das Produkt »Sommerfrische«, d. h. auf ein Urlaubsangebot, das dem Bedürfnis nach Ruhe und Naturerlebnis entgegenkommt, hat man dieses Kapital in Faak fast zur Gänze verspielt. Zwar wird man nicht müde, auf die Trinkwasserqualität des smaragdgrünen Sees hinzuweisen, doch scheinen sich die meisten touristischen Einrichtungen von den natürlichen Schönheiten des Gebietes geradezu abzuwenden. Kaum ein Hotel oder Campingplatz, der nicht mit hässlichen Sportanlagen oder »Erlebniswelten« um Gäste wirbt. So blieb es dem Naturschutzbund Kärnten vorbehalten, durch den schrittweisen Ankauf von Grundstücken und die Wiedereinleitung des Rauschenbaches das von über 300 verschiedenen Tier- und Pflanzenarten bevölkerte Finkensteiner Moor zu neuem Leben zu erwecken. Besonders schön ist der Pfad entlang des mäandernden Zuflusses im Westen des Biotops. Östlich des Faaker Sees glaubt man solche Feuchtwiesen mit Fitness-Parcours »aufwerten« zu müssen. Dass man beim Aichwaldsee, einem idyllischen Moorteich im Südosten der Gemeinde, auf ähnliche »Attraktionen« vergessen hat, grenzt an ein Wunder.

Ihren Anfang nahm die Misere in den 60ern des 20. Jahrhunderts, als der Tourismus in Kärnten boomte und daher auch am Faaker See eine enorme Nachfrage nach Fremdenzimmern bestand. Allenortes wurden Frühstückspensionen und Hotels aus dem Boden gestampft, die weder in baulicher Hinsicht noch vom Standort her auf das Landschaftsbild Rücksicht nahmen. Die Aussicht auf schnelles Geld veranlasste auch viele Private, in Gästezimmer und Ferienwohnungen zu investieren und ihre Häuser entsprechend zu vergrößern. Dass dabei die historische Bausubstanz nur störte und entweder geschleift oder bis zur Unkenntlichkeit »verschönert« werden musste, versteht sich von selbst. Bescherten die Unterkünfte ihren Vermietern drei Jahrzehnte Wohlstand und Ansehen, geraten sie heute immer mehr zur Belastung. Manche Frühstückspension, die einst aus den Nähten platzte, gerät in Gefahr, sich in eine Rattenburg zu verwandeln. Andere Gastronomen ziehen sich aus der Affäre, indem sie ihre Unterkünfte in Eigentumswohnungen umwidmen lassen. Die stehen dann, obwohl als »Hauptwohnsitze« deklariert, die meiste Zeit leer.

Mit den Einbrüchen des Sommerfremdenverkehrs – sie betrugen in den 90ern rund 30 Prozent und setzen sich bis heute fort – treten die Schwächen der hiesigen Gastronomie immer deutlicher zutage. Offenkundig ist die schlechte Bausubstanz und der niedrige Standard vieler Beherbergungsbetriebe, hat man es doch weitgehend verabsäumt, sich in den guten Jahren um Verbesserungen zu kümmern. Auch die heimische Küche scheint auf dem Niveau der 70er stecken geliebt zu sein. »Die kulinarische Qualität ist in vielen Gasthäusern bestenfalls mittelmäßig«, heißt es im bereits erwähnten FAZ-Artikel, und außerdem »sind in der Hauptsaison die Preise exorbitant hoch.« Beklagt wird auch ein »gewisser Überdruss an den Touristen« bzw. eine »latente Reizbarkeit, die dem aufmerksamen Gast nicht verborgen bleibt«.

Statt sich am Faaker See – wie von Fachleuten gefordert – auf ein Leitbild zu besinnen, das sich am Kulturaustausch und der Begnung mit der Natur orientiert, und dieses professionell zu vermarkten, versucht man, dem touristischen Niedergang mittels Eventmarketing entgegenzusteuern. Neben Freiluftkonzerten mit diversen Schlager-, Pop- und Klassik-Stars werden so genannte Brauchtums- oder Motorsportveranstaltungen geboten. Größtes Spektakel ist das so genannte Harley-Davidson-Treffen (eigentlich: European Bike Week), das jedes Jahr im September stattfindet und angeblich bis zu 60.000 Motorradfans anzieht. Das verbessert zwar für einige Tage die Buchungslage, schädigt aber das Image der Region nachhaltig. Dominiert wird die

Veranstaltung von der bekannt »kunstsinnigen« Gesellschaft aus Lederstrümpfen und Wikingern, die sich hauptsächlich über airbrushverzierte Maschinen, Accessoires und Tattoos zu definieren scheint. Als erotischer Aufputz dienen aufblasbare Busenwunder aus Vinyl, die am Sozius mitgeführt werden. In dieser Woche muss sich alles dem motorisierten Verkehr unterordnen. Da wird die Seeuferstraße zur Einbahn erklärt und überschreitet der Lärmpegel jedes erträgliche Maß. Höhepunkt der Veranstaltung ist eine 60 km lange Bikerparade, die sich im Schritttempo und mit heulenden Motoren rund um den See und durch Unterkärnten bewegt. Spätestens dann ist es für den Wanderer an der Zeit, das Weite zu suchen.

In Müllnern/Mlinare

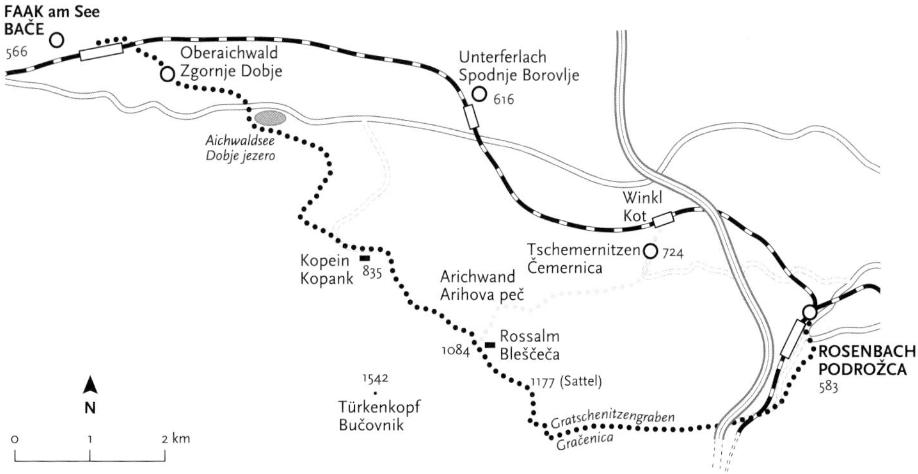

II Im »Bandengebiet«

WANDERUNG VON FAAK AM SEE/BAČE NACH ROSENBACH/PODROŽCA

Für Wanderer ist das Gebiet um den Faaker See – trotz zahlreicher Erlebniswege, Laufstrecken und Lehrpfade – ein schwieriges Pflaster. Heillose Zersiedelung und ein eng geknüpftes Straßennetz verleiden fast jeden Spaziergang. Also tut man gut daran, die Gegend großräumig zu umgehen und sich in die Wälder zu begeben, in denen einst so genannte Banditen bewaffneten Widerstand gegen den Nationalsozialismus leisteten.

Von Faak gelangt man bald in bäuerliches Gefilde, wo noch einige Keuschen und Scheunen den Fertighäusern trotzen. Ein stilles Wasser ist der Aichwaldsee, dessen altes Strandbad nach Büffelbeize und Sommerfrische riecht. Der Weiler Kopein, auf einer Geländestufe unterhalb des Türkenkopfes gelegen, lädt mit schönen Streuobstwiesen und einem freundlichen Berggasthof zur Rast. Kaum eine Stunde dauert der Aufstieg zur Rossalm, auf der sich die Route teilt: Man steigt entweder entlang der Arichwand, wo 1945 sieben Kärntner Partisanen ihr Leben ließen, nach Winkl ab oder überschreitet einen Sattel zum Gratschenitzengraben, um unter steilen Kalkfelsen nach Rosenbach zu wandern.

ANMERKUNGEN: Mittelschwere Wanderung. Länge: 17 bzw. 20 km. Gehzeit: 4 bzw. gut 5 Stunden. Anstieg: 650 m. Abstieg: 600 m. Karte: Kompass Wanderkarte Nr. 062,

Villach–Faaker See. Einkehr: Kopein. Wichtige Hinweise: Ab der Rossalm sind Trittfestigkeit und Schwindelfreiheit erforderlich. Bei Nässe nicht ratsam!

WEGBESCHREIBUNG: Man geht vom **Bahnhof Faak am See** 100 m in östlicher Richtung, überschreitet mit gebotener Vorsicht die Gleise und wendet sich auf einem Querweg nach links. Nach 200 m nimmt man eine Abzweigung nach rechts (Wegweiser »Oberaichwald«). Kurzer Anstieg bis zu einem Querweg; auf diesem nach links. Geradeaus bis zur Kehre einer breiteren Straße; man geht rechts (Wegweiser »Dorfhotel«) und steigt bis zu einer Kreuzung an. Man biegt nach links und folgt der Straße bis zum Dorfhotel. Hier wendet man sich halblinks in den »Erlebniswanderweg« und folgt nun der Markierung (nach 15 Min. die Bundesstraße überquerend) bis zum **Aichwaldsee,** welchen man rechts umgeht. Man gelangt zum **Strandbad** an der Südseite des Sees (0:45 Std.).

Auf einem Sträßchen weiter in östlicher Richtung. Nach 200 m biegt die Straße nach links; man geht geradeaus in einen breiten Wiesenweg. Bei einer Querstraße geradeaus über ein Brücklein, dann sofort nach rechts. Steiler Aufstieg im Wald auf markiertem Weg bis zu einem **Bauernhof**. Man geht rechts am Haus vorbei und wendet sich auf markiertem Fahrweg nach rechts (Wegweiser »Bertahütte«). 10 Min. moderat bergauf bis zu einer Kreuzung; man wendet sich nach links (Wegweiser »Kopein«) und erreicht nach 15 Min. **Kopein** (1:45 Std.).

Man passiert den Gasthof Sticker und wandert auf einer Forststraße in östlicher Richtung (Wegweiser »Rossalm«). Bei einem Holzlagerplatz folgt man dem Hauptweg nach rechts und steigt, stets der Markierung folgend, bis zur **Rossalm** an (2:30 Std.).

Man passiert zwei Hütten, gelangt kurz darauf zu einer Kreuzung und geht geradeaus (Wegweiser »Rosenbach«, Markierung 679a). Man folgt der Markierung erst auf breitem Forstweg, dann auf schmalem, steil ansteigendem Weg bis zu einem Sattel (3:00 Std.); auf diesem nach rechts. 30minütiger, teilweise etwas mühseliger Abstieg am bewaldeten Hang. Man erreicht einen Forstweg; weiter bergab bis zu einer Forststraße; auf dieser talauswärts bis zu einer Asphaltstraße unterhalb des **Karawankentunnels** (4:30 Std.).

Man folgt dem Sträßchen, erst die Autobahn, dann die Bahn unterquerend, bis zu einer **Jausenstation.** Unmittelbar danach wendet man sich in eine ansteigende Forststraße (Markierung 603). Kurzer Anstieg bis zu einer Kreuzung; man geht links [Anm.: Wendet man sich hier scharf nach rechts, erreicht man nach 10 Min. die Ruine einer im Abwehrkampf 1919 zerstörten Kapelle]. 15 Min. angenehmer, fast ebener Weg bis zu einer Kreuzung; man wendet sich nach links (Wegweiser: »Rosenbach Bhf.«). Steiler Abstieg bis zur Hauptstraße; auf dieser nach links bis zum Gasthof Matschnig. Hier geht man links und erreicht den **Bahnhof Rosenbach** (5:15 Std.).

Variante ab der **Rossalm:** Am Hauptweg unterhalb der ersten Hütte eine Abzweigung; man geht links (Pfeil »Arichwand«) und folgt dem markierten Weg Nr. 679 bis zu einem kleinen Sattel. Hier geht man, den Hauptweg verlassend, geradeaus und steigt kurz bis zur Hütte oberhalb der **Arichwand** an. Schöner Rastplatz, prächtige Aussicht. Man kehrt zum Sattel zurück und folgt nun der Markierung nach rechts – anfänglich sehr steil bergab, dann auf bequemen Wegen und schließlich begleitet von einem Bächlein – bis **Tschemernitzen.** Bei den ersten Häusern eine Kreuzung, man wandert auf einer Asphaltstraße 500 m geradeaus bis zu einem Bauernhof. Man geht rechts an einer großen Scheune vorbei, durchschreitet an der Rückseite ein Gatter und wandert am rechten Rand eines Feldes bis zu dessen Ende. Auf schmalem Pfad im Wald 10 Min. bergab bis zur **Bahnhaltestelle Winkl/Kot** (4:00 Std.).

Bei Oberaichwald/Zgornje Dobje

Rosenbach/Podrožca: Das Loch

An der Wende zum 20. Jahrhundert einigten sich die wirtschaftlichen und politischen Interessensverbände Innerösterreichs über den künftigen Verlauf einer zweiten Eisenbahnverbindung mit der Hafenstadt Triest. Der Bau neuer Eisenbahnstrecken (Tauern-, Phyrn-, Karawanken- und Wocheinerbahn) sollte die Binnenstädte der Habsburgermonarchie, aber auch Süddeutschlands, näher an Österreichs wichtigsten Handelshafen heranführen. 1901 wurde mit den Arbeiten zur Karawankenbahn von Klagenfurt bzw. Villach über Rosenbach/Podrožca nach Jesenice/Assling begonnen. Zur Bewältigung der immensen Erd- und Felsbewegungen bedurfte es zehntausender Arbeiter, die allein entlang der Karawanken- und Wocheinerbahn während einer fünfjährigen Bauzeit 47 Tunnels und 729 Brücken schufen.

Der Eisenbahnbau war ein riesiges öffentliches Bauvorhaben, das damals mehr Arbeitskräfte als jedes andere Industrieunternehmen beschäftigte. Die Proletariermassen zogen als Stoßtrupps der Industrialisierung von einer Baustelle zur anderen, um sich mit Schwerstarbeit ihren bescheidenen Lebensunterhalt zu verdienen. Für die überwiegend auf Kärntner Boden projektierte Karawankenbahn wurde ab Rosenbach ein acht Kilometer langer Tunneldurchbruch ins südliche Krain vorgenommen. Mit Baubeginn strömten tausende Menschen aus fernen Ländern zu den Eisenbahnbaustellen ins Rosental. Insgesamt waren dort 22.000 Arbeiter beschäftigt, über dreitausend davon kamen beim Bau des Karawankentunnels zum Einsatz, der gleichzeitig von Norden (Rosenbach) und Süden (Hrušica) vorangetrieben wurde.

Innerhalb kürzester Zeit hielt in der bis dahin knapp hundert Einwohner zählenden, slowenischsprachigen Streusiedlung Rosenbach hektisches Treiben Einzug. Bereits im Sommer 1901 wurde mit dem anfangs noch händischen Vortrieb des Karawankentunnels begonnen. Parallel dazu schuf die Bahnverwaltung die nötige Infrastruktur, um das »einsame und unwirtliche Rosenbachtal zugänglich und bewohnbar« zu machen. Zunächst wurde eine für größere Fuhrwerke geeignete Zufahrtsstraße von St. Jakob im Rosental nach Rosenbach angelegt, damit die erforderlichen Baumaterialien und Maschinen von der nächstgelegenen Bahnstation in Velden reibungslos angeliefert werden konnten. Eine eigens errichtete Wasserkraftanlage versorgte nun die elektrisch betriebenen Bohrmaschinen und Entlüftungsanlagen mit Strom. Die auch bei Nacht hell erleuchteten Bauanlagen dürften bei den bis dahin im jahreszeitlichen Rhythmus lebenden Dorfbewohnern einige Irritationen hervorgerufen haben.

Die sozialdemokratische Wochenzeitung »Der Volkswille« berichtete im Jänner 1902 über den Einzug der Moderne ins entlegene Tal: »Zerstreut auf den Höhen zu beiden Seiten des Baches befinden sich einschichtige Häuschen, die den Ort Rosenbach bilden. Es sind dies die letzten vor dem Tunnel, unter ihnen zwei Gasthäuser, die ein brillantes Geschäft machen. Wie hat sich die stille Schlucht seit einem halben Jahr verändert! Früher reichten die Wälder von den Berghängen zu beiden Seiten fast bis an das Wasser, jetzt sind sie gerodet und führen Rollbahnen über das Gelände und sind Häuser darauf errichtet. Zwischen dem Bahnhof und der Tunnelmündung erheben sich die in rascher Eile errichteten Baulichkeiten, zunächst die sechs Arbeiter-Wohnhäuser, dann ein Arbeiter-Wirtshaus, dann wieder an der neuen Straße eine Gendarmeriekaserne, das Beamtencasino, das zugleich die Räume für das neue Postamt enthält, am rechten Bahnufer das Spital, dem in einiger Entfernung das Wirtshaus des Bürgermeisters folgt. Abseits im Bärengraben steht das kleine Epidemiespital.«

1901 bemängelte der k. und k. Gewerbeinspektor die »Bequartierung der Arbeiter« sowie die katastrophalen sanitären Zustände der hastig aus dem Boden gestampften Unterkünfte. Viele der beim Tunnelbau beschäftigten Mineure, Steinmetze, Zimmerleute, Maurer und Schlepper mussten sich ihr Schlaflager überhaupt in Heuschuppen und Ställen suchen. In seiner Reportage über den Bau des Karawankentunnels kritisierte »Der Volkswille« die Wohnungsmisere in Rosenbach: »Die Bauten alle sind für den Augenblick geschaffen, höchst primitiv und bis auf das Beamtencasino ziemlich roh. Die Häuser sind bis auf einzelne nur ebenerdig und zumeist nur Zimmermannsarbeit, und die übrigens gar nicht großen Arbeiterkasernen sind aus Gusswänden errichtet. Wie man sieht, wurde ja an die Arbeiter gedacht, aber in ganz unzureichendem Maße. Die sechs Baracken reichen mitsamt den adaptierten alten Hütten und Schupfen für die Bedürfnisse der kommenden Jahre nicht aus und wenn sich's bewahrheitet, dass schon im kommenden Frühjahr bei 4000 Mann beschäftigt werden, dann ist es im Ernst eine Frage, wo sie denn Unterkunft finden sollen? Waren doch heuer nur rund tausend beschäftigt und die Leute mussten die ganze Gegend stundenweit ablaufen, um nur irgendwo in einem Stalle ein Plätzchen zum Übernachten zu finden und in den wenigen Betten, die sie bei den Bauern rundum gefunden, schliefen sie zu zweien.«

Wie in einigen Rosentaler Ortschroniken nachzulesen ist, sahen sich die Gemeindevertreter mit unzähligen Ansuchen »um Errichtung einer Baracke während des Bahnbaues behufs Ausschank von Bier, Wein und Branntwein» konfrontiert. Manch pfiffiger Wirt verknüpfte das einträgliche Schankgewerbe mit der Vermietung überteuerter Bettlager. Die meisten Schlafstellen boten keinerlei Schutz vor Hitze oder Kälte, viele verfügten nicht einmal über Trinkwasser. Es verwundert nicht, dass die Eisenbahnarbeiter bei ihren sporadischen Arbeitsniederlegungen neben gerechteren Löhnen immer wieder auch die Bereitstellung adäquater Wohnplätze und sanitärer Anlagen forderten. 1905 musste der Notstand im Rosental ausgerufen werden, da es infolge der katastrophalen hygienischen Verhältnisse zum Ausbruch einer Typhusepidemie gekommen war.

Obwohl viele Gewerbetreibende von den Arbeitern profitierten, stand die einheimische Bevölkerung dem bunten Völkergemisch mit Skepsis, bisweilen mit offener Ablehnung, gegenüber. Mancher beargwöhnte das proletarische Treiben auf den Eisenbahnbaustellen als Nährboden für liederlichen Lebenswandel, Kriminalität und sozialrevolutionäres Gedankengut. So wusste die örtliche Pfarrchronik von Verrohung und Sittenverfall, von Alkoholexzessen und Raufhändeln zu berichten. In der Gemeindechronik von Feistritz im Rosental/Bistrica v Rožu werden die anwesenden Bahnarbeiter gar als »Ausbund der Menschheit« bezeichnet. Der »Volkswille« hielt dem ent-gegen: »Wie übel all die Arbeiter dran waren, die da als Pioniere auszogen, um das wilde Gebirgsthal für ihre Nachfolger gastlicher zu machen, wird nur der begreifen, der die Abgeschiedenheit der zurückgebliebenen Gegend kennt. Ohne rechtes Quartier, bei schlechter und eintöniger Kost, die trotzdem theuer genug kommt, ohne Heim und ohne Ordnung mussten sie den Herbst und Winter zwischen den Bergen in einem verzweifelten Einerlei verbringen. Es war aber auch ein Arbeitermaterial aus aller Herren Länder beisammen: Deutsche, Tschechen, Polen, Slovenen, Magyaren, Croaten, Rumänen und Italiener, wie sie nur die Schmutzerei, billige Löhne zu zahlen, zusammenziehen kann. Es dauerte nicht lange und sie waren verschrien als gewaltthätig und roh, so dass man ihnen am besten aus dem Weg gehe. Das mag auf einzelne zutreffen, auf die Gesamtheit aber passt das Urtheil ganz und gar nicht und speciell den Professionisten fügt es großes Unrecht zu.« Aber selbst die Arbeiterpresse war nicht frei von Vorurteilen. Im selben Artikel attackierte sie ein zugezogenes polnisch-jüdisches Fuhrwerkunternehmen, das angeblich den heimischen Landwirten die Möglichkeit auf einen lukrativen Zusatzverdienst erschwerte, mit antisemitischen Untertönen. Dabei hatte Monate zuvor der Transportunternehmer und damalige Bürgermeister von Rosegg die Bauern um einen Teil ihres Fuhrwerklohnes geprellt.

Im Gratschenitzengraben/Gračenica

Die Tunnelarbeiten gestalteten sich angesichts der geologischen Bedingungen äußerst schwierig, wodurch die veranschlagte Bausumme um ein Beträchtliches überschritten wurde. Enorme Gebirgsdrucke, Wassereinbrüche und austretende Grubengase stellten eine ständige Gefahr für die Stollenarbeiter dar. Am 21. November 1904 ereignete sich bei Tunnelkilometer 2940 eine heftige Gasexplosion, bei der 15 Menschen ums Leben kamen. Insgesamt fanden beim Tunnelvortrieb 44 Arbeiter den Tod, da aufgrund des hohen Arbeitstempos die Sicherheitsvorkehrungen außer Acht gelassen wurden. Hunderte Arbeiter verletzten sich schwer, viele von ihnen erhielten für die erlittenen Verstümmelungen keinerlei Entschädigung.

Zwei bis fünf Meter betrug die durchschnittliche Tagesleistung beim Stollenvortrieb, die je nach geologischer Beschaffenheit in Handbohrung, elektrischer oder Druckluftbohrung vorgenommen wurde. Während einer achtstündigen Arbeitsschicht be- und entluden die Arbeiter zwischen 250 und 300 Materialwägen. Das Ausbruchmaterial wurde zunächst im Tunnelinneren in kleine, flache Körbe geschaufelt, die von Hand zu Hand der »Schutterer« gingen um schließlich in die bereitstehenden Transportwägen entleert zu werden. Gewaltige Gebirgspressungen verformten die Holz- oder Eiseneinbauten, sodass die Materialwägen die verengten Stollen oft nicht passieren konnten oder gar stecken blieben.

In beinahe ketzerischem Ton interpretierte das katholische »Kärntner Tagblatt« die auftretenden Naturgewalten als mächtige Demonstration aufgescheuchter Berggeister. Letztendlich habe aber der Mensch dem Zorn der Dämonen getrotzt und unter großen Verlusten den Sieg über sie errungen, hieß es anlässlich der Fertigstellung des Karawankentunnels.

Für alle Nicht-Christen – Orthodoxe, Moslems und Juden – unter den verstorbenen Tunnelarbeitern wurde nahe dem Nordportal ein Waldfriedhof angelegt. Zwischen 40 und 80 Arbeiter wurden hier bestattet. Heute sind die Gräber überwuchert, den einzigen Hinweis auf die Grabstätten liefert die versteckt gelegene Ruine der Friedhofskapelle.

1906 waren die Arbeiten abgeschlossen und am 30. September verließ ein prominent besetzter Festzug den feierlich dekorierten Villacher Staatsbahnhof, um die Karawankenbahn zu eröffnen. Die Jungfernfahrt führte die Festgäste über Finkenstein/Bekštanj, Faak und Ledenitzen zur Bahnstation Rosenbach, wo sich die Klagenfurter- mit der Villacherlinie der neuen Alpenbahn vereinte. Bevor der Bischof die geschmückte Lokomotive weihte und der Karawankenbahn seinen Segen erteilte, huldigten die Honoratioren der Baukunst österreichischer Ingenieure. Landeshauptmann Graf Zeno Goess würdigte in seiner Ansprache die direkte Verbindung Kärntens mit dem »See-Imperium Triest«, von der er sich einen allgemeinen Aufschwung der heimischen Wirtschaft erhoffte.

War von den Festrednern das Völkerverbindende hervorgehoben worden, intensivierten die Deutschkärntner ihre Agitation gegen die slowenischsprachige Bevölkerung. Sie ließen keinen Zweifel aufkommen, welchen Interessen die neue Nord-Süd-Verbindung dienen sollte. Die »Freien Stimmen« erklärten die Eisenbahnlinie zum willkommenen Instrument »deutschvölkischer Erneuerung«, zum Zeugnis eines »Schutz- und Trutzbündnisses«, an das sich »alles was deutsch ist, von der Drau bis zur Adria, anklammern wird«. Als »aufdringliche Demonstration slowenisch-klerikaler Volksaufwiegler« wertete das Blatt die »Zivio«-Rufe der Schuljugend bei den Eröffnungsfeierlichkeiten. Ebenso mokierte es sich über die entlang der Bahnlinie versammelten Menschenmassen, die nebst slowenischsprachigen Hochrufen auch noch »krainische Fahnen« schwangen. Dabei negierten die Deutschnationalen die Tatsache, dass die Bahnstationen Finkenstein/Bekštanj,

Faak/Bače, Ledenitzen/Ledince und Rosenbach/Podrožca um die Jahrhundertwende zu ausschließlich slowenischsprachigen Gemeinden gehörten. Darüber hinaus wandten sich die deutschvölkischen Demagogen mit aller Vehemenz gegen zweisprachige Stationsaufschriften entlang der Karawankenbahn. Im Herbst 1909 starteten die »Freien Stimmen« eine Kampagne gegen jene Slowenenvertreter, die aus Protest gegen die fortschreitende Germanisierung ihre Fahrkarten auf den Klagenfurter Bahnhöfen in slowenischer Sprache verlangten.

Ein anderes Mal warnten die Deutschnationalen vor einer »Verslawung der Staatsbahnen« und einer damit einhergehenden Slowenisierung Kärntens. Die Empörung deutschnationaler Kreise riefen diesmal die Aufschriften des internationalen Schnellzuges von Berlin nach Triest hervor, worauf die Stadt Klagenfurt mit ihrem slowenischen Namen »Celovec« angeführt war. Ein weiteres Indiz für die fortschreitende Slawisierung schien mit der Ausgabe zweisprachiger Fahrkarten für die Strecke Triest–Klagenfurt erbracht. Der Kärntner Landtag sowie der Reichstag sahen sich mit dringlichen Eingaben zu diesem Thema konfrontiert. Bei den hitzig geführten Debatten wurden die Vertreter der slowenischsprachigen Bevölkerung von den deutschnational gesinnten Abgeordneten als »Krawallmacher«, »Hetzslowenen« und »Störenfriede des Landesfriedens« tituliert, die dem Fremdenverkehr Schaden zufügen würden. Die Berliner Gäste hätten ein Recht auf deutschsprachige Aufschriften, da sie sonst im Sprachenwirrwarr die Orientierung verlieren würden.

Das abgeschiedene und seit 1906 an der Schnittstelle zweier internationaler Schienenwege gelegene Rosenbach rüstete sich ebenfalls für den Ansturm deutschsprachiger Alpintouristen. Wollte man den Prophezeiungen heimischer Tourismusexperten Glauben schenken, so war Rosenbach gerade dabei, sich zu einem »Dorado für Sommerfrischler und Bergtouristen« zu entfalten, von wo aus der erholungssuchende Urlaubsgast »reizende Waldspaziergänge, Talbummeleien« sowie ausgiebige Gebirgswanderungen unternehmen konnte. Zur Hauptattraktion entwickelten sich die bizarren Felsformationen der so genannten »Rosenbacher Schweiz«. Heute lässt sich das Gebiet des längst vergessenen, westlich der Bahntrasse gelegenen Ausflugszieles mit seinen befestigten Klettersteigen, den Aussichtsbänken und der kleinen Jausenstation nur mehr erahnen. Mit Ausbruch des Ersten Weltkrieges rollten anstatt der Urlaubsreisezüge Soldatentransporte den Kriegsfronten entgegen. Die militärische Niederlage besiegelte das Ende der Habsburgermonarchie; Rosenbach war nunmehr Grenzstation der neu entstandenen Republik Österreich, deren Grenzen anfangs noch nicht eindeutig festgelegt waren. Truppen des Königreichs der Serben, Kroaten und Slowenen (SHS) hielten Teile des südlichen Kärntens besetzt. Bereits im November 1918 waren über 400 SHS-Soldaten durch den Karawankentunnel ins Rosental vorgedrungen. Bald darauf kam es zu Gefechten zwischen österreichischen Freiwilligenverbänden und SHS-Militäreinheiten, die als »Kärntner Abwehrkampf« in die Regionalgeschichte eingingen. Der strategisch bedeutende Karawankentunnel war ebenfalls Schauplatz heftiger Grenzscharmützel. Am 1. Mai 1919 hatten österreichische Einheiten den Eingang des Tunnels für einige Stunden in ihre Gewalt gebracht. Um die jugoslawischen Soldaten an einer Rückeroberung des wichtigen Kampfabschnittes zu hindern versuchten die Österreicher, das Tunnelportal mit 80 Kilogramm Sprengstoff zum Einsturz zu bringen. Doch das Portal blieb beinahe unversehrt. Erst beim vierten Versuch gelang es den heimischen Wehrverbänden, den Tunnel bei Rosenbach endgültig zurückzuerobern. Der Kärntner Heimatdichter Josef Friedrich Perkonig kommentierte das Geschehen folgendermaßen: »Endlich einmal zugestopft das elendige Loch, das fortwährend Unfrieden und Gefahr speit; abgebunden die Ader, deren Pulsschlag von Krain her fortwährend in Bewegung gehalten wird.«

100 Jahre nach seiner feierlichen Einweihung dämmert der Bahnhof Rosenbach einsam vor sich hin. Der Schienenersatzverkehr löst nach und nach die regionalen Zugverbindungen ab, und die internationalen Züge scheinen nur noch aus alter Gewohnheit zu halten. Telefonische Anfragen verhallen ungehört, Fahrkarten verkauft nur noch der Automat. Die Holzschuppen entlang der Gleise stehen leer. Zwar ist die erhoffte große Zukunft Rosenbachs nie Gegenwart geworden, dennoch gab es bis vor wenigen Jahren eine dörfliche Infrastruktur. Die Fleischerei musste als erste schließen, dann folgten der Konsum, die Zweigstelle der Sparkasse und zuletzt das Postamt. Wer heute über kein Auto verfügt, sitzt im Graben fest oder muss sich von einem Taxiunternehmen nach St. Jakob, der nächsten größeren Ortschaft, chauffieren lassen, um dort seine Alltagsgeschäfte zu erledigen. Noch nie, so scheint es, lag Rosenbach tiefer im Schatten und war weiter entfernt von Aufschwung und Betriebsamkeit als dieser Tage.

Werner Koroschitz

ROSENBACH
PODROŽCA
583
N
0
1
2 km
Kahlkogel
Golica
1835
Ö S T E R R E I C H
Rosen-
kogel-
hütte
1542
Rosenbachsattel
Rožca
S L O V E N I J A
Planina
pod Golico
933
Španov vrh
1334
975
Javorniški Rovt
Plavški Rovt
850
Hrušica
Sava Dolinka
1096
Jelenkamen
Murova
JESENICE
574

III Über der Stadt

RUNDWANDERUNG BEI JESENICE ODER STRECKENWANDERUNG VON ROSENBACH/PODROŽCA NACH JESENICE

VORSCHAU: Wer Jesenice, Industriegebiet und Verkehrsknoten, für eine hässliche Stadt hält und vom derangierten Ortsbild auf die Umgebung schließt, wird bei dieser Wanderung eines Besseren belehrt. Denn vom Zentrum ist es nur ein Katzensprung zu einer Reihe unerwartet schöner Plätze. Der Ausflug verbindet den Jelenkamen, den Hausberg der Stadt, von dem sich ein prächtiger Blick auf den Savestausee von Moste bietet, mit Javorniški Rovt, einem Naherholungsgebiet mitten im Grünen, und der Planina pod Golico, die für ihre Narzissenpracht im Frühjahr berühmt ist. Als noch idyllischer erweist sich die sanft gewellte Landschaft bei Plavški Rovt, die noch ganz den Bergbauern gehört. Auch im letzten Abschnitt, den man im Tal zurücklegt, stößt man auf manches Kleinod: auf einen »Wildbach« bei Plavž, die üppigen Hausgärten an den Hängen über der Stadt und die alten Häuser von Murova, dem ursprünglich dörflichen Kern Jesenices.

Die Alternativroute führt von Rosenbach über die Rožca nach Jesenice, wobei man die Karawanken und damit die Staatsgrenze in einem großen Satz überspringt.

ANMERKUNGEN: Mittelschwere Wanderung. Länge: 16 km. Alternative: 20 km. Gehzeit: 6 Stunden. Alternative: 7 Stunden. Anstiege: ca. 750 m. Karte: Izletniška karta Gorenjska, 1:50.000, Geodetski zavod Slovenije. Einkehr: Javorniški Rovt. Besonderer Hinweis: Die Alternativroute ist nur passionierten Weitwanderern zu empfehlen. Die Mühen des langen und ziemlich eintönigen Aufstiegs stehen in keinem Verhältnis zum landschaftlichen Ertrag. Lohnend ist allerdings der Ausblick vom Rosenbachsattel zum Triglav sowie der wunderbare Weg zwischen Planina pod Golico und Plavški Rovt.

WEGBESCHREIBUNG: Man verlässt den **Bahnhof Jesenice,** quert die Hauptstraße und geht auf dieser nach rechts. Nach 200 m eine Ampel, man geht links und folgt einer Straße, vier hohe Wohnblocks passierend, bis zu einem **Schwimmbad**. Hier wendet man sich scharf nach links in ein steil ansteigendes Sträßchen (Wegweiser »Pristava«). Bei der darauffolgenden Rechtskurve geht man geradeaus in einen Weg, der erneut zur Straße führt, diese quert und steil ansteigt (Markierung). Bei einem Querweg geht man rechts (Wegweiser »Jelenkamen«). Angenehmer Anstieg im Wald bis zu einem kleinen Sattel. Man geht geradeaus und folgt der stellenweise undeut-

Blick von Hrušica auf Jesenice

lichen Markierung weiter bergauf. Gelegentliche Blicke auf das Stahlwerk im Tal und den Stausee bei Moste. Nach dem steilen und stellenweise seilgesicherten Schlussanstieg hat man den **Jelenkamen** (1096 m) erreicht (1:30 Std.).

Weiter auf markiertem **Kammweg** bis zu einer Gabelung; man geht rechts (Wegweiser »Pristava«). Nach 10 Min. wieder eine Gabelung, man geht rechts und steigt zu einem breiten Querweg ab, auf diesem nach links bis zu einer Kreuzung bei den ersten Häusern von **Javorniški Rovt.** Man geht geradeaus und gelangt bald zu einer Gabelung; man geht rechts bergab (Wegweiser »Pristava«). In einer Rechtskurve der Straße folgt man dem markierten Weg nach links in den Wald und erreicht kurz darauf den **Dom Pristava** (2:00 Std.). Einkehr.

Man kehrt zur Asphaltstraße zurück und wendet sich auf dieser nach rechts (Wegweiser »Črni vrh«). Man folgt dem Sträßchen bergauf bis zu dessen Ende; weiter bergauf auf markiertem Weg. Gut 15 minütiger steiler Anstieg im Wald, dann fast eben bis zu einer kleinen Alm. Schöner Hangweg. Man erreicht einen Fahrweg. Weiter bergab bis zu einem **Sessellift**, wo man, den breiten Weg verlassend, dem Wegweiser »Smučarski dom« folgt. Man passiert einen kleinen Bauernhof und gelangt neuerlich zum Fahrweg. Auf diesem, mehrere Wochenendhäuser passierend, stets bergab bis zu einer Kreuzung im »Zentrum« von **Planina pod Golico.** Geradeaus bis zur Kirche **Sv. Križ** (3:30 Std.).

Vorbei am **Friedhof;** das Sträßchen gabelt sich, man geht links bergab bis zu einem Bildstock, an diesem links vorbei. Der Asphalt endet, geradeaus weiter auf breitem Weg oberhalb eines Baches. Man gelangt zu einer Brücke, auf dieser nach rechts über den Bach. Der geschotterte Fahrweg gabelt sich sofort, man hält sich links und ignoriert die darauffolgende Abzweigung nach rechts. Bald durchschreitet man das Gehöft vulgo **Tršan.** Der Weg gabelt sich, man geht links. Schöner Weg über Wiesen und durch ein Wäldchen bis **Plavški Rovt** (4:45).

Bei einer Querstraße im Ort rechts bergauf (Wegweiser »Rožca«). Nach 50 m, beim Haus Nr. 6, biegt man nach links in einen Schotterweg, der sich gleich darauf gabelt, man hält sich links. Schöner, jedoch nicht markierter Weg. Nach etwa 10 Min., kurz nachdem man einen wellblechgedeckten Heuschober oberhalb einer Weide passiert hat, biegt man scharf nach links in einen steil abfallenden Weg. Stets bergab bis zu den ersten Häusern von **Hrušica** (5:15).

Geradeaus weiter auf einem asphaltierten Sträßchen, das kurz darauf ein Bächlein quert. 20 m danach wendet man sich nach links über einen Steg und betritt einen Wiesenpfad. Man folgt dem Weg in den Wald bis zu einer Hochspannungsleitung, wo er sich gabelt. Man geht rechts bergab bis zu einem asphaltierten Quersträßchen, auf diesem nach links, weiter bergab. In einer Rechtskurve vor dem Haus Zgornji Plavž Nr. 6 wendet man sich nach links (in den unteren der beiden Fahrwege) und steigt zum **Jesenica-Bach** ab. [Variante: Man geht rechts, gelangt zur Hauptstraße und kehrt mit dem städtischen Bus zum Bahnhof zurück.] Man quert den Bach auf den dafür vorgesehenen Trittsteinen, geht auf einem Pfad nach rechts, um nach wenigen Schritten bei einem Wohnblock über Betonstufen anzusteigen. Weiter in östlicher Richtung, stets am oberen Rand des Siedlungsgebietes, teilweise auf Asphalt, teilweise auf Wald-, Wiesen- und Treppenwegen. Nach gut 15 Min. gelangt man zur **Pfarrkirche** und steigt nach rechts zur *cesta Maršala Tita* ab. Auf dieser nach links bis zur Hauptstraße; man geht wieder links und ereicht den **Bahnhof Jesenice** (6:00 Std.).

Variante Rosenbach–Jesenice: Man geht vom Bahnhof Rosenbach bergab bis zum Gasthof Matschnig, wendet sich auf der Querstraße nach rechts und nimmt die darauffolgende Abzweigung nach rechts. 20 Min. auf asphaltiertem Sträßchen taleinwärts bis zu einem Kleinkraftwerk. Hier biegt man nach links in eine Forststraße (Wegmarkierung 603A). Eintöniger Aufstieg im Graben bis zur unbewirtschafteten **Bärenhütte** (1:30 Std.). Kurz danach eine Gabelung, man geht rechts, weiter der Markierung folgend. Der Weg quert unterhalb eines Wasserfalls den Rosenbach; 50 m danach verlässt man den Forstweg, indem man sich nach links in einen jäh ansteigenden Pfad wendet (Rosenkogelsteig Nr. 678). Steiler Anstieg im Wald. Nach 15 Min. stößt man wieder auf die Forststraße, auf dieser nach links weiter berg-

auf. In der darauf folgenden Kehre verlässt man erneut die Straße. Man folgt der Markierung bis zu einer Gabelung und geht hier links. Steiler Anstieg bis zur ebenfalls unbewirtschafteten **Rosenkogelhütte** (2:30 Std.). Blicke ins Rosental. Weiter bergauf über steile Wiesen auf markiertem Steig bis zum Rosenbachsattel (3:00 Std.). Prächtige Aussicht.
Man wendet sich nach links in einen nahezu eben verlaufenden Pfad (Markierung und Wegweiser »Golica« am Waldesrand). Nach etwa 150 m eine Gabelung, man wendet sich scharf nach rechts (Wegweiser »Planina pod Golico«). Abstieg über steile Wiesen bis zu einer Almwirtschaft. Von hier folgt man der (stellenweise etwas undeutlichen) Markierung über Forst- und Waldwege bis zur Kirche **Sv. Križ** von **Planina pod Golico** (4:30 Std.). Fortsetzung siehe oben.

Bei Plavški Rovt

Jesenice: Herbe Schönheit

Die meisten Slowenienreisenden kennen Jesenice nur aus dem Augenwinkel, als hässlichen Grenzort, den man so schnell wie möglich hinter sich lassen möchte. Bis vor wenigen Jahren wurde er von den Ruinen eines riesigen Stahlwerkes beherrscht, dessen geborstene Fensterfronten aussahen, als hätten sie einen Fliegerangriff hinter sich. Erst 2003 wurden die meisten dieser rostbraunen Betonkolosse geschleift. Die spektakulären Sprengungen sind auf einem Videoclip festgehalten, der von der Webseite der Stadtgemeinde heruntergeladen werden kann und von einer merkwürdigen Lust an der Destruktion getragen ist. Nur der alles überragende Schlot des Hochofens blieb unversehrt und ragt nun als Werbeträger eines Einkaufszentrums in den Himmel.

Ob das Ortsbild mit dem Abriss der Fabrik viel gewonnen hat, darf bezweifelt werden. Die Ruinen waren das Markenzeichen der Stadt – gewissermaßen das »Alleinstellungsmerkmal« –, und sie hatten das Zeug zum Industriedenkmal. Immerhin handelte es sich um eine der wichtigsten Produktionsstätten Sloweniens und einen der größten Arbeitgeber im sozialistischen Jugoslawien. Auch traten bei näherer Betrachtung architektonische Qualitäten zu Tage, die es verdient hätten, der Nachwelt erhalten und besser zur Geltung gebracht zu werden. (Ob für entsprechende Maßnahmen die Mittel vorhanden gewesen wären, steht auf einem anderen Blatt.) Die jüngsten Gebäudeteile stammten aus den 1970er Jahren und repräsentierten mit großzügigen Glasfronten und unkonventioneller Formgebung den Geist des Fortschritts dieser Zeit. Einige dieser Merkmale lassen sich bei den wenigen noch erhaltenen, leer stehenden Werkshallen nachvollziehen.

Die Sprengung des Stahlwerkes ist das vorletzte Kapitel einer langen Geschichte der Eisenproduktion in und um Jesenice. Ihren Anfang nahm sie im frühen Mittelalter, als an den Flanken der Karawanken kleine Schmelzöfen und Schmieden entstanden. Verarbeitet wurde das in der Umgebung geschürfte Erz. Diese primitiven Anlagen befanden sich im gemeinschaftlichen Besitz der (damals noch freien) Bauern und dienten der Herstellung von Werkzeug und Hausrat. Der Adel, erst repräsentiert durch das Kärntner Geschlecht der Ortenburger, dann durch die Grafen von Celje, machte dem »genossenschaftlichen« Treiben aber ein Ende. 1381 wurde die erste Eisenhütte in Sava, dem ältesten Viertel von Jesenice, erwähnt, das damit zum zentralen Industriestandort werden sollte. Im 15. Jahrhundert brachten die Habsburger den Schmelzofen in ihren Besitz, womit Aßling, wie Jesenice damals hieß, eine immer wichtigere Rolle als Waffenschmiede zukam.

Die frühkapitalistische Epoche stand im Zeichen der Gewerkenfamilien Bucellini, Ruard und Zois, die durch ständige Neuerungen und Erweiterungen eine Vervielfachung der Eisenproduktion erreichten. Schwachpunkt des Standortes war die ungenügende Versorgung mit Holzkohle. Immer wieder kam es zu illegalen Rodungen, in deren Folge ganze Berghänge erodierten.

Mit der Übernahme der Hütten durch die Krainische Industriegesellschaft (K. I. G.) im 19. Jahrhundert hielten moderne Produktionsmethoden Einzug; als Exportschlager erwies sich das in Jesenice entwickelte Ferromangan, eine hochwertige Legierung aus Eisen, Mangan und Kohlenstoff. Der rapid gestiegene Bedarf an Eisenerz musste durch zusätzliche Lieferungen aus der Umgebung von Triest gedeckt werden. Später wurde der Rohstoff aus allen Teilen Jugoslawiens und sogar aus Übersee herbeigeschafft.

Der wirtschaftliche Erfolg der K. I. G. und ihr Aufstieg zum Industriekomplex mit mehreren Hochöfen und einer Reihe von Verarbeitungsbetrieben ging mit der schamlosen Ausbeutung der Arbeiterschaft einher. Zwölfstundentage, mörderische Arbeitsbedingungen und unwürdige Quartiere prägten ihren Alltag. Zeitweise beschränkte sich die Entlohnung der Arbeiter auf ein so genanntes Getreidegeld und Gutscheine für Lebensmittel bzw. tägliche Gebrauchsgüter. Diese Kupons konnten nur in den betriebseigenen Läden zu völlig überhöhten Preisen eingelöst werden. Dass dies von den Arbeitern lange widerstandslos hingenommen wurde, lag einerseits an der sprichwörtlich »christlichen« Untertanenmentalität der Talbewohner, andererseits am geografisch bedingten Mangel an Informationen über die erstarkende Arbeiterbewegung in den Städten. »Den rebellischen Geist brachten erst die zugesiedelten Kärntner«, heißt es in der Ortschronik, nämlich in der Gestalt von Drahtziehern aus Feistritz im Rosental, die 1891 den ersten Lohnstreik anzettelten. 1904 erlebte die K. I. G., die mittlerweile auch Werke in Ravne, Feistritz und in der Nähe von Triest besaß, ihren ersten betriebsübergreifenden Streik. Er endete mit der Zurücknahme von geplanten Lohnkürzungen, ein Erfolg, an dem die Arbeiterinnen von Jesenice wesentlichen Anteil hatten.

Mit dem Zerfall der Monarchie zerbrach auch die K. I. G., wobei die größten Betriebe dem SHS-Staat (Königreich der Serben, Kroaten und Slowenen) zufielen und nur ein kleiner Rest Italien bzw. Österreich zugesprochen wurde. Jesenice stand nun ganz im Zeichen des Klassenkampfes. Sozialisten und Kommunisten erhielten immer größeren Zulauf; politische Demonstrationen und Streiks standen an der Tagesordnung. In den Betrieben bildeten sich revolutionäre Zellen, die die

Arbeiter mobilisierten und politische Schulungen organisierten. Ihr populärster Führer war der kommunistische Arbeiterdichter Tone Čufar, nach dem noch heute eine Volksschule in Jesenice benannt ist.

Nach dem Einmarsch der Deutschen Wehrmacht 1941 und dem »Anschluss« von Gorenjsko (Oberkrain) an den Reichsgau Kärnten wurde das Stahlwerk zum Rüstungsbetrieb erklärt. »Die Firma«, hieß es in einem Wehrmachtsbericht, »bietet mit einer Belegung von 4.500 Mann große Aussichten. Sie wird der Luftwaffe zugewiesen.« So kam das Werk unter kommissarische Verwaltung und wurde auf die Produktion von Geschoßknüppeln und Panzerplatten für Flugzeuge umgestellt. Letztere wurden nach Klagenfurt gebracht und von dort nach Minsk geflogen, wo die berüchtigten Junkers- und Messerschmitt-Flieger für den Angriffskrieg auf die Sowjetunion zusammengebaut wurden.

Der Widerstand der Arbeiterschaft ließ nicht lange auf sich warten. Bald tauchten Flugblätter und Parolen auf, in denen zur Solidarität mit

Jesenice, Stadtteil Murova

der Sowjetunion und zum bewaffneten Kampf gegen die deutschen Okkupanten aufgerufen wurde. Unterstützt wurden die Aktionen u. a. mit einer »Partisanenanleihe« von illegalen kommunistischen Arbeitern in der Steiermark. Sabotageakte in den Fabriken sowie Anschläge auf Leitungen oder Transporte behinderten die Produktion. 1944 gelang die Sprengung einer Druckrohrleitung, die eine mehrtägige Stilllegung des Werkes zur Folge hatte. Zu diesem Zeitpunkt hatte sich bereits ein Viertel der Belegschaft den Partisanen angeschlossen. Allein der daraus resultierende Arbeitskräftemangel verursachte Produktionsausfälle von bis zu 50 Prozent. Jesenice war zum Zentrum des antifaschistischen Kampfes in Gorenjsko, Oberkrain, geworden. 443 Freiheitskämpfer aus der Stadt sollten dabei ihr Leben lassen.

Die Nazis reagierten auf den wachsenden Widerstand mit äußerster Brutalität. Politisch Verdächtige und deren Angehörige wurden verhaftet und nach Begunje, gut 10 km südöstlich von Jesenice, verschleppt. Hier hatte die Gestapo ihr Hauptquartier und befanden sich ein Gefängnis für politische Häftlinge sowie ein Sammellager für Slowenen, die zur Deportation ins südliche Jugoslawien bestimmt waren. (Nach dem ursprünglichen Plan der Besatzer sollte fast die Hälfte der Bewohner von Gorenjsko ausgesiedelt und durch deutsche Zuwanderer ersetzt werden.) Über 12.000 Personen wurden hier festgehalten, darunter auch Kinder und alte Menschen, deren einziges Vergehen es war, mit »Verrätern« und »Volksschädlingen« verwandt zu sein.

849 Häftlinge fielen Geiselerschießungen zum Opfer, mit denen sich die Nazis für die Anschläge und Überfälle der Partisanen revanchierten. Für jeden Deutschen, der dabei umgekommen war, mussten zehn Geiseln ihr Leben lassen; der Tod einheimischer Kollaborateure wurde mit je fünf Hinrichtungen bestraft. Diese so genannten Sühnemaßnahmen fanden entweder in Begunje statt oder vor Ort, also jeweils dort, wo die Partisanenangriffe stattgefunden hatten. In Hrušica, über dem Eingang des Karawankentunnels, erinnert ein großes Denkmal an die Erschießung von 45 Geiseln; die meisten hatten im Stahlwerk von Jesenice gearbeitet. Das Monument umfasst drei Skulpturengruppen, von denen eine die gefesselten Geiseln, die zweite deren verzweifelte Angehörige und die dritte die bewaffneten Kämpfer der Befreiungsfront darstellt. Letztere werden von einer entblößten Revolutionärin á la »La Liberté guidant le peuple« von Eugène Delacroix angeführt. Die Inschrift, frei übersetzt: »Wir haben gelitten, sind gefoltert und ermordet worden. Wir haben uns geopfert, für Euch und Eure Kinder.«

Wortreich und blumig beschreibt ein bis vor kurzem gebräuchlicher Führer des *Gorenjski Muzej* in Jesenice die Zeit nach der Befreiung: »Nach der erkämpften Revolution vertauschten unsere Arbeiter die Gewehre mit Maschinen und begannen mit dem Aufbau. Die alten Besitzer und Herren der Eisenhütte wurden durch einen Delegierten der Volksobrigkeit ersetzt. (...) Der größte Tag in der Geschichte der Arbeiterschaft von Jesenice ist der 20. 8. 1950, als die Parole ›Die Fabrik den Arbeitern!‹ durchgesetzt wurde. Die Eisenhütten wurden zum kollektiven Erzeuger. (...) Heute hat die Eisenhütte zwei Hochöfen, sieben SM-Öfen und zwei Elektroöfen, Walzwerke für schwere und leichte Profile, für Fein- und Grobblech. Dabei aber noch Verarbeitungsbetriebe zum Kaltwalzen von Bandstahl, für Draht, Rohre, Nägel, Stifte, Elektroden und geschliffenen und gezogenen Stahl. Es sind an die 7.000 Arbeiter und Angestellte beschäftigt, die nicht nur im Fabrikationsprozeß eingeschlossen sind, sondern auch im syndikalen Kultur- und Sportleben. (...) Jedes Mitglied der Gemeinschaft hat seine Arbeit und seine Aufgaben und bildet ein beachtliches Glied in der Erzeugung, die in der vorbestimmten Ordnung und nach Plan verläuft.«

Gar nicht nach Plan verlief die Entwicklung in den 1990ern, nachdem sich Slowenien aus dem jugoslawischen Staatsverband gelöst hatte und die volkseigenen Stahlwerke von Jesenice nach den Bedürfnissen der freien Marktwirtschaft umstrukturiert wurden. Ein Teil der Anlagen wurde privatisiert bzw. ausländischen Investoren angeboten, die anderen nach und nach still gelegt. Innerhalb weniger Jahre sank der Beschäftigungsstand auf weniger als die Hälfte, was nicht zuletzt die Jugendarbeitslosigkeit enorm ansteigen ließ. Übrig geblieben ist im Wesentlichen das Stahl- und Walzwerk in Javornik, das immer noch rund 1300 Arbeiter beschäftigt. Große Einbrüche gab es auch bei der Eisenbahn, die für das Selbstverständnis der Stadt stets eine große Rolle gespielt hatte.

Mit dem wirtschaftlichen und politischen Umbruch änderte sich auch die ethnische Struktur grundlegend. Bis 1991 war Jesenice eine echte »Vielvölkerstadt« und damit ein ausgesprochen »jugoslawischer« Ort. Unter den Eisenbahnern bildeten die Slowenen gar eine Minderheit; fast 80 Prozent der Belegschaft stammte aus anderen jugoslawischen Republiken, vorwiegend aus Serbien, aber auch aus Kroatien und Bosnien-Herzegovina. Auch unter den Stahlarbeitern fand sich ein hoher Anteil nicht-slowenischer Arbeiter, waren doch in den Jahren der Expansion Arbeitskräfte aus allen Teilen Jugoslawiens angeworben worden. Die fanden sich nun, nach der Unabhängigkeitserklärung

Jesenice, Stadtteil Stara Sava

Sloweniens, im »feindlichen Ausland« wieder. Viele kehrten in ihre Heimat zurück; wer blieb, musste sich einbürgern lassen, um nicht sofort Wohnung und Arbeitsplatz zu verlieren. Trotz »ethnischer Flurbereinigung« ist heute noch immer ein gutes Viertel der Bewohner nicht-slowenischer Herkunft. Weil aber Serben, Kroaten und Bosnier in Slowenien (im Gegensatz zu den Ungarn oder Roma) nicht als ethnische Minderheiten anerkannt sind, wird ihre Existenz in der Öffentlichkeit kaum wahrgenommen. Nur in den Stadtrandsiedlungen klingt das Sprachengemisch immer wieder durch.

Während am Gelände des ehemaligen Stahlwerkes ein paar neue Betriebe bzw. Lagerhallen entstanden sind und so das Bild eines zaghaften wirtschaftlichen Aufschwungs vermitteln, verbreiten die tristen Wohnsilos im Westen der Stadt noch immer realsozialistisches Flair. Sie prägen die Skyline von Jesenice und erfüllen mit ihren schäbigen Fassaden alle Klischees trostloser Ostblockarchitektur. Wer sich dennoch zu einer Stadtbesichtigung entschließt, wird überrascht sein, wieviele Sehenswürdigkeiten Jesenice zu bieten hat. Es sind dies weniger die ausgewiesenen Kulturdenkmäler als die Zeugnisse der

Industriegeschichte und die Hervorbringungen der Alltagskultur. Diese zu entdecken und ihnen etwas abzugewinnen, setzt allerdings Interesse für das Unscheinbare und einen Hang zur Ästhetik des Unansehnlichen voraus.

Die interessanteste Kulturlandschaft findet man in der Umgebung des Bahnhofs, nördlich der Gleise, wo die meisten Wohnsiedlungen angelegt wurden, und südlich, wo sich die Industriezone erstreckt. Zuvor empfiehlt sich jedoch ein Rundgang in Murova, dem historischen Stadtteil von Jesenice, der sich durch eine abenteuerliche Mischung aus dörflichen Elementen (darunter ein Holzhaus aus dem Jahr 1634), »jugoslawischer« Architektur (für die das dem Verfall preisgebene Hotel »Korotan« ein schönes Beispiel ist) und neokapitalistischen Wucherungen (wie einige Boutiquen und schummrige Bars) auszeichnet. Hier befindet sich auch die klassizistische *Kosova graščina*, das Kos-Schloss, die einst einem Eisengewerken gehörte und heute das Standesamt sowie eine Galerie beherbergt. Außerdem enthält es eine ständige Sammlung, die den Besatzungsterror der Deutschen und den Befreiungskampf dokumentiert. Bemerkenswert ist die Adresse: *cesta Maršala Tita*. Dieser und andere »kommunistische« Straßennamen verweisen auf eine ungebrochene antifaschistische Tradition in der Stadt. Am Ladentisch der zentralen Buchhandlung liegt eine neue Tito-Biografie auf, auf deren Cover der ehemalige Staatspräsident gemütlich Pfeife rauchend in einer Blumenwiese liegend abgebildet ist.

Vom Schloss sind es nur ein paar Schritte zum *spominski park,* in dessen Zentrum eine kleine Jugendstil-Kapelle steht. Sie wurde im Gedenken an die Gefallenen des Ersten Weltkriegs errichtet. Im hinteren Teil des Parkes erinnert eine Inschrift an »15 brave Arbeiter«, die 1904 beim Bau des Eisenbahntunnels verunglückten. Nach dem Zweiten Weltkrieg erhielten die Toten und Helden des Befreiungskampfes eine Gedächtnisstätte. Im Sommer dient der schattige Hain den Pensionisten als Naherholungsgebiet und spielen die Kinder zwischen den Ehrengräbern Fangen. Zum verbotenen Tun treffen sich die Halbwüchsigen am Abend.

Verlässt man den Park an seiner Südseite (indem man über die niedrige Begrenzungsmauer klettert), gelangt man zum Bahnkörper, der zu beiden Seiten von üppigen Schrebergärten gesäumt ist. Es sind kleine, teilweise sogar terrassierte Biotope, die einen bunten Kontrapunkt zu den grauen Wohnblöcken im Hintergrund setzen. Die Art und Intensität ihrer Nutzung zeugt vom hohen Stellenwert, den die Selbstversorgung hier noch hat. Sehenswert sind nicht nur die penibel gepflegten Gemüsebeete und Blumenrabatte, sondern auch die phantasievollen, meist aus Abfallholz zusammengezimmerten Sitzgelegenheiten und Lauben. Manchen Pächtern dienen die Gärten als Freizeitrefugium. Wer am Wochenende daran entlangwandert, hat gute Chancen, auf ein Gläschen eingeladen zu werden.

Weniger lieblich, aber in ihrer strengen Monotonie bemerkenswert ist die endlosen Reihe brauner Garagentore entlang der Wohnsiedlung an der *cesta revolucije*. Sie findet in Form eines unglaublich hässlichen Parkhauses mit ausgebrochener Eternitfassade und rostiger Wendeltreppe ihren würdigen Abschluss. Hier geben sich nicht BMW und Audi ein Stelldichein, sondern sagen sich wie früher Zastava und Yugo Gute Nacht.

Keinerlei ästhetischen Gewinn lässt sich aus dem Anblick der Baracken beim Umspannwerk vis-à-vis der Gleise ziehen. Es sind die Überreste einer Arbeitersiedlung, die bereits Ende des 19. Jahrhunderts planmäßig errichtet worden war und damit eine frühe Form des sozialen Wohnbaus repräsentiert. Was aber damals beachtlich großzügig und im kommunikativen Halbkreis angelegt war, ist heute so heruntergekommen, dass dafür die Bezeichnung Substandard noch beschönigend wäre. Hier wohnen die Verlierer des wirtschaftlichen Wandels und gerät jeder nähere Augenschein zum voyeuristischen Akt. Südlich der Save, entlang der Bahn und Autobahn, findet sich eine ganze Reihe ähnlich elender Behausungen.

Unbeobachtet bleibt man bei der Besichtigung des östlich gelegenen Rangierbahnhofs. Herzstück ist die alte Remise samt dazugehöriger Drehscheibe. Das Halbrund des Schuppens wirkt mit seinen elf schwarzen, schön verzierten Holztoren ebenso theatralisch wie geheimnisvoll. Endzeitstimmung vermitteln die ausgemusterten Schnellzugwaggons, deren Türen man zur Abwehr blinder Passagiere zugeschweißt hat. Also weichen die Obdachlosen auf die durchgerosteten Güterwaggons aus, die man im Schienengewirr vergessen hat. Stumm und unterbeschäftigt setzt das Stellwerk einen vertikalen Akzent.

Mit Stara Sava betritt man den zweiten historischen Ortsteil von Jesenice (die verschiedenen Siedlungen wurden erst 1926 vereinigt und zur Stadt erhoben). Hier stehen die denkmalgeschützten Überreste der »zwey Riessen-Hammerwercke und Bley-Öfen, in welchen allerley Stahl und Eisen aus dem Erz geschmoltzen und verarbeitet wird«, wie Valvasor 1689 schrieb. Konkret sind dies ein Ziegelschlot aus dieser Zeit und das Gemäuer des Puddelofens. Dazu kommen die Ruine eines Hammerwerks, die Mühle und ein ehemaliges Arbeiterwohnhaus, in dem sich heute die Musikschule befindet. Am schönsten ist der Blick von der schmalen Bogenbrücke über die Save, wo man die Häuser beängstigend dicht ans Ufer gebaut hat und sich die Bäume im grünen Fluss spiegeln. Romantischen Wasserspielen kann man an der alten, bemerkenswert komplexen Wehranlage beiwohnen.

Beherrscht wird das Ensemble vom kaisergelben Bucellini-Ruard-Schloss, in dem das *Gornjesavski muzej* untergebracht ist. Das Haus fungierte ursprünglich als Gewerkenwohnsitz, später – im Zustand des Verfalls – als Arbeiterunterkunft. Die etwas verstaubte Sammlung informiert über die Geschichte des Bergbaus und der Eisenverarbeitung in der Region, wobei dem Besucher viel Ausdauer abverlangt wird. Immerhin sind acht Schauräume zu bewältigten und wollen unzählige Fossilien sowie eine redundante Werkzeugsammlung betrachtet werden. Eine Attraktion, nicht zuletzt für Kinder, sind aber die kunstvollen Modellbauten und die bis ins kleinste Detail ausgeführten Reliefs, die den technologischen Fortschritt bzw. die Ortsentwicklung im Laufe der Jahrhunderte veranschaulichen. Schrott im Maßstab 1:1, darunter riesige Maschinenteile und ausgeweidete Lokomotiven, gibt es in der offenen Halle nebenan zu besichtigen.

Wer den Stadtrundgang vom Bahnhof aus unternommen hat und nach einigen Stunden ermattet dorthin zurückgekehrt ist, findet im Warteraum den idealen Ort, die gewonnenen Eindrücke nachwirken zu lassen. Es ist ein enger Schlurf voller Graffiti, an dessen Längsseiten strenge Sprossenholzbänke mit ungewöhnlich hohen Rückenlehnen stehen. Eiserne Armstützen unterteilen die Sitzflächen und verhindern, dass sich der Wartegast in Liegeposition begibt. Die Stirnseite ist mit dem Heizkörper möbliert. Linoleum löst sich vom Boden. Historische Fotografien beschwören die ruhmreiche Vergangenheit der Stahlstadt. Zwei trübe Fenster rahmen das Geschehen vor dem Haupteingang ein. Gut vorstellbar, das Peter Handke genau dieses Bild vor Augen hatte, als er 1986 in »Die Wiederholung« über Jesenice schrieb: »Eigenartig, wie das allgemeine Grau, das Grau der Häuser, der Straße, der Fahrzeuge, ganz im Gegensatz zu der Farbigkeit der Städte in Kärnten, das in dem angrenzenden Slowenien, Refrain aus dem 19. Jahrhundert, den Beinamen ›Das Schöne‹ trägt, in dem Abendlicht meinen Augen wohltat.«

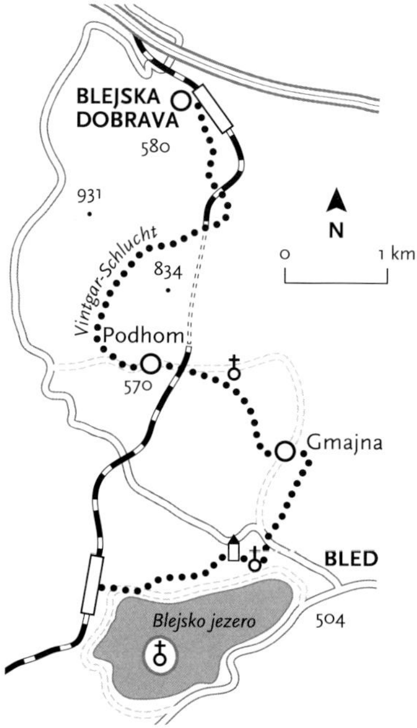

IV Durch die Schlucht

WANDERUNG VON BLEJSKA DOBRAVA NACH BLED

Die kurzweilige Tour verbindet eine ganze Reihe von Naturschönheiten und Kulturdenkmälern am östlichen Rand des Triglav-Nationalparks. Zu Beginn durchquert man die spektakuläre Vintgar-Schlucht, dann wandert man auf kaum frequentierten Landstraßen und Feldwegen von Dorf zu Dorf. Malerische Bauernhäuser und Harpfen säumen den Weg. Eine Rast empfiehlt sich beim hübschen Kirchlein zur Heiligen Dreifaltigkeit in Sebenje, von wo sich ein schöner Blick auf die lebhaft gegliederte Hügellandschaft mit ihrer prächtigen Gebirgskulisse bietet. Auf Nebenwegen geht es weiter nach Bled, das sich im alten Zentrum und an der Promenade von seiner sympathischen Seite zeigt. Man besteigt die berühmte Burg, genießt die Aussicht auf den See und gelangt über schattige Uferhänge zum alten Bahnhof Bled Jezero.

ANMERKUNGEN: Leichte Wanderung. Länge: 12 km. Gehzeit: 3,5 bis 4 Stunden plus Burgbesichtigung. Anstiege: ca. 250 m. Karte: Izletniška karta Gorenjska, 1:50.000, Geodetski zavod Slovenije. Einkehr: Podhom, Bled. Hinweis: Am Wochenende können die Vintgar-Schlucht und die Burg Bled stark überlaufen sein. Eintrittsgebühren. Der »offizielle« Wanderweg von Podhom nach Bled verläuft größtenteils auf stark befahrenen Straßen, daher unbedingt auf die beschriebenen Schleichwege ausweichen!

WEGBESCHREIBUNG: Man geht vom **Bahnhof Vintgar** in **Blejska Dobrava** zum Feuerwehrhaus vis-à-vis und wendet sich auf der Straße nach links. Bald darauf eine Gabelung; man geht rechts (Wegweiser »Vintgar«). Man folgt dem Sträßlein bis zu seinem Ende. Abstieg auf einem Treppenweg bis zum Eingang der **Vintgar-Schlucht** (0:15 Std.).

Man durchquert die Schlucht und wandert von ihrem oberen Ausgang (1:00 Std.) auf einem Sträßchen weiter taleinwärts. Vorbei an der Gostilna Vintgar, dann über eine Brücke und zwei Kehren bergauf bis zu einer Gabelung, man

In Podhom bei Bled

geht links (Wegweiser »Bled«). Bei der darauf folgenden Gabelung geht man wieder links. Bald senkt sich das Sträßchen (eine Abzweigung nach rechts wird ignoriert), und man passiert eine Reihe älterer Bauernhäuser. Bei der darauf folgenden Gabelung (Brunnen) geht man rechts. Gleich darauf wieder eine Gabelung, man geht links und gelangt zur **Bahnhaltestelle Podhom.** Hier überquert man die Gleise und geht auf einem Fußweg bis zu einer Querstraße, auf dieser nach links. Nach etwa 250 m (Sebenje, Haus Nr. 59) biegt man nach rechts in ein Sträßchen, das kurz darauf in einen ungeteerten Fahrweg übergeht, der unter dem Kirchlein Sveta Trojica vorbeiführt. Aufstieg zur **Kirche.** Rast (1:30 Std.).

Weiter auf dem Weg unterhalb der Kirche in südöstlicher Richtung. Nach 200 m eine Gabelung; man geht rechts. Schöner Feldweg zwischen Weiden und Hecken. Blick zur Burg Bled. Man erreicht die Siedlung **Gmajna** und wandert auf einem Asphaltsträßchen bis zu einer breiteren Straße (Partizanska cesta), auf dieser nach rechts. Nach etwa 200 m (Haus Nr. 35) wendet man sich scharf nach links. Nach 200 m eine Gabelung, man geht rechts. Der Asphalt endet, weiter auf einem Schottersträßchen. Nach 50 m biegt man nach rechts in einen Feldweg. Man gelangt zu einem breiteren Querweg, auf diesem nach rechts über ein Brücklein. Beim darauf folgenden Bildstock nimmt man eine Abzweigung nach links. Man passiert den **Friedhof** und geht bei der darauf folgenden breiten Querstraße nach rechts.

Man erreicht am Ortsrand von **Bled** die Hauptstraße, quert diese und geht geradeaus (nicht in das abschüssige Sträßchen halblinks!). Bei der darauf folgenden Kreuzung (Bildstock) geht man geradeaus, und beim nächsten Quersträßchen nach rechts bis zur Pfarrkirche. Abstieg über eine Treppe zur **Seepromenade** (2:15 Std.).

Man kehrt zur **Kirche** zurück und geht von dort zur Kreuzung mit dem Bildstock. Hier wendet man sich nach links. Man passiert die Jugendherberge und biegt unmittelbar danach nach links in einen Steig (Wegweiser »Grad«). Nach 10 Min. hat man die **Burg Bled** (2:45 Std.) erreicht. Besichtigung.

Man verlässt die Burg durch das Burgtor und wendet sich nach wenigen Schritten nach links in einen markierten Weg, dem man bis zu einer Kreuzung folgt. Geradeaus eine Rastbank; man wendet sich halblinks in einen absteigenden Weg. Gleich darauf ein Querweg, man geht rechts. Eine darauf folgende Abzweigung nach rechts wird ignoriert. Man geht geradeaus, gelangt zu einer Wegkreuzung und wendet sich nach links. Abstieg bis zur **Uferstraße;** auf dieser nach rechts. Vorbei an Badeplätzen. Man passiert schließlich das Ruder-Zentrum und gelangt zu einem Kreisverkehr. Von hier folgt man einem vertikal ansteigenden Fußweg (Wegweiser »Postaja«) bis zum **Bahnhof Bled Jezero** (3:30–4:00 Std.).

In der Vintgar-Schlucht

Bled: Kulisse der Nation

Wäre es nach Ignac Novak gegangen, Blejsko jezero, der Veldeser See, würde gar nicht existieren. Dann blickte man heute von der Burg Bled nicht auf das bekannteste Postkartenmotiv Sloweniens, sondern vielleicht auf ein paar Bauernhöfe oder eine Ziegelei. Und die »von Wellen sanft« umspülte Wallfahrtskirche Unserer lieben Frau wäre vermutlich von Busparkplätzen, Pilgerherbergen und Devotionalienläden umgeben. Novak, im 18. Jahrhundert Burgverwalter zu Bled, beabsichtigte nämlich, den See trocken zu legen und auf diese Weise fruchtbares Land bzw. Lehm zu gewinnen. Weil aber die Krainer Landesversammlung die schnöden Pläne durchkreuzte, darf Bled heute für sich in Anspruch nehmen, den angeblich wärmsten Badesee der Alpen zu besitzen und damit einen touristischen Magneten ersten Ranges.

Hätte Ignac Novak sich durchgesetzt, wäre dem Ort aber auch manches erspart geblieben. Denn der Aufstieg vom beschaulichen Bauern- und Fischerdorf zum modernen Tourismuszentrum mit 180.000 Nächtigungen im Jahr ging mit beträchtlichen Nebenwirkungen einher. Am augenfälligsten ist die Verschandelung des nordöstlichen Ufers mit hässlichen Bettenburgen und einem monströsen Einkaufszentrum, weniger offensichtlich die bakterielle Wasserverschmutzung durch die Hinterlassenschaften der Badegäste. Auch der ständige Durchzugsverkehr und die Berieselung aus den Lautsprecherboxen der Hotelterrassen tragen nur mäßig zum Glanz der »Perle der Julischen Alpen« bei.

Bled, als Ortschaft, schön zu finden, gehört eine Portion Realitätsverweigerung dazu oder die Bereitschaft, ästhetischen Ärgernissen den Reiz des Skurrilen abzugewinnen. Dann wird man vielleicht sogar das spießige *Trnovski center,* das die ihm zugedachte Rolle eines modernen urbanen Zentrums nicht annähernd auszufüllen vermag, als Sehenswürdigkeit betrachten und sich daran erfreuen, dass das postmoderne Missgebilde, gerade erst erbaut, schon im Begriff ist, wieder zu verrotten. Auch die Eishalle, einer von vielen architektonischen Fehlgriffen aus Titos seligen Zeiten, bietet sich als Studienobjekt an.

Sensibleren Gemütern empfiehlt es sich, den Blick in die Gegenrichtung, vom Ufer Richtung Südwesten, zu lenken. Aus dieser Perspektive (und als landschaftliches Ensemble betrachtet) ist Bled noch immer, auch ohne selektive Wahrnehmung, ein Gedicht von France Prešeren: »Die Insel, ragend aus der Wellen Runde / Jetzt fromm geweiht als Wallfahrtsort Marien / Sieh', Riesengletscher stehen im Hintergrunde / Von schönen Feldern, die nach Vorne ziehen. / Da gibt Schloss Veldes Dir zur Linken Kunde / Rechts siehst Du Hügel hinter Hügel fliehen / Land Krain hat keinen schönern Ort zu weisen / wie hier, als Bild des Edens ihn zu preisen.«

Nicht nur viele Dichter huldigten Bled, auch unzählige bildende Künstler fanden sich ein, um die Landschaft zu porträtieren. Am Seeufer die Staffelei aufzubauen, bot sich schon deshalb an, »als sich der Maler ohne Idealisirung, Hinzuthaten und Weglassungen genau an die Einzelnheiten halten kann, um einen künstlerischen Effect zu erzeugen«. Allein die Nationalgalerie in Ljubljana besitzt dutzende Gemälde mit Bled-Motiven, darunter ein großes Panorama des Biedermeiermalers Markus Pernhart, das die gesamte Region noch fast unbesiedelt zeigt. Schon ein Reiseführer aus dem Jahre 1878 weiß von »fast unzähligen Abbildungen von Veldes in allen Gattungen der Vervielfältigung«. Heute kann man an der Uferpromenade Bledaquarelle ab fünf Euro erwerben.

So wurde Bled schon früh zur nationalen Ikone, die je nach politischer Konjunktur ideologisch aufgeladen wurde. Wies ihr Prešeren noch die Rolle eines Schauplatzes slowenischer Urmythen zu, betonten die Nationalsozialisten ein Jahrhundert später ihre »tiefe Verwurzelung im Deutschtum«. Und diente sie dem sozialistischen Jugoslawien als Aushängeschild für Internationalismus und Wohlfahrt, muss sie heute als »symbolische Autorität für die slowenische Eigenstaatlichkeit«, so eine Festschrift aus dem Jahre 2004, herhalten. »Möge«, heißt es darin weiter, »Bled seinen nationalen symbolischen Glanz bewahren und es sich um einen Ehrenplatz in der vereinigten europäischen Zukunft bewerben.«

Die Anfänge des »Fremdenverkehrs« gehen in Bled, sieht man von den Völkerwanderungen ab, auf das erste Jahrtausend zurück: Otok, die heutige Kircheninsel, diente wahrscheinlich schon vorchristlichen Pilgern als Kultstätte, wovon altslawische Gräber aus dem 8. und 9. Jahrhundert zeugen. Dies löste im 19. Jahrhundert, in der »Zeit des nationalen Erwachens«, eine fieberhafte, allerdings leider erfolglose Suche nach dem Tempel der slawischen Göttin Živa und ihrer schönen Priesterin Bogomila aus. Als christlicher Wallfahrtsort ist Bled seit dem frühen Mittelalter bekannt. Aus dieser Zeit stammt auch die Legende, wonach der See vom lieben Gott geschaffen worden sei, um das Weidevieh am Betreten der Kirche zu hindern. Der barocke Bau steht auf den Fundamenten einer dreischiffigen romanischen bzw. gotischen Basilika, von der noch ein paar Freskenreste und eine als »Liebe Frau auf dem See« verehrte Holzplastik übrig geblieben sind. Aus dem 16. Jahrhundert stammt die Wunschglocke, deretwegen man – bei entsprechendem Bedarf – den Besuch der Insel nicht versäumen sollte. Die Anreise erfolgt per Ruderboot, ein Umstand, der im Laufe der Jahrhunderte etlichen übermütigen

Pilgern den Ertrinkungstod bescherte. Wegen der häufigen Unfälle war von Balthazar Hacquet 1784 der Abriss der Kirche gefordert worden. Laut Gemeindechronik forderte der See in den letzten 300 Jahren 170 Opfer.

Seine Bekanntheit als Badeort erlangte Bled aber gar nicht wegen seines Sees. Schon 1689 berichtete Johann Weichard von Valvasor von einem »Warmbad bey Felden-See«, das »durch den Verwalter Feldes ruinirt und vertilgt« worden war. Die Thermalquellen, ursprünglich sieben an der Zahl, befanden sich an der Ostseite des Sees und waren dem Besitzer wegen des zunehmenden Besucherandrangs ein Dorn im Auge gewesen. Nach Jahren der Stagnation als »Bettlerbad« gerieten die Quellen Anfang des 19. Jahrhunderts ins Visier der Wissenschaft. Sie erkannte die heilkräftige Wirkung des Wassers, und als ein gewisser Professor Richter die »Gesundung eines gelähmten Knaben« nach dem Bade sowie die »Heilung einer veralteten Fußwunde« vermeldete, stand »Bad Veldes« Aufschwung nichts mehr im Wege. Die Quellen wurden neu gefasst und überdacht. Heute speisen sie die Hallenbäder der großen Hotels.

Einen Durchbruch erlebte Bled mit der Errichtung einer »Kaltwasserheilanstalt« durch den Schweizer »Hydropathen« Arnold Rikli im Jahre 1855. »Mit überraschendem Erfolg heilte er bleichsüchtige, an Uterus-Beschwerden, sowie an heftiger Migraine und gestörten Menses leidende Damen, dann Männer, die an Gicht, Unterleibs-Plethora, Hämorrhoiden, Rückgratslähmungen, an scropulösen, oder sonst auch veralteten Ausschlägen, an intensiven Folgen sinnlicher Ausschweifungen usw. litten.« Rikli verstand sich als »Naturarzt« und befand sich im radikalen Widerspruch zur »Staatsheilkunde«, deren Arzneien er Fremd- oder Todstoffe nannte. Damit werde »nur ein Loch verstopft, wogegen sich ein anderes öffnet, welches wieder verstopft werden müsse. Dies dauert so lange fort, bis der ganze Organismus zerstört ist«. Außerdem geißelte er jeden »Verzehr von Blut- und Leichensubstanz«, d. h. von Fleisch, als »Barbarismus, Ironie auf die Humanität und traurige Vorleuchte unserer Mord- und Kriegslust«. Riklis Medizin waren »thermo-electrische Licht- und Luftbäder«, bei denen »die schwächsten Körperteile zwischen kalten Waschungen dem Sonnenlichte ausgesetzt, dadurch der Blutumlauf vergrößert und im raschen Wechsel von natürlicher Kälte und Wärme das Leben des Organismus erhöht und

Casino Bled mit Burg

CASINO
BLED
Club
Mon Chéri
variete show

gestärkt« wurden. Außerdem verordnete er »abhärtende und leichte Kleidung zur Erlangung der unverwüstlichen, allen Einflüssen der Witterung trotzenden Zigeuner-Gesundheit« sowie »Nacktwanderungen mit beständigem Bergauf- und Bergabsteigen«. Er selbst soll sich mehr als 3000 solcher »Luftbäder« ausgesetzt haben. So prägte Rikli gut 50 Jahre den Fremdenverkehr Bleds. Auf der Straža, einem Aussichthügel südöstlich des Ortes, errinnert ein schwarzer Obelisk an den Gesundheitsapostel. Beim Bau des Sessellifts dorthin dürfte sich der gute Mann im Grabe umgedreht haben. Den Platz seiner alten Kuranstalt nimmt heute das Casino ein.

Als sich zu Riklis Naturheilanstalt bald eine Reihe weiterer Kurhotels und Badeanlagen hinzugesellte, entbrannte ein eifriger Wettstreit um erholungs- und genesungsbedürftige Kundschaft. Dienten sich die einen eher den an »Blutverdickung, Leberanschoppungen und Fettwucherungen« leidenden Männern an, bemühten sich andere um die weibliche Klientel. So betrieb ein Dr. F. Müller ein Schwefelbad, »das mehrfachen Beobachtungen zufolge die Haut auffallend glatt und rein macht«. Daraus kehrten »Damen mit blassem oder vergilbtem Teint zum Erstaunen ihrer Umgebung mit grösserem Liebreiz und erhöhter Schönheit (...) zurück«, und zwar »indem ihre Haut an Feinheit und zarter, rosiger Frische des Incarnats gewann, so dass gleichmässig Rosen und Lilien auf den lieblichen Gesichtern um die Herrschaft stritten.«

Nach dem Bau der Eisenbahnlinie Tarvisio–Ljubljana im Jahr 1870 empfahl sich Bled immer mehr als »heilbringend für Krankheiten, wie sie in den höheren Sphären der Gesellschaft vorzukommen pflegen«, also für psychische Leiden: »Dort in der prächtigen Alpenwelt gewinnt der melancholisch Überdrüssige wieder Lebensmuth und Lebensfreude. Für Hypochondrie, nervöse Zustände bietet die frische, freie und frohe Alpennatur Läuterung und Erhebung. Die eingebildeten Krankheiten verschwinden.« Und so strömten die Gemütskranken bald in Massen aus allen Ecken der Monarchie herbei.

Keine heilende Wirkung zeitigte das Klima bei Julius Payer, dem glücklosen österreichischen Polarforscher und Alpinisten, der seine letzten Jahre in Bled verbrachte. Er, der eine zweijährige Irrfahrt im Packeis überstanden (und dabei das Franz-Josephs-Land entdeckt) hatte, zerbrach an den Intrigen gegen seine Person. Verbittert vom öffentlichen Zweifel an seinen Entdeckungen quittierte er den Armeedienst, um sich in Hinkunft der Malerei zu widmen – und allmählich den Verstand zu verlieren. Er gründete eine Malschule für Damen und plante (mit seinen Schülerinnen?) eine Reise nach Grönland zum Zwecke künstlerischer Studien. Noch 1912, als Siebzigjähriger, versuchte er, eine Expedition zum Nordpol per Unterseeboot zu organisieren.

Die Hotels und Villen der Monarchie – viele von ihnen wurden im »Schweizer-Styl« erbaut – sind heute, sofern sie nicht überhaupt abgerissen wurden, kaum wiederzuerkennen. Vor allem die Leitbetriebe – »Hotel Toplice«, »Hotel Park« und »Vila Bled« – blicken auf etliche Metamorphosen zurück. Ersteres wurde Mitte des 18. Jahrhunderts als »Luisenbad« errichtet und galt mit 33 Zimmern »als imposantestes Gebäude am Seegestade«. Heute rollt der Verkehr unmittelbar vor der Eingangstür vorbei und untergräbt die Würde des efeubewachsenen Hauses. Die Fassade bröckelt, und die abgenützten Korbsessel auf der Veranda legen den Schluss nahe, dass auch das Interieur schon bessere Zeiten gesehen hat.

Das »Hotel Park« steht auf den Fundamenten des 1848 erbauten Gasthofs Mallner, der bald schlossähnlich ausgebaut wurde und seinerzeit sogar Kaiser Franz Joseph beherbergte. Ein Reiseführer aus dem Jahre 1878 preist seine »feine Küche, Eleganz, Reinlichkeit, Bequemlichkeit der Zimmer und zuvorkommende Bedienung«. Als Nobelabsteige schien das Hotel auch den Nazis gerade gut genug, um hier ihr Hauptquartier zu errichten. Am 2. Mai 1941, drei Tage nach der Okkupation Oberkrains, bezog Franz Kutschera, Chef der NS-Zivilverwaltung, mit seinem Stab Quartier, kurz darauf auch die Gestapo. Die gewaltsame Germanisierung und der Besatzungsterror machten auch vor der Bevölkerung Bleds nicht Halt. 300 »politisch verdächtige« Gemeindebürger wurden ins berüchtigte Gestapo-Lager Begunje verbracht, wovon sich 60 schließlich in deutschen Konzentrationslagern wiederfanden. Nur wenige kehrten nach dem Krieg zurück. Die Nazis konfiszierten aber auch eine Reihe von Bauernhöfen, um darin »Volksdeutsche« aus Bessarabien (Moldawien) anzusiedeln. Bald formierte sich der Widerstand. Im Bleder Raum nahmen rund 1000 Personen, ein Zehntel der Bevölkerung, am Partisanenkampf teil; noch höher war der Anteil der Sympathisanten. Am 17. Juli 1944 gelang der Befreiungsfront ein Aufsehen erregender Coup: Sie schleuste einen Koffer mit 10 kg Sprengstoff in das Hotel ein und jagte einen Teil des Gebäudes in die Luft. Am 11. September griffen die Partisanen einen Holztransport der Wehrmacht an, was die SS mit der Erschießung von 22 Geiseln beantwortete.

Heute präsentiert sich das »Hotel Park« in rostroter Blechverkleidung und mit wuchtigen, durch hängendes Grünzeug notdürftig kaschierten Betonbalkons im Stil einer Hochgarage, womit dem Namen des Hotels etwas durchaus Doppeldeutiges anhaftet. Kulinarischer

Dauerbrenner ist die Cremeschnitte aus eigener Produktion, von der das Hotel seit 1953 über 8 Millionen Stück verkauft haben soll.

Am geschichtsträchtigsten ist wohl die »Vila Bled« am Südufer des Sees. 1883 von Prinz Ernest Windisch-Grätz im Stil eines englischen Landhauses erbaut, diente sie nach dem Ersten Weltkrieg als »Schloss Suvobar« (benannt nach dem Schauplatz einer siegreichen Schlacht gegen die Österreicher) dem jugoslawischen König als Sommerresidenz. Einen radikalen Umbau erlebte sie nach dem Zweiten Weltkrieg, um fürderhin Marschall Tito als Feriendomizil und Bühne für Staatsbesuche zu dienen. Die Liste seiner Gäste liest sich wie ein Who-is-who der Weltgeschichte der zweiten Hälfte des 20. Jahrhunderts. Sie reicht von Gamal Abd el Nasser, Reza Pahlevi und Haile Selassie über Nikita Chruschtschow und Nicolae Ceaucescu bis Erich Honecker und Willy Brandt.

Mit Tito hielt in Bled aber auch der Sozialismus Einzug. Was vorher einer privilegierten Schicht vorbehalten war, sollte nun den Werktätigen zugute kommen. Aus dem einstigen »Nobelcurort« wurde ein Zentrum des Arbeitertourismus. Dies ging nicht ohne radikale Maßnahmen: Sämtliche privaten Bäder und Parkanlagen wurden geöffnet und die Seeufer damit der Allgemeinheit zugänglich gemacht. Auch die privaten Tourismuseinrichtungen fielen der Beschlagnahme anheim. Ehemalige Villen und Pensionen aus altem Familienbesitz fanden ihre neue Bestimmung als Ferienheime sozialistischer Betriebe. Dem revolutionären Eifer fiel auch manches architektonische Kleinod zum Opfer.

Die größten Flurschäden wurden in den sechziger und siebziger Jahren mit der Errichtung riesiger Hotelkomplexe angerichtet. Ungetüme wie das »Hotel Krim« versprühen noch heute realsozialistischen Charme. Der Anspruch der Gemeinnützigkeit konnte allerdings nur teilweise eingelöst werden, denn die – anfänglich aus allen Teilrepubliken Jugoslawiens herangekarrten – erholungsbedürftigen Arbeitermassen wurden nach und nach von ausländischen Devisenbringern abgelöst. 1979 entstand das Casino, ein Gebäude von erlesener Hässlichkeit. Ursprünglich geschaffen, um spielsüchtigen Ausländern das Geld aus der Tasche zu ziehen, wirkt es heute wie ein etwas zu groß geratener Souvenierladen. Konsequent waren die Kommunisten bei der Nutzung der Wallfahrtskirche: Sie konfiszierten die Insel und unterbanden 40 Jahre lang jeglichen Gottesdienst. Die erste kirchliche Hochzeit nach dem Kriegsende fand 1990 statt.

Grad, so der alte Name des ältesten Ortsteils, ist das atmosphärisch angenehmste Viertel Bleds. Unter der Pfarrkirche drängen sich die Häuser noch ganz in dörflicher Manier aneinander, woraus sich eine sympathische und gar nicht mondäne Mischkulanz aus Bauernhäusern, vergammelten Villen und einfachen Fremdenpensionen ergibt. Die heruntergekommene »Vila Zakopa« und das freundliche »Okarina« vermitteln einen Hauch der Villenromantik vergangener Zeiten. (Noch schönere Beispiele für historistische und sezessionistische Feriendomizile finden sich allerdings weiter östlich in unmittelbarer Nachbarschaft zum Hotel Golf.) Am eindrucksvollsten sind aber die einsturzgefährdeten Überreste eines alten Pavillons im Stil der Wörthersee-Architektur an der Seepromenade. Dass man die kunstvoll gegliederte Fassade mit der dreigeteilten Holzveranda dem Verfall preisgegeben hat, ist verwunderlich, verleiht ihr aber auch einen morbiden Reiz. Jože Plečnik, Sloweniens Paradearchitekt, hat sich in Bled ebenfalls verewigt. Besonders interessant (und ebenfalls äußerst vernachlässigt) sein 1938 geschaffenes Kulturheim neben der Pfarrkirche mit gewellter Ziegelmauer und recycelten Grabsteinen. Auch der benachbarte Marienbildstock stammt von ihm. Das Emblem am Mantel der Madonna ist die

Blick auf den Blejsko jezero (Veldeser See)

Vorwegnahme des heutigen slowenischen Wappens. Ein von Plečnik geplanter Königspalast, der die Vila Bled ersetzen hätte sollen, wurde nie realisiert.

Die Besichtigung der Burg ist trotz des bisweilen bedrohlichen Besucherandrangs und der unverschämten Eintrittspreise ein lohnendes Unterfangen. Die spektakuläre Lage auf einem senkrecht aufragenden Felsen hoch über dem See und der grandiose Rundblick sind in Slowenien ziemlich konkurrenzlos. 800 Jahre gehörte das Bilderbuchschloss den Bischöfen von Brixen; eine Schenkungsurkunde aus dem Jahr 1004 gab Bled erst kürzlich die Gelegenheit, sein 1000jähriges Jubiläum zu feiern. Vom ursprünglichen Bestand sind ein romanischer Mauerring und der Ostturm erhalten; die hölzernen Wehrgänge wurden rekonstruiert. Besonders stimmungsvoll ist die spätgotische Schlosskapelle mit Freskenresten und einer modernen Marienskulptur. Das Schlossmuseum wurde im barocken Trakt untergebracht und ist der Geschichte Bleds bzw. der feudalen Wohnkultur gewidmet: eine wohltuend sparsame Sammlung, die vor allem die Räumlichkeiten gut zur Wirkung kommen lässt.

Kehrt man nach dem Rundgang im 100jährigen Gasthof »Pri Planincu« ein, kommt man vielleicht mit »richtigen« Einheimischen ins Gespräch. Der bereits zitierte Reiseführer aus dem Jahr 1878 beschreibt die Dorfbewohner als »schönen Menschenschlag, der mit vorzüglichen Geistesgaben begabt« sei. »Ihre Sprache«, heißt es weiter, »ist vorherrschend die slovenische, aber es wird auch häufig deutsch gesprochen. Es herrscht von Alters her die Sitte, die Kinder zur Erlernung der deutschen Sprache in das benachbarte Kärnten zu schicken, wogegen die Kärntner die ihrigen zur Erlernung der slovenischen Sprache austauschen. Manche sprechen auch italienisch, wie überhaupt der Krainer ein angeborenes Sprachentalent besitzt, daher schon aus diesem kosmopolitischen Grunde die sprachliche Exklusivität und nationale Ausschließlichkeit nicht ernst gemeint sein kann.« Auch heute gibt es kaum Verständigungsprobleme; die Fähigkeit und Bereitschaft, sich der Sprache der Nachbarn zu bedienen, sind allerdings recht einseitig verteilt.

Für Wanderer ist Bled aufgrund des kulinarischen Angebots und der großen Auswahl an Unterkünften kein schlechter Stützpunkt. Schon 1862 wurde eine Übersichtskarte der Spazierwege rund um den See veröffentlicht. Heute unterhält die Gemeinde ein Wegenetz von mehreren hundert Kilometern. Viele Markierungen scheinen allerdings noch aus Riklis Zeit zu stammen und sind entsprechend fehlerhaft. Keine

Orientierungsprobleme gibt es bei der Seeumrundung, die jedoch ein zweifelhaftes Vergnügen darstellt: Der dafür vorgesehene Trampelpfad verläuft zwar teilweise recht hübsch auf Holzstegen direkt am Ufer und im schattigen Park; die meiste Zeit wandert man aber unmittelbar neben der Autostraße. Fußmarode können sich vom Fiaker um den See kutschieren lassen.

Weitaus schöner sind die Ausflüge in die Umgebung, vor allem in den Nationalpark, wobei die Palette der Möglichkeiten von leichten Touren bis zu hochalpinen Unternehmungen reicht. Allein im Gemeindegebiet bestehen Höhenunterschiede von 2,5 km. Um die durch Gletscherablagerungen und tektonische Verschiebungen lebhaft gegliederte Landschaft von oben betrachten zu können, muss man nicht gleich den Triglav (2.864 m) besteigen, sondern genügt es, sich auf kaum halb so hohe Aussichtspunkte wie den »Weiberzahn«, Babji zob, am Eingang zum Wocheiner Tal oder den Galetovec vis-à-vis zu begeben. Äußerst lohnend ist auch Pokljuka, ein hügeliges Hochplateau westlich von Bled, vor allem wegen ihrer großen Hochmoore (der südlichsten Europas) und der uralten Wälder mit einer Reihe geschützter Baumriesen.

Nur eine Stunde benötigt man zur 1600 m langen und bis zu 300 m tiefen Vintgar-Schlucht, früher auch Rothweinklamm genannt, im Norden Bleds. Das vielbesuchte Naturdenkmal wurde bereits 1891 mittels kühner Holzstege und Brücken erschlossen. Die Schlucht entstand in der letzten Eiszeit nach dem Aufstau der Radovna durch den Gletscher, worauf sich der Fluss rasch in das weiche Gestein fräste. Seither »drängen gewaltige Wassermassen aus engem Felsspalt hervor und bilden, an Felsstücke anprallend und in mehrfachen Absätzen stürzend, eine herrliche Cascadenreihe« (Illustrirter Führer durch Steiermark und Krain, 1885). Besonders schön ist die Vintgar-Schlucht am späten Nachmittag, wenn die Sonnenstrahlen den Flussgrund erreichen und sich Farbenspiele in allen erdenklichen Grüntönen ergeben.

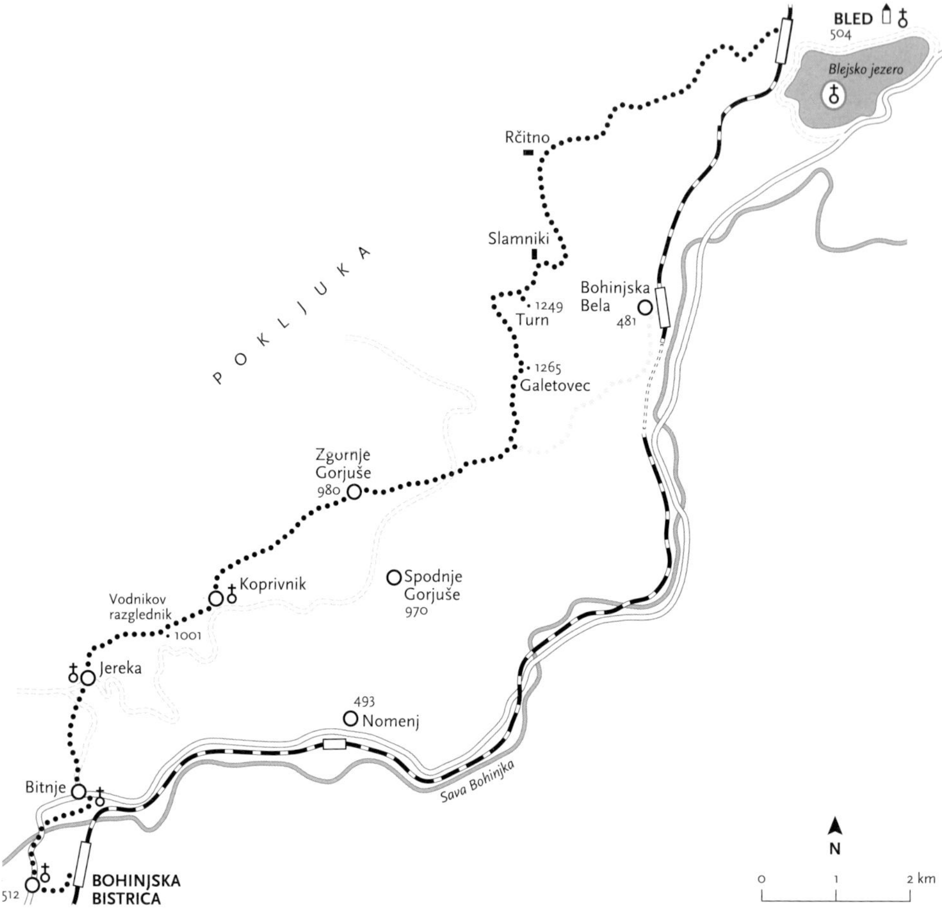

V Dreisprung

WANDERUNG VON BLED NACH BOHINJSKA BISTRICA

Die ebenso schöne wie ausgedehnte Wanderung führt über Pokljuka, ein bewaldetes Hochplateau im Osten des Triglav-Nationalparks, auf dem sich mit Gorjuše eines der höchst gelegenen Dörfer Sloweniens befindet. Dabei überspringt man nicht nur drei Bahnstationen, sondern hat auch etliche Höhenmeter zu überwinden. Lohn der Anstrengung sind eine Reihe großartiger Ausblicke auf die Bilderbuchlandschaften bei Bled und um den See von Bohinj. Einen besonderen Reiz stellt die idyllische Kulturlandschaft aus kleinen Almen und weit verstreuten Bauernhöfen dar. Kulturgeschichtlich Interessierte kommen mit der Besichtigung der malerischen Kirchlein von Koprivnik, Jereka und Bitnje auf ihre Rechnung.

ANMERKUNGEN: Anstrengende Wanderung. In der »Langfassung« nur für ausdauernde Wanderer geeignet. Länge: 16 oder 28 km. Gehzeit: Rund 5 bzw. gut 7 Stunden. An- und Abstiege: 800 bzw. 1000 m. Karte: Izletniška karta Gorenjska, 1:50.000, Geodetski zavod Slovenije.

WEGBESCHREIBUNG: Man geht vom **Bahnhof Bled Jezero** auf der Straße Richtung Norden. Nach ca. 250 m wendet man sich nach links, überschreitet bei einem unbeschrankten Übergang die Gleise und steigt über einen Treppenweg zu einemIntersträßchen an; auf diesem nach rechts. Nach gut 50 m biegt man scharf nach links in einen ansteigenden Weg (Wegweiser »Kuhovnica«, Markierung Nr. 3). Man durchschreitet ein Gatter und steigt über eine Weide steil an, um sie an ihrem oberen Ende durch einen weiteres Gatter wieder zu verlassen. Kurzer Anstieg im Wald bis zu einer Dreifachgabelung; man hält sich, der undeutlichen Markierung Nr. 4 folgend, links. Nach gut fünf Min. stößt man bei einer kleinen **Lichtung** auf einen breiteren Weg; man geht geradeaus und verlässt damit den markierten Weg. Auf breitem Waldweg rechts an einer großen Lichtung vorbei. Man erreicht einen Querweg (Futterkrippe) und geht links. Bald senkt sich der Weg zu einem geschotterten Fahrweg; auf diesem nach links. Man folgt dem (markierten) Hauptweg bis zur **Rčitno-Alm** (1:30 Std.). Hübscher Rastplatz.

Weiter auf dem Hauptweg bis zum Haus Nr. 22. Man biegt nach links (undeutlich markierter Weg) und passiert bald darauf eine baufällige Hütte am Rande einer großen Wiese. Der markierte Weg scheint sich nach rechts zu wenden, um im Wald anzusteigen. Man bleibt jedoch am Wiesenrand und findet an dessen Ende einen Pfad (Wegweiser »Slamniki«). Kurzer Abstieg zum betreffenden **Gehöft**. (1:45 Std.).

Man folgt nun dem Wegweiser »Galetovec«. 45minütiger Anstieg auf deutlich markiertem, sehr steilem Weg bis zu einem breiten **Querweg** auf einem kleinen Sattel (Partisanendenkmal). Hier wendet man sich nach links und steigt kurz zum **Turn** an. (2:30 Std.). Schöne Aussicht.

Man kehrt zum Denkmal zurück und wendet sich auf dem Querweg nach links. Nach 300 m nimmt man eine Abzweigung scharf nach links (Wegweiser »Galetovec«). 15 Min. auf breitem, fast ebenem Waldweg. Eine Abzweigung nach rechts wird ignoriert. Kurz darauf verlässt man den Hauptweg und folgt einem Wegweiser bis zum **Galetovec**. Prächtige Aussicht (3:00 Std.).

Vom Aussichtsplatz einige Meter auf demselben Weg zurück. Eine Dreifachgabelung; man nimmt den mittleren, neben einem Steinmäuerchen verlaufenden Weg. Der (markierte) Weg folgt erst dem Hügelkamm und senkt sich dann zu einem breiten Querweg; auf diesem nach links. Der Weg senkt sich zu einer kleinen **Alm** mit zwei Hütten. Man wendet sich vor der ersten Hütte nach links und steigt über eine Weide bis zu einem Gatter ab, das man durchschreitet. Steiniger Weg im Wald bergab, dann vorbei an einer weiteren kleinen Alm bis zu einem breiten **Querweg**; auf diesem, die (äußerst mangelhafte) Markierung verlassend, nach rechts.

Variante Richtung Bohinjska Bela: Man geht geradeaus und folgt einem anfänglich kaum sichtbaren Pfad in den Wald. Steil bergab bis zu einer weiteren Alm (mehrere Hütten, Harpfe mit transparentem Dach). Unterhalb des Ensembles ein Querweg; man geht links (Wegweiser »Bohinjska Bela«). Rudimentäre Markierung. Man gelangt zu einer lang gestreckten Lichtung und folgt einem undeutlichen Weg unterhalb einer **Stromleitung** bis zum unteren Ende der Wiese. Auf undeutlich markiertem Wege, einen Fahrweg zweimal querend, steil bergab. Man trifft ein drittes Mal auf den Fahrweg und wendet sich auf diesem nach links. Nach 50 m fällt der markierte Weg steil nach rechts ab. Man erreicht neuerlich den Fahrweg; auf diesem weiter bergab. Nach 200 m verlässt man den Fahrweg und wendet sich nach rechts in einen undeutlichen Pfad, der bald darauf den Fahrweg neuerlich kreuzt. Schließlich erreicht man unterhalb einer Stromleitung eine Schotterstraße; auf dieser nach rechts. 15 Min. bergab bis zu den ersten Häusern von Bohinjska Bela. Geradeaus weiter bis zu einer Querstraße; auf dieser nach links. Man gelangt zum **Bahnhof Bohinjska Bela** (5:00 Std.).

Angenehmer, fast ebener Fahrweg von Alm zu Alm. Bei einem weiteren Querweg (Wegweiser »Galetovec« in Gegenrichtung) geht man rechts und gelangt zu einem breiten Querweg unmittelbar vor einer breiten **Asphaltstraße** (3:45 Std.). Auf diesem nach rechts bis zur Straße.

Auf der **Straße** nach links. Nach 50 m biegt man nach rechts in einen ansteigenden Fahrweg, um gleich darauf vor einem Wochenendhäuschen nach links in einen Feldweg abzubiegen. Man gelangt zu einem **Bauernhof**, geht links am Wohngebäude vorbei und auf einer Fahrspur auf ein Blockhaus zu, das man passiert, um weglos bis zu einem weiteren Bauernhaus (Ziehbrunnen) abzusteigen. Auf einem Quersträßchen nach rechts bis zu einem weiteren Quersträßchen

Bei Koprivnik auf Pokljuka

beim Haus Nr. 56. Man geht wieder rechts und ignoriert die darauf folgende Abzweigung nach rechts. Nach rund 150 m eine Gabelung, man geht links; eine weitere Abzweigung nach rechts beim Haus Nr. 60 wird ignoriert. Nach 100 m eine Gabelung, man hält sich links (und folgt damit der Telefonleitung). Beim Bauernhof Nr. 71 geht man geradeaus. Der Weg steigt an; man geht links (Wegweiser »Koprivnik–pešpot«), durchschreitet eine Weide und gelangt in den Wald. Gut 15minütiger Anstieg auf undeutlich markiertem Wege in südwestlicher Richtung. 10minütiger Abstieg bis zu einer Weide. Auf breitem Wiesenweg weiter bergab bis zu einem Quersträßchen, auf diesem nach rechts. Beim darauf folgenden Haus geht man links und folgt dem Sträßchen, die Richtung beibehaltend, bis zur **Kirche** von **Koprivnik** (4:45 Std.).

Vor der Kirche gabelt sich die Straße, man geht rechts. Man passiert bald darauf das Feuerwehrhaus und wandert, dem Wegweiser »Vodnikov razglednik« bzw. der Markierung folgend, bis zu einem Quersträßchen, auf diesem nach rechts. Nach gut 100 m umgeht man ein Blockhaus und wendet sich bei der darauf folgenden Gabelung nach links. Kurzer Aufstieg zum **Vodnikov razglednik** (5:15 Std.). Wunderbarer Blick auf Bohinj.

Man kehrt zur Gabelung beim Blockhaus zurück und wendet sich nach links (Wegweiser »Jereka«). Abstieg auf schönem, deutlich markiertem Weg (der mehrmals eine Asphaltstraße schneidet) bis **Jereka** (6:00 Std.).

Beim ersten Quersträßchen nach links, bei einem weiteren Quersträßchen nach rechts bis zu einer dritten Querstraße; man geht rechts und gelangt in den Ortskern von Jereka. Kurz darauf passiert man die **Kirche** und biegt nach 70 m nach links in einen Feldweg. Man erreicht die Hauptstraße, geht nach links und biegt nach 50 m, kurz vor einer Stromleitung, nach rechts in eine Fahrspur. Man passiert ein Feld, an dessen Ende der Weg halblinks in den Wald führt. Anstieg auf breitem Weg, stets in der Nähe der **Stromleitung**. Man gelangt zu einem Sattel, der Weg gabelt sich, und man hält sich rechts. Abstieg bis zur Hauptstraße, auf dieser geradeaus weiter. Nach 500 m biegt man nach links in ein Schottersträßchen nach **Bitnje** (6:45 Std.). Man durchschreitet das Dorf und biegt bei einem Bildstock im Ort nach rechts in Richtung Kirche ab. Man quert die Hauptstraße, passiert die **Kirche** und wendet sich nach rechts in einen Feldweg, der alsbald wieder auf die **Hauptstraße** trifft. Auf dieser nach links über die Save. Man folgt der Straße bis **Bohinjska Bistrica**. Man wendet sich im Ort bei der zweiten Abzweigung nach links, passiert die Pfarrkirche und gelangt zum **Bahnhof** Bohinjska Bistrica (7:15 Std.).

Pokljuka: Arbeitsplatz Alm

Wandert man von Bled/Jezero über das Pokljuka-Plateau Richtung Bohinj, gelangt man bereits nach einer Stunde, in etwa 1000 m Seehöhe, auf eine Alm namens Rčitno. Sie ist die Vorbotin einer Reihe von Bergweiden und Bergmähdern in diesem Gebiet; die meisten liegen wesentlich höher und damit in der Regel außerhalb der Reichweite des Weitwanderers. Als landschaftsgestaltendes Element sind sie aber weithin sichtbar, und als Dependancen der Bauernhöfe hängen sie auch wirtschaftlich eng mit dem Tal zusammen. Almen sind ein prägendes Merkmal der alpinen Kulturlandschaft Sloweniens, insbesondere im Nationalpark, wo sie eine wichtige Rolle für den Tourismus spielen. Das ändert nichts an der Tatsache, dass immer mehr Bergweiden aufgeben werden und durch Verwaldung oder Aufforstung von der Bildfläche verschwinden.

Liegt beim Anblick einer aufgelassenen Fabrik oder eines still gelegten Bergwerks der Gedanke an verlorene Arbeitsplätze nahe, findet dieser Aspekt bei einer verwaisten Bergweide kaum Beachtung. Und denkt man angesichts eines historischen Industriebetriebes vielleicht an Arbeitsleid und Hungerlöhne, verhält es sich bei einer Alm ganz anders. Die landschaftliche Idylle verschmilzt mit Bildern einer versunkenen heilen Welt, in der sich fröhliche Sennerinnen und Hirten unter freiem Himmel tummeln. Man hat zwar eine vage Vorstellung von ihrem kargen Leben, beneidet sie aber um ihr beschauliches Sein im Einklang mit der Natur, um Gesundheit und Ruhe.

Zur Verklärung des Almdaseins in Bohinj trugen nicht zuletzt volkskundliche Berichte wie dieser bei: »Im Gasthaus war alles quicklebendig. Die Mädchen saßen in frisch gewaschenen Kleidern bei Tisch und aßen Reindling; die Burschen in weißen Hemdsärmeln, mit übermäßigen Blumensträußen am Hut, dass die Krempen wackelten, (…) tanzten in der Laube. Jeder Mann trug den Wetzstein am Gürtel. Auf die Frage nach der Bedeutung jauchzten einige auf: Juchhe, wir gehen in die Raut! (…) Als wir auf die Bergmähder kamen, sahen wir lange Reihen von Mähern und Rechnerinnen in besseren Gewändern, als sie sonst bei der Arbeit trugen.«

Was hier als lustiger Feiertag geschildert wird, war der Auftakt zu einem mehrtägigen, bis zu zweiwöchigen Großeinsatz von Knechten und Mägden auf einer »rovt« (von Raut, das bedeutet Rodung), bei der das Futtergras für den Winter eingebracht werden musste. Pro Bergmahd kamen sechs bis acht Männer mit Sensen sowie drei bis vier Frauen mit Rechen und Heugabeln zum Einsatz; der Arbeitstag begann im Morgengrauen und endete erst am späten Nachmittag. Das häufig unebene und teilweise auch steinige oder verwachsene Gelände ver-

Slamniki bei Bohinjska Bela

langte von den Mähern viel Geschick und Kraft, da es mit ständigem Rhythmuswechsel einher ging. *Pobiranje kamnov,* Steine sammeln, nannte man diese bandscheibenfeindliche Tätigkeit. Eine Knochenarbeit war auch die Einbringung des Heus, das man in Leinentücher einschlug und in bis zu 20 kg schweren Ballen auf dem Kopf zum Schober schleppte. Bei drohendem Wettersturz ging die Arbeit unter besonders großem Zeitdruck vor sich. Um Zeit zu sparen, wurde meist im Heu übernachtet. Daraus ergab sich wohl, wie oben angedeutet, die Gelegenheit für manches erotische Abenteuer – allerdings war nicht jede dieser »Romanzen« freiwilliger Natur: Mägde niederen Ranges, also die Töchter von Keuschlern und Taglöhnern, wurden von den Söhnen der Bauern oft genug zum Liebesdienst genötigt.

Zu Beginn des 19. Jahrhunderts waren allein in Bohinj – womit im wesentlichen die Dörfer zwischen Bohinjska Bistrica und dem Wocheiner See gemeint sind – in den Sommermonaten rund 400 Menschen auf den Almen beschäftigt, fast ein Zehntel der Gesamtbevölkerung. Die *majarji* oder die *majarke,* wie die Senner und die Sennerinnen in dieser Gegend hießen (was dem deutschen »Meier«, also Hausverwalter, entspricht), hatten – Ziegen nicht mitgezählt – knapp 4000 Stück Vieh zu versorgen, woraus sich ein scheinbar komfortables Betreuungsverhältnis von 1:10 ergab. Es verweist auf die Fülle von Aufgaben, die auf den Almen zu erledigen waren. Sie oblagen entweder Knechten und Mägden oder Familienangehörigen wie unverheirateten Töchtern und ledigen Tanten. Nach dem Zweiten Weltkrieg fanden sich fast nur noch ältere Menschen, viele von ihnen im Rentenalter, zur Arbeit auf der Alm bereit.

Den Tagesablauf der *majarji* auf den Hochalmen diktierte das Vieh. Aufgestanden wurde im Morgengrauen, um die Kühe erst zu melken und dann auf die Weide zu treiben. Das konnte, je nach Standort, zwei bis drei Stunden dauern, wobei bis zu fünfhundert Höhenmeter überwunden werden mussten. Entsprechend hoch war das Schritttempo der angeblich so gemächlichen Senner(innen). Die Mittagszeit war dem Sammeln von Beeren, Moos und Kräutern, dem Kochen von Schmalzmus oder Sterz, dem Ausmisten der Stallungen und anderen Reinigungsarbeiten vorbehalten. Ab zwei Uhr begann man, die Kühe wieder zurückzutreiben. Gegen fünf wurde ein zweites Mal gemolken, um anschließend die gewonnene Milch in einem komplizierten Verfahren zu Butter bzw. Käse zu verarbeiten. Erst bei Einbruch der Dunkelheit war das Tagwerk getan; freie Tage gab es keine (an kirchlichen Feiertagen wurde allerdings nur ein Pflichtprogramm erledigt). Zu den Aufgaben der Senner gehörten außerdem das Sammeln und Heranschaffen von Brennholz, die Erhaltung der Wege sowie die Reparatur der Hütten und Unterstände. Auch die Instandhaltung von Gerätschaften zählte dazu, insbesondere der hölzernen Gefäße und Werkzeuge für die Milchverarbeitung. Selbst ein Teil der Bekleidung der Senner stammte aus eigener Produktion, etwa ihre Holzpantoffel und die charakteristischen Mäntel aus Bast.

Obwohl zumeist Analphabeten, waren die *majarji* hoch qualifizierte Leute. Neben handwerklichen Fähigkeiten verfügten sie auch über tierärztliche Kenntnisse. Euterentzündungen und Blähungen wurden mit Kräutern behandelt, Verletzungen mit Harz. Gegen Parasiten half der Stinkkohl, bei Erkältungen – auch Kühe können sich verkühlen – der Enzian. In besonders schwierigen Fällen bediente man sich der Magie. Noch im 20. Jahrhundert waren Räucherrituale und Zaubersprüche bei Erkrankungen des Viehs gang und gäbe. Ähnlich verfuhr man, wenn man selbst erkrankte. Wenn aber weder die alten Hausmittel noch die überlieferten Gebete Besserung brachten (und der nächste Arzt unerreichbar war), bediente man sich mitunter brachialer Methoden. So kam es schon mal vor, dass man sich eines eitrigen Zahnes entledigte, indem man ihn selbst aus dem Kiefer hebelte.

Über die Anfänge der Almwirtschaft in Bohinj gibt es unterschiedliche Auffassungen. Lange galt die Lehrmeinung, dass es die Bergweiden erst seit dem Mittelalter gibt. Der Fund einer antiken Kuhglocke auf Ajdovski gradec lässt jedoch den Schluss zu, dass es in dieser Gegend bereits in vorslawischer Zeit so etwas wie Almwirtschaft gegeben hatte. Die erste urkundliche Erwähnung einer Alm stammt aus dem Jahre 973; auch viele Flurnamen und Fachbegriffe aus der Almwirtschaft verraten uralte Wurzeln. Manche Weiderechte bestehen möglicherweise seit über 1000 Jahren. Befanden sich die ersten Bergweiden noch oberhalb der Waldgrenze auf 1800 bis 1900 m, entstanden die heutigen Hochalmen auf 1500 bis 1700 m zumeist durch Rodungen; auch die Niederalmen und Bergmahden auf 1000 bis 1200 m Höhe wurden den Wäldern abgerungen. Die Kolonisierung erfolgte durch freie Bauern, zweien von ihnen – Blagosod und Breslav – begegnet man in einer Urkunde aus dem 11. Jahrhundert, als sich der Adel und die Kirche des Landes zu bemächtigen begannen. Ursprünglich befanden sich die Almen von Bohinj aber im Gemeinschaftsbesitz. So gehörten etwa den beiden Dörfern Stara Fužina und Studor die größten und besten Weiden am Triglav, deren Nutzung kollektiv erfolgte. Mit der allmählichen Zersplitterung des Grundbesitzes (u. a. als Folge des Erbrechts) zerfielen auch diese Gütergemeinschaften, und immer mehr Almen wurden individuell bewirtschaftet. Bald besaß jeder Bauer seine eigene Hütte und seine eigenen Heuschober, wodurch regelrechte Almdörfer entstanden, die noch heute das Bild der größeren Almen prägen. Manche Regelungen aus der Zeit gemeinsamer Bewirtschaftung überdauerten dennoch die Jahrhunderte. So wurden Rodungen, Einzäunungen, der Wegebau oder die Wartung der Quellen zumeist mit gegenseitiger Hilfeleistung, *rabat* genannt (ein Begriff aus der Zeit der Fronarbeit), bewerkstelligt.

Eine Renaissance der kollektiven Nutzung erlebten die Almen von Bohinj mit der Gründung einer Käsereigenossenschaft auf der Alm von Bitnje im Jahr 1873, der bald eine Reihe weiterer Genossenschaften folgen sollte. Sie ging auf die Initiative von Janez Mesar, dem Pfarrer von Bohinjska Bistrica, zurück, der damit dem wirtschaftlichen Niedergang des Tales entgegen wirken wollte. Waren nämlich um 1850 in den Hochöfen von Bohinj jährlich noch bis zu 800 Tonnen Roheisen gewonnen worden und hatten damit rund 450 Menschen ihr Brot verdient, gingen diese Arbeitsplätze Ende des 19. Jahrhunderts, mit der Verlagerung der gesamten Eisenproduktion nach Jesenice, fast mit einem Schlag verloren. Also suchte und fand man mit der Herstellung von Käse ein neues wirtschaftliches Standbein. Dafür musste die Käseproduktion von den althergebrachten, vorindustriellen Methoden auf modernere Verfahren umgestellt werden. Das Know-How kam aus der Schweiz. Pfarrer Mesar war mehrfach zur »Betriebsspionage« in die

Senožeta bei Bohinjska Bistrica

Eidgenossenschaft gereist und brachte mit Thomas Hitz auch gleich einen Mann vom Fach mit. Und so wurde mancher ehemalige Bergmann, Köhler oder Eisengießer umgeschult, um sich als Senner oder Käser auf einer Alm wiederzufinden. Die Neuerungen gingen allerdings nicht ohne Reibungsverluste vor sich. »Wir dürfen keinesfalls übersehen«, schrieb das Wochenblatt »Novice« 1873, »wieviele Hindernisse und Gegnerschaften unwissender Leute diese wackeren Mannsbilder [Mesar und Hitz, Anm.] überwinden mussten. Wenn ein Bauer seine Überlegungen schon zustimmend beendet hatte, hoben die Hausfrauen an zu geifern, und die Sennerinnen bockten und greinten nach alter Manier.« Letztendlich war aber der Fortschritt nicht aufzuhalten und fand der »Schweizer Käse« aus Bohinj von Wien bis Triest großen Absatz.

Anfang des 20. Jahrhunderts besaß bereits fast jede größere Alm eine genossenschaftliche Käserei. Noch Mitte der 50er Jahre wurde auf 28 Wocheiner Almen Käse hergestellt. Zu dieser Zeit gab es rund 230 Beschäftigte. Erst mit der Inbetriebnahme einer modernen Molkerei in Srednja vas im Jahr 1971 ging die Produktion in den Almkäsereien rapide zurück. Heute praktiziert nur noch eine Handvoll *majari* die Käsezubereitung. Der Touristische Käsereiweg, *turistična siraska pot,* verbindet mehrere Almen und Bauernhöfe, auf denen den Wanderern laut Werbeprospekt »Quark, Käsequark und pikantes Quark aus Kuhmagermilch« angeboten werden.

In Stara Fužina erzählt ein kleines, aber sehenswertes Sennereimuseum die Geschichte der Almwirtschaft in Bohinj. Im zentralen Ausstellungsraum kann man die Rekonstruktion einer Käserei besichtigen, während die Nebenräume den kulturellen Aspekten der Almwirtschaft gewidmet sind. Eine eingehendere Betrachtung lohnt die Dokumentation der Baukultur auf den Almen Bohinjs mittels kleiner Modelle, Skizzen und einer Reihe historischer Fotografien. Bemerkenswert sind die auf Säulen oder Holzpfeilern stehenden Hochhütten, die, wie Julius Kugy schrieb, an »Pfahlbauten aus der Vorzeit« erinnern und bis vor wenigen Jahrzehnten das Bild der Almen um Bohinj prägten. Und tatsächlich dürfte diese archaische Bauform auf vorslawische Vorbilder zurückgehen. Die Konstruktion ergab sich aus der Kombination eines einfachen, offenen Unterstandes für das Vieh mit einem darüber befindlichen kombinierten Wohnraum für den Senner. Dieser hatte keine Fenster; der Rauch der offenen Feuerstelle zog über die Ritzen im Schindeldach ab. »Diese Pfahlhütten«, so der Ethnologe Tone Cevc, »bezeugen die Eigenheit und lange kulturelle Vergangenheit der Einwohner von Bohinj am besten. In ihnen spüren wir die mühselige Arbeit der Ureinwohner, die mit einfachem Gerät die Umgebung bewohnbar machten. (...) Ihre Funktion deutet auf die überlieferte Viehzucht hin, die jahrhundertelang die Geschlechter in Bohinj ernährte. Zusammen mit dem Triglav sind sie ein Symbol der Region.«

Heute, da die Almen zunehmend als Freizeitgelände genutzt werden, ändert sich auch das architektonische Erscheinungsbild. Almhütten werden zu Wochenendhäuschen umgebaut, Neubauten kommen hinzu, und nicht jeder ist genehmigt. Janez Bizjak, der Direktor des Nationalparks, beklagt die »hässlichen typisierten, nach allslowenischen Plänen« errichteten Ferienhäuser, die »blutleer, entfremdend und abstoßend die Identität der Landschaft stören«. Vor allem die »fremden, schmerzhaft blendenden Blechdächer« sind ihm ein Dorn im Auge. Manche Eigentümer können sich auch mit der angestammten Vegetation nicht zufrieden geben und »verschönern« die alte Kulturlandschaft mit Rosenstöcken und Ziersträuchern. Besonders beliebt sind kleine Steingärten, die womöglich mit Thujenhecken eingefasst sind. Dass es in solchen Biotopen für Hirten und Sennerinnen nicht mehr viel zu tun gibt, liegt auf der Hand. Dafür hält ein Berufsstand Einzug, der sonst nur in Tallagen anzutreffen ist und bisher nicht unbedingt als Repräsentant slowenischer Lebensart galt: der Gartenzwerg.

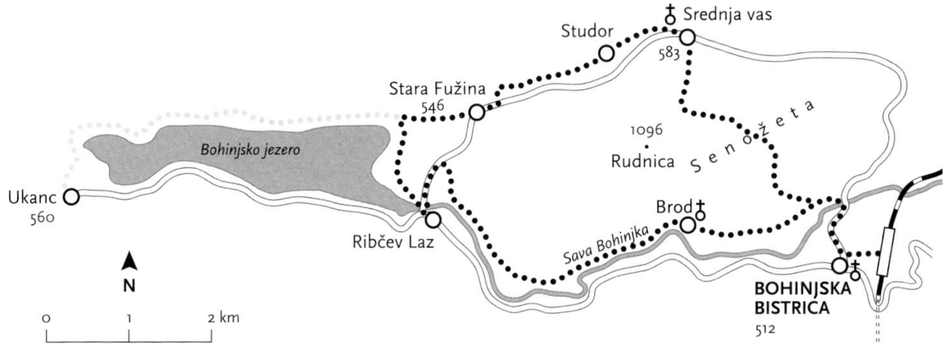

VI Seeweg

WANDERUNG VON BOHINJSKA BISTRICA ZUM BOHINSJKO JEZERO (WOCHEINER SEE)

Bei dieser bequemen Rundwanderung stößt man in eine der bezauberndsten Gegenden Sloweniens vor: zum Wocheiner See, dem viel besungenen Juwel des Triglav-Nationalparks. Vom Bahnhof Bohinjska Bistrica wandert man über die Senožeta, eine kleine Alm mit schönem Panorama, nach Srednja vas im Oberen Tal (Zgornja dolina), dessen Bauerndörfer viel von ihrer Ursprünglichkeit bewahrt haben. Durch Studor, bekannt für seine malerischen Doppelharpfen, gelangt man nach Stara Fužina, das einst einen Hochofen besaß und heute vom sanften Tourismus lebt. Von hier führt ein bequemer Fußweg zum unbebauten See-ufer, das zur längeren Rast oder zum Baden einlädt. Am Rückweg besichtigt man die Heiligengeist-Kirche in Ribčev Laz an der Ostbucht, um schließlich der Sava Bohinjka auf angenehmen Wegen bis zum Ausgangspunkt der Tour zu folgen. Als Alternative bieten sich der Weg am Nordufer des Wocheiner Sees nach Ukanc und die kurzweilige Rückfahrt per Schiff und Bus an.

ANMERKUNGEN: Leichte Wanderung. Abkürzungsmöglichkeiten (Bus). Länge: 22 km (Variante: 17 km). Gehzeit: 6 Stunden (Variante: 5 Stunden). Anstieg: 150 m. Verkehrsverbindungen: Bahnhof in Bohinjska Bistrica, Bushaltestelle in Ribčev Laz. Taxi: +386/31/506612 oder +386/41/802154. Karte: Izletniška karta Gorenjska, 1:50.000, Geodetski zavod Slovenije. Einkehr: Srednja vas, Ribčev Laz, Ukanc. Anmerkung: Wer mit dem PKW anreist, stelle sein Fahrzeug bei der Tankstelle an der Save-Brücke nördlich von Bohinjska Bistrica ab und kann sich damit gut 1 km Asphalt zu Beginn der Wanderung ersparen.

Bohinj, Oberes Tal

WEGBESCHREIBUNG: Man folgt vom **Bahnhof Bohinjska Bistrica** der Triglavska cesta in nördlicher Richtung, passiert bald darauf die **Pfarrkirche** und gelangt zur Hauptstraße; auf dieser nach rechts. Nach 1 km überquert man die Save und wendet sich nach links in einen markierten Wanderweg (Wegweiser »Srednja vas«). Nach gut 100 m eine Gabelung, man geht rechts (Wegweiser »Rudnica«). 20minütiger moderater Anstieg im Wald (man bleibt dabei auf dem markierten Hauptweg). Man gelangt zu einem unbewaldeten **Sattel.** Nach etwa 100 m biegt der markierte Weg nach links. Hier geht man geradeaus über eine Kuppe und steigt zu einem breiten Querweg ab; auf diesem nach rechts (eine etwas weiter links befindliche Kreuzung mit Wegweiser wird ignoriert!). Nach etwa 200 m wendet man sich in eine Abzweigung nach links. Schöner breiter Weg. Nach etwa 5 Min. eine Gabelung, man geht rechts (Wegweiser »Srednja vas«). Schöne Blicke auf Srednja vas und Češnjica im Tal. Der Weg senkt sich; man verlässt den breiten Fahrweg nach links (Markierung leicht zu übersehen!) und schreitet auf eine Liftanlage zu. Steiler Abstieg links neben der Liftspur. Knapp oberhalb der Talstation ein breiter Querweg; man geht links. Man folgt dem Hauptweg über eine Brücke bis zu einem Bildstock. Geradeaus weiter bis zur Hauptstraße in **Srednja vas** (1:45 Std.). Auf dieser nach links.

Man passiert das Ortszentrum, biegt kurz darauf nach rechts, wendet sich dann nach links über ein Brücklein und steigt nach rechts über eine Treppe zur **Kirche** an.

Besichtigung. Von der Kirche durch den westlichen Friedhofsausgang bergab, vorbei an der Schule und bei der darauf folgenden (»schrägen«) Kreuzung geradeaus. Nach einer Frühstückspension ein Quersträßchen; man geht rechts und bei der darauf folgenden Gabelung links. Man erreicht **Studor** (2:15 Std.).

In der Ortsmitte (Bildstock) eine Querstraße; man geht rechts (ein kurzer Abstecher nach links führt zu den berühmten Harpfen von Studor). Nach 50 m (kurz vor der *trgovina*) eine Gabelung, man geht links. Bald endet der Asphalt und der Weg gabelt sich, man hält sich rechts und durchschreitet ein Gatter. Schöner Weg unter steilen Hängen und entlang bemooster Steinmauern. Man erreicht die Kirche von **Stara Fužina** (2:45 Std.).

Von der Kirche auf der Straße Richtung Ortszentrum. Man passiert die *gostilna,* überquert bald den Fluss und geht, die Hauptstraße verlassend, geradeaus in ein ansteigenden Sträßchen. Nach 50 m eine Gabelung, man geht links (Fahrverbot). Kurz darauf eine Linkskurve, man geht geradeaus in einen Feldweg. Schöne Blicke auf den Wocheiner See. Nach 5 Min. eine Gabelung; man geht links und erreicht das **Seeufer** (3:15 Std.). Am Uferweg nach links.

Variante: Am Uferweg nach rechts. Sehr schöner Weg entlang des Sees mit zahlreichen Rast- und Badeplätzen. Nach ca. 1:30 Std. erreicht man eine Badewiese an der Westbucht. Weiter am Ufer entlang bis zu einem geschotterten Querweg; auf diesem nach rechts (links geht's zur Einmündung der Sava Bohinjka in den See – idyllischer Rastplatz). Man gelangt zu einer Asphaltstraße, geht links, quert kurz darauf die Sava und erreicht das Hotel Zlatorog in **Ukanc** (5:00 Std.). Bushaltestelle. Häufige Busverbindungen nach Bohinjska Bistrica. 1 km weiter östlich die Schiffsanlegestelle. Nette Schifffahrt bis Ribčev Laz; von dort weiter mit dem Bus bis Bohinjska Bistrica.

Man gelangt zu einem Parkplatz; weiter auf asphaltiertem Weg bis zur Kirche **Sv. Janez Krstnik** in der **Ostbucht** des Sees. Von dort über eine steinerne Brücke nach Ribčev Laz (3:30 Std., Bushaltstelle beim Hotel Jezero).

Man kehrt zur Kirche zurück und wandert neben der Hauptstraße rund 500 m Richtung Stara Fužina. 50 m nach der Ortstafel biegt man nach rechts in ein Sträßchen und folgt diesem bis zu seinem Ende. Geradeaus weiter in einen breiten Weg, der bald oberhalb des Flusses verläuft. Der Weg steigt an, um sich bald wieder zu senken. Kurz darauf eine Gabelung, man geht rechts und steigt zum Ufer ab. Nach einiger Zeit gelangt man in offenes Terrain. Auf breitem Wege bis zu einer Querstraße, auf dieser nach links zur Kirche von **Brod** (5:00 Std.).

An der Rückseite der Kirche entlang einer Rinne bis zu einer Kreuzung; hier geht man links. Feldweg, Wiesen, Scheunen. Nach 20 Min. gelangt man zur Hauptstraße und geht auf dieser nach rechts bis **Bohinjska Bistrica** (6:00 Std.).

Bohinj/Wochein: Reales Paradies

Der Legende nach sind die Bewohner von Bohinj ein auserwähltes Volk. Als nämlich einst der liebe Gott die Welt unter den Menschen aufgeteilt und dabei ausgerechnet auf die fleißigsten und bescheidensten Bauern Sloweniens vergessen hatte, überließ er diesen ein Stück des Paradieses, jenen Teil, den er ursprünglich für sich selbst, als Urlaubs- und Alterssitz, vorgesehen hatte. Seither besitzen die braven Leute den schönsten Flecken des Landes, wenn nicht gar der ganzen Erde. Er umfasst im Wesentlichen den Wocheiner See (Bohinjsko Jezero), das Obere und Untere Tal, den Korridor zwischen Bohinjska Bistrica und Nomenj sowie ein paar höher gelegene Siedlungen samt dazugehörige Almen. Die Gemeinde Bohinj ist also weder eine Ortschaft (es gibt keinen Hauptort dieses Namens) noch ein einzelnes Tal, sondern eine eigene kleine Region. Der deutsche Name Wochein tauchte im Mittelalter als *Vochina* oder *Fochin* auf und ist angeblich auf das *Wohin* zurückzuführen, mit dem die Fremden den Weg nach dem abgeschiedenen Gebiet erfragten. In alten Reiseführern wird der Name weiblich gebraucht, ist also von *der* Wochein die Rede.

Vielleicht war *boh,* wie Gott hier genannt wird (und wovon sich Bohinj ableiten soll), ein wenig voreilig und hätte sein Geschenk an gewisse Bedingungen knüpfen sollen. Denn nicht alle Einheimischen gehen mit dem Erbe respektvoll um. Als Faustregel gilt, dass man sich nördlich der Bohinjska Bistrica um schonenden Umgang mit der Natur bemüht, während man sich südlich davon die Landschaft durch ein Übermaß an Erschließung und baulichen Eingriffen untertan macht. Hier leidet das Paradies unter einigen Bausünden, die meisten aus der Zeit vor der Einbeziehung Bohinjs in den Triglav-Nationalpark. Eine Beleidigung der Schöpfung sind vor allem die hässlichen Hotelbauten, allen voran das Hotel Bohinj, und unnötige Freizeitanlagen wie die Aqua-World und der Adrenalinski-Park für Leute, denen die echte Natur zu wenig Abenteuer bietet. Auch das neue Tourismusinformationszentrum mit angeschlossenem Supermarkt in Ribčev Laz scheint hauptsächlich zur Abschreckung der Besucher erbaut worden zu sein.

Den größten Frevel beging man mit dem Ausbau der Süduferstraße. Statt den Autoverkehr, wie es eines Nationalparks würdig wäre, radikal einzuschränken, wurde die Fahrbahn erweitert und lockt man so die motorisierten Gäste in den hintersten Winkel von Bohinj. Vor allem in der Hochsaison und an manchen Wochenenden sind es mehr als die Gegend verträgt. Dann rollen die Reisebusse, Wohnmobile und PKW in Kolonnen heran und erzeugen ein dröhnendes Grundgeräusch, das alle paar Minuten von einem heulenden Motorradsolo überlagert wird.

Was wie eine Durchzugsstraße aussieht und klingt, endet mitten im Wald, bei einem gebührenpflichtigen Parkplatz unterhalb einer gewaltigen Felswand. Er ist Ausgangspunkt eines Treppenwegs zum Slap Savice, dem Wasserfall der Sava Bohinjka, dessen Besichtigung zum Pflichtprogramm jedes Bohinjbesuchers gehört. Infolge dessen ist der vor mehr als 100 Jahren angelegte Steig zum stauanfälligen Trampelpfad verkommen, weshalb von seiner Benützung hiermit ausdrücklich abgeraten wird. Wer dennoch nicht darauf verzichten mag, berappt eine Weggebühr von rund einem Cent pro Treppenstufe und findet sich nach 30minütigem Anstieg in einer Art Käfig wieder, der das Publikum zu Sloweniens berühmtestem Sturzbach auf gebührenden Abstand hält. Über seine Fallhöhe bestehen unterschiedliche Auffassungen; die Angaben in den Reiseführern schwanken zwischen 51, 78 und 89 Metern. Kein Zweifel herrscht hinsichtlich seiner Schönheit, von der man sich aber auch auf den im Tal erhältlichen Ansichtskarten überzeugen kann.

Am Bohinjsko jezero (Wocheiner See)

France Prešeren hat dem Naturdenkmal mit dem Epos »Krst pri Savici« (»Die Taufe an der Savica«) im Jahr 1836 ein literarisches Denkmal gesetzt. Es beschreibt das letzte Gefecht einer kleinen Schar heidnischer Slawen gegen ihre christianisierten Volksgenossen in Bohinj im 8. Jahrhundert. Črtomir, die tragische Hauptfigur, will dabei bis zum letzten Atemzug »dem Väterglauben und der Göttin Živa nützen« (»za vero staršov, lepo bognjo Živo«), lässt sich aber nach verlorenem Kampfe – einem wahren Blutbad, das kein einziger seiner Gefährten überlebt – eines Besseren belehren und an der Savica zum Christen taufen. Seine überraschende Bekehrung – mit der Črtomir zum slowenischen Nationalhelden avanciert – ist allerdings weniger Ausdruck innerer Einsicht als ein Akt der Kapitulation. Denn der wahre Grund für seinen Sinneswandel liegt in der unerfüllten Liebe zu Bogomila, einer ehemaligen Priesterin, die ebenfalls zum Christentum konvertiert und ihm in der Folge jede irdische Liebe verweigert.

Verkehrserreger Nummer zwei ist die Gondelbahn auf den Vogel (sprich: Wogu). Sie befördert täglich Heerscharen von Touristen zur kühn angelegten Bergstation, von wo sich – das muss man den Betreibern zugestehen – eine phantastische Aussicht auf den Wocheiner See bietet. Kehrseite der Medaille sind das vergammelte Sporthotel, die hässlichen Gaststätten und mehrere Schlepplifte, die die ehemalige Alm im Winter in ein »Ski Center« verwandeln. Wer im Sommer das unverfälschte Naturerlebnis sucht, muss sich zwischen Liftstützen und Pulks von Ausflüglern 400 Meter höher kämpfen und den Panoramaweg zwischen dem Gipfel des Vogel, der Rodica und der Črna prst einschlagen. An klaren Tagen kann man von hier bis zur Küste sehen.

Schon 1915 wurden die Spodnje Bohinjske gore (Unteren Wocheiner Berge) mittels Seilbahnen befahren. Damals transportierten sie allerdings keine Touristen, sondern Soldaten, Waffen und Munition. Bohinj war mit dem Eintritt Italiens in den Ersten Weltkrieg zum strategisch bedeutenden Hinterland geworden, über das die nördliche Isonzofront versorgt werden konnte. Die Eisenbahn, mit der in den Jahren vor dem Krieg die ersten Sommergäste angereist waren, wurde um eine Nebenbahn erweitert, die von Bohinjska Bistrica entlang des Wocheiner Sees bis Ukanc an der Westbucht führte. Hier befand sich die Verladestelle eines Personen- und Materialaufzugs, mit dem der Nachschub in die Berge erfolgte. Ließ man die Waggons anfänglich von Pferden ziehen, wurde die Feldbahn bald elektrifiziert, wofür die Armee ein eigenes Kraftwerk bauen ließ. Auf diese Weise kam auch die Zivilbevölkerung erstmals in den Genuss elektrischen Stroms. In den ersten Kriegsjahren erlebte die Region einen deutlichen wirtschaftlichen Aufschwung aufgrund der Nachfrage nach Lebensmitteln, Holz und Dienstleistungen durch das Militär. Nach dem Krieg wurde die Feldbahn in den zivilen Dienst gestellt. Bis 1924 verkehrten auf der Strecke täglich fünf Personenzüge, zwei davon mit Postbeförderung. Heute führt entlang der ehemaligen Trasse ein Wanderweg.

Beim Ausbau der Bahnstrecke und der Seilbahn wurden Kriegsgefangene als Arbeitskräfte eingesetzt, vorwiegend russische Soldaten, die man unter unmenschlichen Bedingungen festhielt. In Bohinj befanden sich gleich mehrere der berüchtigten Lager. Viele Gefangene starben an Unterernährung oder Seuchen. Wer in den Bergen den Heldentod fand bzw. im Lazarett im Tal seinen Verwundungen erlag, wurde als »Verteidiger der Wochein« auf einem von drei großen Soldatenfriedhöfen bestattet. Zwei von ihnen können heute noch besichtigt werden, einer liegt unterhalb des Sessellifts zur Kobla, der andere an der Talstation der Gondelbahn zum Vogel.

Die älteste Seilbahn Bohinjs befindet sich in Soteska (dt. Talenge) am nordöstlichsten Zipfel von Bohinj und steht unter Denkmalschutz. Es handelt sich um einen Lastenaufzug aus dem Jahr 1882, der bis 1964 ohne jede Unterbrechung seinen Dienst versah. Das Besondere an der Konstruktion: Sie kam mit einem einzigen Stahlseil aus, das zugleich als Trag- und Zugseil diente. Das funktionierte, indem sich das Seil, gesteuert von einer pneumatischen Bremse, auf zwei kegelförmigen Trommeln selbst auf- bzw. abwickelte und so den Lastenkorb bewegte. Der überwand dabei 320 Höhenmeter und brachte pro Fahrt bis zu 35 Kubikmeter Holz ins Tal. Abnehmer war das Eisenwerk in Jesenice, von dessen technischem Direktor Lampert Pantz die geniale Erfindung stammte.

Soteska stellte lange Zeit das Nadelör am Weg von Jesenice nach Bohinj dar. Bis Mitte des 16. Jahrhunderts war das Gebiet vom Norden her nur über einen schmalen, teilweise in den Fels gehauenen Fußweg erreichbar. Dennoch lag es nicht außerhalb der Welt, gab es doch eine Straßenverbindung von Süden her in Form eines gut befestigten, mit Karren befahrbaren Saumweges über den Vrh Bače im Bača-Tal. Bohinj orientierte sich daher jahrhundertelang eher zum Küstenland hin als nach Gorenjsko (Oberkrain). Der Handelsweg existierte wahrscheinlich bereits in der Bronzezeit; nachgewiesen sind enge Kontakte zur eisenzeitlichen St.-Lucia-Kultur in Most na Soči im 8. bis. 4. Jahrhundert v. Chr. Im Altertum gehörte die Region zu Noricum und belieferte die römische Provinz mit ihren Eisenerzeugnissen. Aus dieser Zeit stammt eine bei Bohinjska Bistrica entdeckte spätantike Schmelzhütte. In Nomenj (dessen Bahnstation vor 100 Jahren »Neuming« hieß) wurden

In Sredna vas v Bohinju

Überreste eines mittelalterlichen Hochofens gefunden, der der Heiligen Hemma von Gurk gehört haben soll. Frommen Pilgern wurden hier noch Anfang des 19. Jahrhunderts die Grundmauern ihres »Wohnhauses« gezeigt.

Einen Aufschwung erlebte die Eisenproduktion im ausgehenden Mittelalter. Das Erz stammte aus den umliegenden Hochebenen und wurde teilweise von deutschsprachigen Einwanderern geschürft. So soll etwa Nemški Rovt, Deutsch-Raut, von Bergknappen aus Tirol gegründet worden sein. Das Schmiedehandwerk wurde teilweise von »Italienern« ausgeübt. Die Köhler in den Wäldern werden sich im slawischen Dialekt unterhalten haben. Die wichtigsten Eisenhütten entstanden Mitte des 16. Jahrhunderts in Bohinjska Bistrica und Stara Fužina (früher auch Wocheiner Feistritz bzw. Althammer genannt) und arbeiteten bis Ende des 19. Jahrhunderts. Von den ständig wechselnden Eigentümern hinterließ Žiga (Sigismund) Zois Baron von Edelstein die meisten Spuren. Er erwarb 1777 die Betriebe und modernisierte die unrentabel gewordene Produktion. Außerdem sorgte er für eine Verbesserung der Verkehrsverbindungen, indem er u. a. die so genannte Teufelsbrücke über die Mostnica und die Straße nach Bled errichten ließ. Damit konnten auf dieser Strecke erstmals Fuhrwerke eingesetzt werden. Mitte des 19. Jahrhunderts lieferten die Schmelzöfen bis zu 800 Tonnen Roheisen jährlich, das hauptsächlich zu Drähten und Nägeln verarbeitet wurde. Erst 1891, nach einem verheerenden Großbrand, endete die Ära der Eisenverarbeitung in Bohinj.

Zu nationaler Bedeutung brachte es Žiga Zois als Mäzen der slowenischen Literatur. So sammelte er die legendäre »Tafelrunde« *(omizje)* um sich, der bedeutende Dichter und Sprachforscher wie Anton Tomaž Linhart (1756–1795) und Jernej Kopitar (1780–1844) angehörten, die sich der Emanzipation und Weiterentwicklung der slowenischen Sprache verschrieben hatten. Linhart unternahm den Versuch, eine »Geschichte von Krain und den übrigen Ländern der südlichen Slaven Österreichs« zu schreiben und damit die Einheit des gesamten slowenischen Volkes hervorzustreichen. Kopitar verfasste die erste »Grammatik der slavischen Sprache in Krain, Kärnten und Steyermark«, wobei er – wie damals üblich – sich und seine Landsleute abwechselnd als »Krainer, Slowenen, Slawen und Wenden« bezeichnete. (Erst Anfang des 19. Jahrhunderts begannen sich im Deutschen die Bezeichnungen Slowene und slowenisch durchzusetzen.)

Ganz der Aufklärung verpflichtet, förderte Zois auch die Naturwissenschaft. So unterstützte er den französischen Arzt, Bergsteiger und Botaniker Balthasar Hacquet, der seinen Mäzen im Namen einer seltenen Pflanze verewigte. Die Zois-Glockenblume, Campanula zoysii, ist heute streng geschützt und wächst u. a. auf dem Triglav, dessen Erstbesteigung im Jahr 1778 der Baron ebenfalls sponserte. (Zois selbst war zu diesem Zeitpunkt bereits an den Rollstuhl gefesselt, was vielleicht auch Rückschlüsse auf sein Motiv für die Finanzierung des ersten Flugversuchs mit einem Heißluftballon in der Österreichischen Monarchie 1794 zulässt.) In Ribčev Laz am Westufer des Sees hat man den Bezwingern von Sloweniens »heiligem« Berg ein Bronzedenkmal errichtet. Lovrenc Willomitzer, Luka Korošec, Stefan Rožič und Matija Kos heißen die Helden, und alle Slowenen, die auf sich halten und gesunde Beine haben, folgen ihrem Beispiel wenigstens einmal im Leben.

Die Expedition auf den Triglav war eine Sensation und wirkte als Initialzündung des Fremdenverkehrs in Bohinj. Schon bald reisten Herrschaften aus ganz Europa herbei, um sich von den Einheimischen auf den »Dreikopf« geleiten zu lassen. Der Berg verkörpert den alten slawischen Gott Terglov, der mit einem Haupt den Himmel, mit dem zweiten die Erde und mit dem dritten Kopf ein unterirdisches Reich beherrschte. So wurde das Bergsteigen für viele junge Männer zur zweiten Erwerbsquelle, zumal der Aufstieg anfänglich nur über die

»Südostroute«, also von Bohinj aus, möglich war. Erste Klettersteige wurden angelegt. Nicht zufällig ist Srednja vas Geburtsort des ersten slowenischen Alpenvereines im Jahre 1872.

Mit zunehmendem Nationalismus suchten die Bergsteiger neben dem Naturerlebnis auch den patriotischen Kick. So entbrannte um die Wende zum 20. Jahrhundert ein heftiger Kampf um die nationale Vorherrschaft auf dem Trigav. Jakob Aljaž, slowenischer Priester und leidenschaftlicher Alpinist, rief zum Widerstand gegen die drohende Vereinnahmung des Berges durch den Deutschen Alpenverein auf. 1895 gelang es ihm, auf der Spitze des Berges ein paar Quadratmeter Grund zu erwerben und dort einen »slowenischen« Unterstand zu errichten, jenen »eisernen Turm«, der noch heute auf allen Gipfelfotos zu sehen ist. Zur Erinnerung wurde eine große Schutzhütte nach dem Volkshelden benannt.

Auch die Ursprünge des Nationalparks gehen auf Bestrebungen zurück, den Triglav als nationales Symbol aufzuwerten. Bereits 1908 schlug der Naturwissenschaftler und Seismologe Albin Belar vor, das Triglaver Seental unter Naturschutz zu stellen, womit das erste Naturschutzgebiet Europas entstanden wäre. Der Plan fand aber erst 1924 seine Verwirklichung, als der »Slowenische Bergsteigerverein« das Tal käuflich erwarb und mit einem kleinen »Alpennaturpark« den Vorläufer des (1961 deklarierten und 1981 vergrößerten) Triglav-Nationalparks schuf. Die von heimischen Gastronomen angestrebte Errichtung einer Seilbahn auf den Gipfel des Triglav war damit endgültig vom Tisch. 1941, nach der Okkupation Sloweniens durch die Nazis, gab die Deutsche Reichspost eine Briefmarke heraus, die einen germanisierten »Tergleu« zeigte.

Nicht nur für den slowenischen Alpinismus, auch im Wintersport spielte Bohinj eine Vorreiterrolle. So kann Bohinjska Bistrica für sich in Anspruch nehmen, Sloweniens ältestes Schigebiet zu besitzen und 1914 das erste Schirennen des Landes durchgeführt zu haben. Hier wurde auch der erste Landesrekord im Schisprung aufgestellt, nämlich im Jahr 1921 mit einer Weite von neun Metern. Die größte Attraktion war zu dieser Zeit eine Rodelbahn namens »Belvedere«, die von der Kobla ins Tal führte. Tomaž Godec, dem Pionier des hiesigen Wintersports, ist sogar ein eigenes Museum gewidmet. Der gelernte Gerber gehörte in den 30er Jahren der jugoslawischen Schimannschaft an und trug mit seinen sportlichen Erfolgen und der Durchführung zahlreicher Sportveranstaltungen maßgeblich zur Förderung des Fremdenverkehrs in Bohinj bei. Als überzeugter Kommunist ließ sich Godec dabei vor allem vom Gedanken des Internationalismus leiten. Höhepunkt seines Lebens war der März 1939, als sich an seiner Arbeitsstätte (dem heutigen Museum) unter der Führung von Josip Broz Tito das Zentralkomitee der Kommunistischen Partei Jugoslawiens konstituierte. 1941 schloss sich Godec der Befreiungsfront an, wurde aber bald an die Nazis verraten. Er starb am 19. April 1942 im KZ Mauthausen.

Der jugoslawische Kommunismus hat in Bohinj wenig Spuren hinterlassen. Nur in Bohinjska Bistrica, dessen Ortsbild die Antithese zur Lieblichkeit der Bohinjer Landschaft ist, stößt man da und dort auf den herben Charme realsozialistischer Zweckbauten. Die zentrale Busstation mit ihrer schäbigen Bar (wo es den grauenhaftesten Espresso Sloweniens gibt) und den blockhüttenartigen Kiosken könnte aus einem der ehemaligen Bruderstaaten im Süden stammen. Auch das leer stehende Gebäude vis-à-vis repräsentiert die Architektur des Sozialismus. Die »gute alte Zeit« beschwört ein Titobild hinter der Theke des schäbigen Bahnhofsbuffets. Aber so unansehnlich die Gaststätte auch sein mag, so gut erfüllt sie ihre Funktion als Kommunikationszentrum und Dorfkneipe.

Sv. Janez Krstnik in Ribčev Laz

Wer auf der Suche nach »richtigen« Kulturdenkmälern ist, kommt andernorts eher auf seine Rechnung. Am bedeutendsten, obwohl es fast nichts zu sehen gibt, ist Ajdovski gradec, ein weiterer Schauplatz von Prešerens »Taufe an der Savica«. Es ist ein bewaldeter Hügel mit spärlichen Überresten einer spätantiken Fliehburg. Ausgrabungen haben ergeben, dass der Ort schon vor etwa 3000 Jahren besiedelt war. Weitere Sehenswürdigkeiten sind die Kirchen von Sveti Duh und Ribčev Laz am Ufer des Wocheiner Sees. Letztere ist mittelalterlichen Ursprungs und hat etliche wertvolle Fresken aufzuweisen. Auf einem der üppigen Wandbilder sind Engel mit Kröpfen dargestellt, womit der unbekannte Künstler auf ein in Bohinj einst weit verbreitetes Leiden anspielte. Auch die Außenmauern sind bemalt; ein Fresko zeigt Johannes den Täufer in Gesellschaft einheimischer Bauern und Fischer. Ihren eigentlich Reiz gewinnt die Kirche aber aus der unmittelbaren Nachbarschaft zur malerischen Steinbrücke über die Sava Bohinjka an der Ostseite des Sees.

Noch lohnender ist die Besichtigung der profanen Baudenkmäler Bohinjs. Dazu gehören das an anderer Stelle bereits erwähnte *planšarski muzej* (Museum der Almwirtschaft) in Stara Fužina sowie die *Oplenova hiša* (Oplen-Keusche) in Studor. Beide sind Außenstellen des *Gorenjski muzej Kranj* und Teil der ungewöhnlich vielfältigen Museumslandschaft Sloweniens. Das Oplen-Haus repräsentiert ein für Bohinj typisches Langhaus, in dem sich Wohn- und Wirtschaftsräume unter einem Dach befinden. Es stammt aus der ersten Hälfte des 19. Jahrhunderts, mutet aber mit seiner Schwarzküche und der primitiven Ausstattung fast mittelalterlich an. Beim Rundgang in Studor, dessen Häuser sich an den Fuß eines gleichnamigen, steil aufragenden Felskegels drängen, stößt man allenthalben auf altes Baugut. Mit dem Odar-Hof hat sich ein barockes Langhaus erhalten und mit dem romantischen, von bemoosten Steinmauern gesäumten Weg nach Stara Fužina ein Stück historischer land art. Ein besonders kostbares Erbe findet sich am südlichen Ortsrand mit einem guten Dutzend so genannter *toplarji,* Doppelharpfen, aus dem 18. und 19. Jahrhundert. Es sind dies offene Heuschober, die zugleich als Unterstände für Geräte und Wagen dienten. Harpfen gelten als Wahrzeichen slowenischer bäuerlicher Architektur und wurden von den Bauern als Statussymbol betrachtet. Entsprechend kunstvoll wurden die komplizierten Fachwerkskonstruktionen ausgeführt.

Schöne *toplarji* besitzt auch das benachbarte Srednja vas, von dessen alten Wohnhäusern aber infolge eines Großbrandes nach dem Zweiten Weltkrieg nur noch wenige in ihrer ursprünglichen Form bestehen. Dennoch ist es vielleicht der freundlichste Ort im Oberen Tal. Liebevoll geschmückte Häuser (mit zahlreichen Fremdenzimmern) stehen dicht an dicht; eine Linde und ein Brunnen markieren den Dorfplatz; *mercator, frizer* und *gostilna* vermitteln das Bild eines intakten Dorflebens. Als Draufgabe gibt es einen Getreidespeicher aus dem Jahr 1604 und eine bis zu 50 m tiefe Trogschlucht oberhalb des Ortes zu besichtigen. Noch besser eignet sich Stara Fužina für einen längeren Aufenthalt. Auch hier ist man beim Dorfwirt gut aufgehoben und fügen sich die Häuser mit ihren üppigen Blumengärten zu einem angenehmen, wenn auch nicht ganz so unverdorbenen Ortsbild. Der wesentliche Vorteil besteht in der Lage: Von hier ist es nur ein Katzensprung bis zum Wocheiner See, und dieser stellt, soviel ist gewiss, alle Kulturdenkmäler von Bohinj in den Schatten.

Mit einer Länge von vier Kilometern und einer Fläche von etwa drei Quadratkilometern ist Bohinjsko jezero der größte beständige See Sloweniens. Seine außerordentliche Schönheit gewinnt er aus der dramatischen Umrahmung durch hohe, felsige Berge, die ihm einen fjordähnlichen Charakter verleiht, den fast unverbauten Ufern und dem glasklaren Wasser, das im Sommer angenehme Badetemperatur erreicht. Am schattigen Nordufer, das nur zu Fuß erreichbar ist, findet man selbst in der Hochsaison noch stille Plätze. Nicht ganz so beschaulich ist die Fahrt mit dem elektrisch betriebenen Ausflugsschiff, bei der man mit Informationen über den See beschallt wird. Dabei erfährt man, dass der Wasserspiegel nach längeren Regenperioden bis zu drei Meter ansteigen kann. Dann wird der See nicht nur aus der Savica gespeist, sondern ergießt sich das Wasser auch aus mehreren temporären Sturzbächen. Der Govic im Nordwesten hat im Laufe der Zeit so viel Geröll abgelagert, dass eine kleine Halbinsel mit besonders schönen Rastplätzen entstanden ist. Auch am Zufluss der Savica am Westufer hat sich eine Schotterbank herausgebildet. Es ist ein magischer Ort. Bleiche Äste ertrunkener Bäume ragen aus türkisgrünem Wasser; furchtlose Fische patroullieren am jähen Übergang zum tiefschwarzen Abgrund. Wer hier am Abend, wenn kein Auto mehr zu hören ist, den länger werdenden Schatten der Erlen zusieht und den langsam über dem Fluss aufziehenden Silbernebel beobachtet, könnte in Versuchung geraten, die eingangs geschilderte Legende für bare Münze zu nehmen.

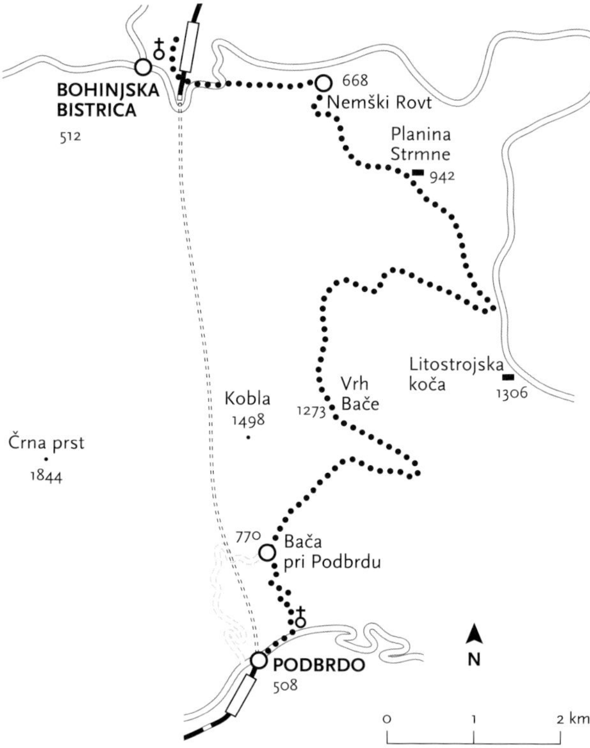

VII Der Übergang

WANDERUNG VON BOHINJSKA BISTRICA NACH PODBRDO

Bis zum Bau der Wocheinerbahn vor hundert Jahren führte der kürzeste Weg von Bohinj nach Süden über den Vrh Bače, einen knapp 1300 m hohen Sattel östlich der Kobla. Nach dem Ersten Weltkrieg befand sich hier der Grenzübergang vom SHS-Staat nach Italien, wovon verfallene Bunkeranlagen und die Ruine einer Soldatenunterkunft zeugen.

Der Anstieg zum alten Pass führt über Nemški Rovt, das auf Bohinj hinunterblickt, und die Strmne-Alm, wo man ein letztes Mal inneralpine Luft atmet. Jenseits des Kammes, der auch die Wasserscheide zwischen Schwarzem und Mittelmeer darstellt, beginnt die Primorska, das Küstenland. Kaum bis zur Baumgrenze reichen die Gipfel im Süden –

hoch genug, die Sicht zur Adria zu verstellen, aber zu unerheblich, dass sich nicht ein Gefühl der Weite einstellen würde. Auch die Vegetation mit unverkennbar mediterranen Anflügen trägt dazu bei, dass man das Meer schon fast zu riechen meint.

Der Vorgeschmack währt allerdings nur kurz. Viel zu eng und ohne jede Aussicht liegt Podbrdo am Südportal des Eisenbahntunnels. Der Abstieg erfolgt über kunstvoll angelegte Saumpfade – anfänglich im Steilhang mit prächtiger Aussicht, später im dichten Wald, der sich auf halber Höhe noch einmal öffnet: Bača, ein winziges Bergbauerndorf, lädt zum Verweilen. Ohne Sichtkontakt zum Tal kleben die auffallend kleinen Häuser am Hang. Man besichtigt den Ort und freut sich auf den kommenden Tag, der dem Besuch der nicht minder reizvollen Nachbardörfer vorbehalten ist.

ANMERKUNGEN: Mittelschwere Wanderung. An- und Abstieg: 750 m. Länge: 15 km. Gehzeit: 5,5 Stunden. Karte: Izletniška karta Škofjeloško in Cerkljansko hribovje, 1:50.000, Geodetski zavod Slovenije.

WEGBESCHREIBUNG: Man folgt vom **Bahnhof Bohinjska Bistrica** der Triglavska cesta in südlicher Richtung (Wegweiser »Soriška planina«), geht nach 300 m bei einer Gabelung geradeaus und unterquert die Bahn. Man gelangt zu einer Kreuzung und geht links (Wegweiser »Škofja Loka«). Man passiert ein Sägewerk und wendet sich beim darauf folgenden Haus Nr. 46 halbrechts in einen ansteigenden Waldweg. Achtung: Man folgt dabei NICHT dem markierten, etwas weiter rechts verlaufenden Weg Richtung »Soriška planina«! Anstieg im Wald auf schmalem, aber deutlichem Wege. Nach etwa 10 Min. gelangt man zu einem breiten Querweg; man geht geradeaus auf einem Wiesensteig, der sich kurz darauf mit dem breiten Weg vereinigt. Weiter bergauf bis zur einem Querweg, auf diesem nach rechts bis zum Ortsrand von **Nemški Rovt** (0:30 Std.). Schöne Blicke.

Man folgt der Dorfstraße etwa 200 m bis zum Haus Nr. 8, wo man sich nach rechts in ein Sträßlein wendet, das gleich darauf in einen Feldweg übergeht. Nach 70 m wird eine Abzweigung nach links ignoriert. Gut 5 Min. auf fast ebenem Wege in südwestlicher Richtung bis zu einer abschüssigen Wiese mit Hochsitz und **Holzschuppen**, auf welcher sich ein Markierungspunkt befindet. Hier wendet man sich nach links und steigt über eine Wiese bis zum Waldrand steil an. Weiter auf markiertem Weg über eine bewaldete Steilstufe (200 Höhenmeter) bis zur **Planina Strmne** (1:15 Std.). Mehrere große Lichtungen, verstreute Almhütten.

Man passiert das Haus Nr. 50a und folgt der Markierung weiter bergauf. Nach etwa 15 Min. kreuzt der markierte Weg einen breiten Forstweg. Nach 20 Min. eine weitere **Kreuzung**, knapp unterhalb eines Sattels. Hier wendet man

sich, die Markierung verlassend, nach rechts in einen Fahrweg (wer diese Abzweigung versäumt, stößt kurz darauf auf die Asphaltstraße zur Litostrojska koča). 60 Min. auf breitem, fast ebenem Weg bis zu dessen Ende. Man steigt kurz zum **Vrh Bače** an und von dort ca. 100 m zu einer **Hütte** ab (3:30 Std.). Schönes Panorama.

Man wendet sich nach links (Wegweiser »Porezen«). NICHT den steil abfallende Weg nach Bača nehmen! Der markierte Weg steigt kurz an, um sich bald in einen Wald zu senken. Abstieg zum »**Lovčev bivak**« (4:00 Std.).

Rechts an der Hütte vorbei, der Weg gabelt sich, man geht geradeaus, weiter im Wald bergab. Deutliche Markierung. Nach 10 Min. kreuzt man einen breiten Weg, weiter bergab (an dieser Stelle fehlt die Markierung). Nach einer Viertelstunde passiert man eine Stempelstelle, um bald darauf – nachdem man in Sichtweite eines Bauernhofes eine (markierte) Abzweigung nach links ignoriert hat – in **Bača** einzutreffen (4:45 Std.).

Bei der ersten Kreuzung geradeaus bis zur **Kirche** Sv. Lenart (lohnend: ein kurzer Abstecher nach rechts). Links an der Kirche vorbei, auf markiertem Weg steil bergab bis zu einem Sträßchen, auf diesem nach rechts bis zur Hauptstraße. Man geht rechts und durchschreitet **Podbrdo** (5:15 Std.). Weiter auf der Straße talauswärts bis zum **Bahnhof** (5:30 Std.).

Podbrdo im Bača-Tal

Transalpina: Zug zum Meer

Wer das erste Mal mit den drei Bahnen, der Karawanken-Bahn, der Wocheiner Bahn und der Karst-Bahn fährt, wird ein heimeliges Gefühl empfinden. Wie in kindlichen Träumen winden sich die Gleise durch Tunnels und über Brücken nach Süden. Diesellokomotiven aus dem Modellbahnkatalog ziehen knarrende Waggons. Die alten Bahnhofsgebäude, die Schuppen und die Wohnhäuser der Eisenbahner stehen vertraut beieinander. Fahrkarten werden von lärmenden, altertümlichen Maschinen ausgestanzt. Wenn eine Weiche zu stellen ist, fährt der Weichensteller auf seinem Fahrrad den Bahnsteig entlang. In den Buffets treffen sich die wartenden Fahrgäste. Im Bahnhofsbuffet von Jesenice, »in einer der mit Holz verkleideten Nischen«, hat der junge Peter Handke die vorgedruckte Speisekarte studiert, die in fast allen jugoslawischen Gaststätten auslag. Die Wocheiner Bahn und ihre Umgebung sind Plätze von Erinnerungen, die sein Buch »Die Wiederholung« aufzeichnet.

Eben nicht die Hochgeschwindigkeitstrassen der Gegenwart, nicht die von Sicherheitsdiensten sauber gehaltenen Ankunftshallen und Einkaufszentren, sondern Bahnen und Bahnhöfe wie diese lassen an fast vergessene Bilder denken: der Nachtzug mit seinen Kurswagen nach Rom und Marseille, dem das kleine Kind fasziniert nachschaute, die Vertrautheit mit immer denselben Häusern, an denen man morgens vorbeifuhr, die mobilen Süßwarenhändler am Bahnhof, die versammelten Gastarbeiter, die gar nicht abreisen wollten, sondern bloß auf die Gleise blickten und sich dabei mit ihren Herkunftsorten verbunden fühlten. Alte Bahnen wie diese haben etwas Geheimnisvolles und Phantastisches, etwas Mystisches. Nirgendwo anders als in einem Nachtexpress kann jene unglückliche Geschichte geschehen, die Heimito von Doderer in seinem Roman »Ein Mord, den jeder begeht« erzählt. Und wo kann ein Ziel intensiver erwartet werden als im Zug? Vielleicht standen George Tabori die letzten Kilometer der Karst-Bahn vor Augen, als er in seiner Erzählung »Die Gefährten zur linken Hand« schrieb: »Gleich würde das berühmte Panorama auftauchen, der Steilhang zum Meer (...) nach acht Stunden Fahrt endlich das Meer.«

Aber eine alte Eisenbahn ist nicht nur im phantastischen oder literarischen Sinn ein Mythos. Ein Mythos kann als System von Zeichen interpretiert werden, das sprachlich, aber auch materiell ist. Die Funktion dieses Zeichensystems besteht darin, einen gemeinsamen Raum und eine gemeinsame Zeit, also die Einheit einer Gemeinschaft, zu gründen und immer wieder neu zu reproduzieren.

In Bezug auf die Geschichte der Eisenbahn kann diese Definition fast wörtlich genommen werden. Wenn die Eisenbahn für Heinrich Heine die »Elementarbegriffe von Raum und Zeit« hat schwankend werden lassen, so betrifft das die Erfahrung der Geschwindigkeit. Es gilt aber auch und gerade im materiellen Sinn. Denn die Räume der aufkommenden Nationalstaaten werden durch die ersten Eisenbahnen tief greifend verändert und dadurch erst wirklich zusammengeschlossen: »Die Normandie, die ebenso wie die Bretagne zur Ligne de l'Ouest gehört«, heißt es in einer Zeitschrift von 1839. Die lokalen Uhren, die oft stark voneinander abwichen, stellt man bald nach der Bahnhofsuhr und diese nach Präzisionsuhren, die in den Zügen mitgeführt werden. Gleise und Telegraphenleitungen schaffen ein Territorium, dessen Karte immer weniger einem Patchwork mit seinen Flicken und immer mehr einem Körper gleicht. Nicht zufällig konzipierte der Nationalsozialismus die deutschen Autobahnen, scheinbar auch nur ein Verkehrssystem, als Schlagadern »des rasch und kraftvoll pulsierenden Blutkreislaufs des deutschen Volkskörpers«, wie es in einer Jubelbroschüre heißt, also als Mythos im Sinne der genannten Definition. Wer würde aber heute noch von »zahlreichen kühnen Bauwerken« sprechen wie in einem Prospekt zur Wocheiner Bahn? Selbst der Eisenbahntunnel unter dem Ärmelkanal gehört einer anderen Zeit an.

Die Diskussionen von Zeitgenossen belegen die mythische Funktion, die der Eisenbahn einmal zugeschrieben wurde. Das gilt für die Karawanken-Bahn, die Wocheiner Bahn und die Karst-Bahn in besonderer Weise. In den zahlreichen Eingaben und Broschüren, Zeitungsartikeln und Büchern, die ihre Planung begleiten, wird aufgeregt argumentiert. Das Projekt ist kein bloß technisches oder ökonomisches Vorhaben. Es war südlicher Teil der »Neuen Österreichischen Alpenbahnen«, deren Bau der Reichsrat im Jahr 1901 beschlossen hatte. 1905 war der Tunnel bei Bohinjska Bistrica, 1906 die ganze Wocheiner Bahn fertig. Die Strecke von Schwarzach-St. Veit nach Triest eröffnete Erzherzog Franz Ferdinand mit einer feierlichen, fast zeremoniellen Fahrt. Der Name »Neue Österreichische Alpenbahnen« verrät seine Bedeutung als politisches, ja kulturelles Projekt. Es geht um den Zusammenschluss eines auseinander strebenden Territoriums, durch ungeheure Hindernisse, die das Gebirge auftürmt, und hin orientiert auf ein Ziel, das mehr ist als ein bloßer Endbahnhof. »Wien–Triest, das war die Südbahn. Das war das Rückgrat einer Sehnsucht, die Mitte des vorigen Jahrhunderts geboren wurde«, schreibt Ernst Molden. Die Bahn in den Süden bezog die Ebenen und Berge, die Orte und Landschaften der österreichisch-ungarischen Monarchie auf das Meer. Vom Meer aus sollte eine Identität zurückgespiegelt werden, um einem ethnischen und sozialen Gemisch die Konturen einer Nation zu geben.

Dementsprechend verfolgt das Projekt volkswirtschaftliche, das heißt nationale und ökonomische Interessen zugleich. Die existierenden Verbindungen in den Süden über Ljubljana waren in der Hand von Privatgesellschaften, die ihre Trassenführung am kurzfristigen Gewinn ausrichteten. Das entschied oft über Gedeih oder Verderb von lokalen Industrien. Der Niedergang der Sensenindustrie im oberösterreichischen Steyertal, das teuer zu erschließen war und daher von der Bahn zunächst umfahren wurde, ist dafür ein Beispiel. Im Zeitalter der Privatisierung öffentlicher Güter mutet das Argument aus dem Jahr 1896 zugleich anachronistisch und aktuell an, erst durch den Bau einer staatlichen Verbindung nach Triest würde »... es der Staatsverwaltung, unter Aufrechterhaltung ihrer Würde, möglich sein, sich von Cartellen, Frachtenbündnissen und anderen, den freien Verkehr hemmenden Verträgen mit Privatbahnen endlich loszumachen, und die directe Ein- und Ausfuhr der Monarchie nach Belieben und Bedürfnis zu regeln.«

Der Gegensatz zwischen Volkswirtschaft und Betriebswirtschaft kann noch heute an der Qualität der Bauten abgelesen werden: Während sich die heute still gelegte Verbindung von Tarvisio nach Jesenice wie fast alle Privatbahnen aus Kostengründen in engen Kurvenradien der Landschaft anpasste und zum Teil über Holzbrücken verlief, erlaubt sich die Wocheiner Bahn den Luxus des größten gemauerten Brückenbogens der Welt, dessen 85 Meter Lichtweite sie noch immer bei Solkan überquert. Als diese und alle anderen Brücken fertig waren, konnte man in nahezu der gleichen Reisezeit aus Prag und den böhmischen Industriegebieten entweder über Wien-Südbahnhof und Graz oder über Wien-Westbahnhof, Amstetten, Villach und schließlich auf den drei Bahnen nach Triest reisen.

Vielleicht ist es kein Zufall, dass Ingeborg Bachmann erste Sätze ihres Gedichts »Böhmen liegt am Meer« im Zug notiert hat, nämlich während sie aus Berlin kommend in Prag einfuhr. »Ich muß gelebt haben in diesem Haus zu verschiedenen Zeiten, denn ich erinnere mich sofort, in den Gassen von Prag und im Hafen von Triest«, sagt sie in einem Interview. Aber Ingeborg Bachmann geht es weder um die österreichische Nation noch um ein nostalgisch erinnertes »Mitteleuropa«. Hans Holler zitiert ihre Äußerung, das Gedicht handle von ihrer Heimkehr, aber nicht von »einer geographischen Heimkehr, sondern einer geistigen Heimkehr«. Und während der nationale Mythos ein Territorium gründet, bleibt hier die Spannung zwischen Bodenlosigkeit und Boden auf das Äußerste zugespitzt: »Liegt Böhmen noch am Meer, glaub ich den Meeren wieder. / Und glaub ich noch ans Meer, so hoffe ich auf Land.«

Die ersten Passagiere der drei Bahnen, von denen einige tatsächlich im Kurswagen von Prag nach Triest saßen, hatten ein konkreteres Ziel, aber ebenso intensive Gefühle. Von weit her durchquerten sie die Alpen, nach Bohinjska Bistrica den 6336 Meter langen Tunnel, und tauchten in eine sehnsüchtig ausgemalte Welt ein, die ganz anders war und doch die

Autoreisezug in Bohinjska Bistrica

ihre: »Aber wie hat sich alles verändert! Sind wir verwunschen? Sind wir ins Märchenreich versetzt, in eine Feenoper? Der Süden steht da und bekränzt uns mit seinen Blumen, seinen Lorbeern, der blaue Himmel fächelt mit leichter Hand laue Lüfte zu uns, die wir vor wenigen Stunden in der Gletscherluft erschauerten. Ein neues Wunderland ist um uns, fremde Tracht und fremde Häuser, Dörfer und Kirchen von ungewohnten und uns geschichtlich doch so vertrauten Formen«, heißt es in einem Bahnführer der Zeit, ein Literaturtyp, der vorab beschrieb, was später zu sehen sein würde. Und wenn, nun schon mit der Karst-Bahn, der letzte Berg durchquert ist, heißt es in einem anderen Führer: »Bei der Ausfahrt überrascht den Reisenden der Anblick des Meeres, eine großartige Aussicht liegt vor ihm; ... man übersieht den ganzen vom Zauber des Südens umwobenen Golf«.

Noch heute verbinden die drei Bahnen Gegensätze zur Erzählung einer Reise in den Süden. Zwischen Jesenice und Bohinjska Bistrica führt die Strecke durch die Alpen. Vor dem Ersten Weltkrieg brachten eigene Wintersportzüge die Triestiner zu den Eislaufplätzen und Rodelbahnen einer Gegend, die lange abgeschlossen und einsam gewesen war. Im Sommer blickten die Bergsteiger auf die Wochenendtouristen herab. Schon 1906

Wocheiner Bahn bei Blejska Dobrava

wird von der nationalen Konkurrenz zweier Alpenvereine, eines slowenischen und eines deutschen, berichtet. Der Tunnel zwischen Bohinjska Bistrica und Podbrdo durchquert nach wie vor eine Schwelle. Sie kann mit dem Auto nur sehr mühsam umfahren werden. Ein Autoreisezug transportiert die wenigen Fahrzeuge. Ruckelnd geht es in den dunklen Tunnel. Dem Klischee der südlichen Lebensart entsprechend schaut niemand so genau hin, wenn man aussteigt und den Tunnel neben dem Auto stehend durchquert: ein Erlebnis wie in der Geisterbahn. Vielleicht sieht man den Geist eines der zahlreichen Arbeiter, die beim Bau verunglückt sind? Ihre Entbehrungen waren groß. Weil es an Wasserkraft fehlte, wurde von Süden her anfangs mit der Hand gebohrt. Wer den Zug gleich nach dem Tunnel an der ersten Entladerampe verlässt, versäumt das Beste. Lärmend rast der Zug noch eine halbe Stunde bergab. Während man die Handbremse fester zieht, durcheilt man eine grandiose Szenerie. In Most na Soči, wo nach umständlichen Manövern die zweite Entladerampe erreicht wird, ist schon die Soča nahe. Vegetation und Architektur kündigen den Süden an. Im Karst nach Gorizia, einer nur scheinbar flachen Landschaft, geht die Bahn über viele zugeschüttete Dolinen. »Wird das Meer mit seinen mannigfaltigen Erscheinungen einem Epos verglichen, so kann das Karstland als der steinerne Prolog dazu gelten«, heißt es in einem Text von 1906. Die Topographie zwang schließlich zu jenem weiten Bogen, der den Golf von Triest zur Szenerie werden ließ. Heute fährt man, wenn in Sežana einer der wenigen Anschlusszüge erreicht wird, vom Nordwesten her in den Hauptbahnhof ein. Der ursprüngliche Endbahnhof in Triest, südlich an der Via Ottaviano Augusto gelegen, ist längst aufgelassen und ein reizvoll verwahrlostes Eisenbahnmuseum.

Wider Erwarten brachten die Wocheiner- und die Karst- Bahn nie einen nennenswerten volkswirtschaftlichen Gewinn. Der baldige Niedergang war in sie schon eingebaut. Auf die Trassenführung hatte auch das Militär großen Einfluss genommen, und so nahm sie den Verlauf der späteren Isonzofront im Hinterland vorweg: Eine »Aufmarschlinie von allergrößter Wichtigkeit«, wie es in einer Denkschrift heißt. Waffen, Truppen und Proviant kamen mit der Bahn an die Front. Aber dann trug die Bahn zu einem schnelleren Kriegsende bei: Für die 12. Isonzoschlacht im Sommer 1917, in deren Verlauf die österreichischen Truppen mit Hilfe von Giftgas bis an den Piave durchbrachen, wurde ungeheuer viel Material herangeschafft. 70 Prozent der insgesamt verfügbaren Güterwagen waren militärisch belegt. Die Ernte des Sommers blieb in den Dörfern. In der Monarchie brach eine Hungersnot aus, die den letzten Willen zum Krieg erstickte.

Das Stahltor an der Nordseite des Tunnels bei Bohinjska Bistrica erinnert an alte Grenzziehungen. Nach dem Ersten Weltkrieg verlief hier die Grenze zwischen Italien und Jugoslawien, später, ab 1941, die Linie zwischen dem deutsch und dem italienisch besetzten Teil. Dies und dann die Isolation des kommunistischen Jugoslawien schnitten nicht nur Triest vom Hinterland und das Hinterland vom Meer ab, sondern konservierten auch die drei Bahnen in ihrem Zustand. Noch zwei Mal kam zumindest die Wocheiner Bahn zu internationalen Ehren: Sie wurde 1968 nach einem Brückeneinsturz und vor allem 1976, nach dem großen Erdbeben in Friaul, als Ausweichlinie für Expresszüge genützt. Heute, nach dem EU-Beitritt Sloweniens, erscheint das alte Argument wieder aktuell, der Umweg über Udine nach Triest wäre eine »europäische Groteske«. Vielleicht sind die drei Bahnen einmal Bestandteil einer neuen »Transalpina« von Böhmen bis ans Meer? Die Weichensteller auf ihren Fahrrädern allerdings werden dann selbst zu einem Mythos geworden sein.

Wilhelm Berger

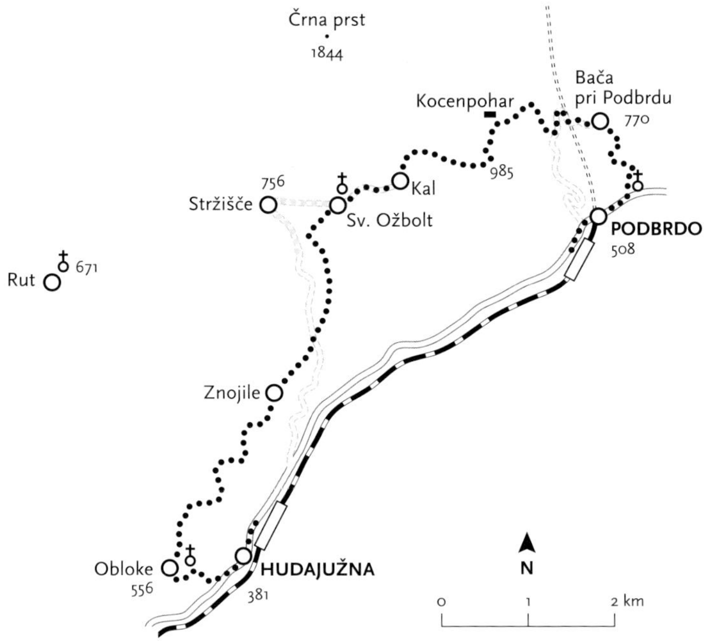

VIII Bei den »Tirolern«

WANDERUNG VON PODBRDO NACH HUDAJUŽNA

VORSCHAU: Beim Blick auf die Landkarte fällt die Häufung deutscher Flur- und Vulgonamen wie Špic, Kogel oder Kocenpohar nordwestlich von Podbrdo auf. Sie gehen auf das 15. Jahrhundert zurück, als Bauern aus Tirol in die Gegend einwanderten und die unzugänglichen Hänge über dem Bača-Tal besiedelten. Ihre ebenso malerischen wie architektonisch eigenwilligen Dörfer sind die Glanzpunkte dieser Etappe. Zum einzigartigen Landschaftserlebnis tragen aber auch die steilen Bergwiesen und die einsamen Wälder unter den Felswänden der Črna prst bei. Ein Teil der Route folgt der *Slovenska lovška pot*, einem von der slowenischen Geologischen Gesellschaft markierten Weitwanderweg.

ANMERKUNGEN: Mittelschwere Wanderung. Anstiege: 650 m. Länge: 15 km. Gehzeit: 5 Stunden. Karte: Izletniška karta Škofjeloško in Cerkljansko hribovje, 1:50.000, Geodetski zavod Slovenije.

WEGBESCHREIBUNG: Man geht vom **Bahnhof Podbrdo** zur Hauptstraße, wendet sich auf dieser nach rechts und gelangt ins Ortszentrum. Unmittelbar vor der Kirche biegt man nach links in ein Sträßchen. Bald endet der Asphalt; man nimmt eine Abzweigung nach links (Wegweiser »Vrh Bače«). Steiler Anstieg auf markiertem Weg bis zur Kirche von **Bače** (0:45 Std.). Weiter bergauf zum ersten Bauernhof, dann auf einem Asphaltsträßchen nach links (gelbrote Markierung). Man passiert einige Häuser und folgt der sich senkenden Straße in den Wald. 10 Min. nach dem letzten Haus verlässt man die Straße, indem man sich scharf nach rechts in einen geschotterten Fahrweg wendet (Markierung). Man folgt diesem bis zum Haus vulgo Kocenpohar (1:15 Std.), dessen Rotwild-Gehege man durchschreitet. Weiter der Markierung folgend bis zum Haus Nr. 28, dann 30minütiger steiler Anstieg im Wald bis zu einem **Sattel** (1:45 Std.).

Man wendet sich halbrechts und gelangt nach steilem Abstieg nach **Kal** (2:15 Std.). An der Kreuzung im Ort schlägt man den Fahrweg nach Stržišče (Wegweiser) ein. Nach 15 Min. steigt man nach rechts über einen Treppenweg zur Kirche **Sv. Ožbolt** an. Man verlässt den Friedhof durch den Seiteneingang und folgt einem schönen Hangweg bis zur Straße, auf dieser nach rechts. Nach 50 m biegt man

In Kal

Sveti Ožbolt und Stržišče

scharf nach links und folgt, das Dorf durchschreitend, einem sich senkenden Sträßchen bis zum Haus Nr. 25. Rechts steil bergab in eine betonierte Fahrspur, die sogleich in einen Feldweg übergeht. Nach 100 m eine Gabelung; man geht links. Der Weg scheint sich zu verlieren, man wendet sich nach rechts und steigt in der Falllinie bis zu einem Querweg am unteren Rand des Wiesenhanges ab. Hier geht man rechts, quert kurz darauf einen **Bach** und folgt dem Weg rechts oberhalb eines schluchtartig eingeschnittenen Grabens talauswärts. Nach gut 20 Min. erreicht man eine breite Asphaltstraße, quert diese und steigt auf einem Sträßchen (Wegweiser) 10 Min. bis **Znojile** an (3:15 Std.). Am Ortsbeginn eine Gabelung, man geht rechts (nicht ohne zuvor den Weiler besichtigt zu haben). Wegweiser »Obloke«.

10 Min. Anstieg im Wald bis zu einer Gabelung (zuvor hat man eine verwachsene Abzweigung nach links ignoriert), man hält sich links. Angenehmer Weg, anfänglich fast eben, später steil bergab. Zwei Einmündungen von links werden ignoriert. Man erreicht die ersten Häuser von **Obloke** und folgt einem Fahrweg bis zur **Kirche Sv. Trije kralji** (4:30 Std.).

Von der Kirche steigt man rechts einer verfallenen Harpfe über einen alten Weg zu einem Betonsträßchen ab; auf diesem nach rechts bis zu einer Querstraße. Man wendet sich nach links und wandert bergab bis **Hudajužna** (4:45 Std.). An der Hauptstraße nach links. Bei der darauf folgenden Abzweigung geht man rechts, um kurz darauf den **Bahnhof** zu erreichen (5:00 Std.).

Baška grapa: Hinter den sieben Bergen

Die Baška grapa ist so unbekannt wie das Soča-Tal berühmt. Was Unbedarfte mit italienischem Tresterschnaps assoziieren, benennt ein von der Bača, zu deutsch Fetsche, geschaffenes Flusstal samt den darüber liegenden Terrassen. Der »Graben« nimmt südlich der Wocheiner Berge seinen Anfang und schlängelt sich 30 Kilometer in südwestlicher Richtung der Idrijca entgegen, die sich nur zwei Kilometer weiter mit der Soča vereint. Mag es auch der Fluss hinsichtlich Klarheit und türkisgrüner Färbung nicht mit der Soča aufnehmen, hat sein Tal doch eine Reihe bemerkenswerter Naturschönheiten zu bieten. Vor allem die tief eingeschnittenen Seitenarme wie die dunkle Trogschlucht am Kocenpoh oder die vielen Wasserfälle zwischen Hudajužna und Koritnica halten jedem Vergleich stand.

Denn eines ist die Baška grapa mit Sicherheit: eng. Von ein paar schmalen Wiesenstreifen abgesehen, bietet das Tal kaum Platz für landwirtschaftliche Flächen. Das ist wohl der Grund, warum sich von den 24 Ortschaften nur sechs am Talboden befinden. Die übrigen Siedlungen liegen ein oder gar zwei Stockwerke höher, also oberhalb der steilen und bewaldeten Hänge links und rechts des Flusses. Die meisten von ihnen haben keinen Sichtkontakt zum Tal, weshalb man als Autofahrer, der der Straße neben dem Fluss folgt, den Eindruck einer amorphen und fast unbesiedelten Gegend gewinnt. Was aus dieser Perspektive kaum zum Zwischenstopp einlädt, erweist sich für den Wanderer aber bald als höchst lohnendes Gebiet.

Wer die Baška grapa über den Vrh Bače, einen 1273 m hohen Sattel westlich der Kobla, also von Norden her kommend, betritt, überschreitet damit gleich mehrere Grenzen: Erstens die Wasserscheide zwischen Soča- und Save-Gebiet, also zwischen dem Mittel- und Schwarzen Meer. Zweitens wechselt man von einer Vegetationszone in die andere. Herrscht nämlich jenseits des Passes noch Gebirgsklima, wird das Wetter diesseits viel stärker von der Adria beeinflusst. Botaniker freuen sich hüben über das Vorkommen des Türkenbunds und geraten drüben über die Kurzhaarige Nabelmiere in Verzückung. Selbst dem Laien fällt der plötzlich auftretende »mediterrane« Bewuchs auf. Die naturräumliche Grenze entspricht drittens dem Übergang zwischen Gorenjska, der Oberkrain, und Primorska, dem Küstenland. Es handelt sich dabei um Landschaftsnamen aus der Zeit der Monarchie, die in den allgemeinen Sprachgebrauch übergegangen sind, ohne dass sie geographisch je genau definiert worden wären. (Auch Prekmurje, Übermurgebiet, oder Goriško, Görz und Gradiška, sind solche »ungefähren« Gebietsbezeichnungen. Außerdem überschreitet man am Vrh Bače auch eine alte politische Grenze. Sie wurde im November 1920 zwischen Italien und dem SHS-Staat festgelegt und bestand bis 1941. Grundlage war der Vertrag von Rapallo, durch den unter anderem Görz, Istrien, Triest und Teile Krains dem Königreich Italien zugesprochen wurden. So fanden sich rund 300.000 Slowenen plötzlich als italienische Staatsbürger wieder und wurde das Bača-Tal über Nacht ein Teil Julisch Venetiens.

Mit den Minderheitenrechten, die man den Slowenen vor der Grenzziehung versprochen hatte, war es allerdings nicht weit her. Schon bald setzte auf allen Ebenen eine behördlich forcierte Italianisierung ein, die von nationalistischer Propaganda und faschistischem Terror begleitet wurde. So wurden zahlreiche slowenische Einrichtungen geschlossen und mehrere Kulturhäuser niedergebrannt; in manchen Ortschaften kam es gar zu pogromartigen Übergriffen. Wer in der Öffentlichkeit slowenisch sprach, setzte sich der Gefahr schwerer Misshandlungen aus. Eine Spezialität italienisch-nationalistischer Rollkommandos bestand darin, Slowenenfunktionäre durch die öffentliche Verabreichung von Rhizinusöl zu demütigen. In Hudajužna, in der Mitte der Baška grapa, erinnert eine verblasste Trattoria-Aufschrift an die Zeit der Zugehörigkeit des Tales zu Italien.

Nicht alle Slowenen nahmen die nationale Unterdrückung widerspruchslos hin. Mitte der 1920er Jahre gründeten junge slowenische Revolutionäre den anti-italienischen Geheimbund TIGR (die Abkürzung für Trst, Istra, Gorica, Reka) und damit die erste antifaschistische Bewegung Europas. Die Gruppe hielt sich nicht lange mit politisch-agitatorischen Aktivitäten auf, sondern schlug bald eine härtere Gangart ein. Sie setzte italienische Schulen und Kindergärten in Brand und verübte mehrere Morde an so genannten Konfidenten. Den größten »Erfolg« feierte TIGR mit einem Bombenattentat auf die Redaktion des faschistischen »Il Popolo di Trieste« im Jahre 1930. Die Staatsgewalt beantwortete den Anschlag mit einem Schauprozess gegen 18 »slawische Terroristen«, von denen vier zum Tode verurteilt wurden.

Dass es in der Hochblüte des Nationalismus mit den nachbarschaftlichen Beziehungen zwischen Italien und Jugoslawien nicht zum Besten stand, liegt auf der Hand. Das gegenseitige Misstrauen manifestierte sich schließlich im Bau einer »Mauer« entlang der italienisch-jugoslawischen Grenze durch die SHS-Armee. Die Rupnik-Linie, wie der militärische Verteidigungsgürtel nach ihrem Kommandeur benannt wurde, bestand aus einer dichten Kette aus Festungen und Bunkeranlagen, von denen viele noch heute zu sehen sind. Auch am Vrh Bače können die Reste einer Festungsanlage sowie alte Soldatenunterkünfte besichtigt werden. Obwohl die Planung für die Verteidigungslinie schon Mitte der Zwanziger Jahre begann, nahm man die Bauarbeiten erst 1937 in Angriff. Sie konnten wegen der Kapitulation der Jugoslawen vor der Wehrmacht 1941 nie zum Abschluss gebracht werden.

Der Bau der Rupniklinie wurde von den Einheimischen mit gemischten Gefühlen aufgenommen. Einerseits brachte er hunderten Arbeitslosen vorübergehende Verdienstmöglichkeiten als Bau- oder Transportarbeiter, andererseits bedeutete die Grenzbefestigung für viele die gewaltsame Abtrennung von Verwandtschaft oder eigenem Grund und Boden. So entwickelte sich schon bald ein reger nächtlicher Grenzverkehr durch heimliche Nachbarschaftsbesuche oder zum Zwecke des illegalen Warenaustausches. In Bača pri Podprdu erinnert man sich noch heute an die »Besetzung« des Dorfes durch italienische Zöllner und einen Großbrand, den ein Grenzer wegen der verschmähten Liebe zu einer Einheimischen verursachte. Auch eine mehrwöchige »Evakuierung« aller Dorfbewohner ist im kollektiven Gedächtnis geblieben.

1941 wurde das heutige Slowenien von den Achsenmächten Deutschland, Italien und Ungarn militärisch besetzt und dreigeteilt. Die Rupniklinie mutierte zur inneritalienischen Grenze zwischen Julisch Venetien und der Provincia di Lubiana. Sie wurde jedoch von Polizeieinheiten weiterhin streng bewacht, um Kontakte zwischen den wachsenden Widerstandsgruppen zu verhindern. Während die Deutschen in Oberkrain sofort mit brutalen Zwangsmaßnahmen und ethnischen Säuberungen begannen, schienen die italienischen Besatzer anfänglich etwas moderater vorzugehen. So flüchteten viele Slowenen aus den von den Deutschen besetzten Gebieten zu den Italienern. Aber auch Mussolini plante groß angelegte Deportationen und die massenhafte Ansiedlung von Italienern in der neuen Provinz. Bald verschärfte sich der Terror gegen die Bevölkerung. So erging der militärische Befehl, jeden gefangenen Partisanen und »alle Kommunisten« sofort zu exekutieren. Partisanenüberfälle wurden mit Geiselerschießungen und der Zerstörung ganzer Dörfer beantwortet. 25.000 »Sympathisanten« landeten in italienischen Konzentrationslagern, aus denen viele nicht mehr zurückkehrten. 13.000 Slowenen wurden von Militärgerichten abgeurteilt.

Einen Höhepunkt erreichte die Gewaltherrschaft im November 1942, als das italienische Militär eine Großoffensive der Partisanen zurückschlug und unter der Zivilbevölkerung wütete. »Die Menschen sind in einer solchen Verfassung und Stimmung, wie sie unsere Geschichte seit der Türkenzeit nicht in Erinnerung hat«, berichtete der

In Bača pri Podbrdu

Dichter Edvard Kocbek. »Die Häuser brennen, der Feind zerstört Getreidefelder und Obstgärten, Frauen und Kinder kreischen, fast in jedem Dorf werden Geiseln erschossen, Hunderte von Menschen werden in die Internierung getrieben, das Vieh brüllt und irrt in den Wäldern umher.«

General Leo Rupnik, fanatischer Antikommunist und »Patriot«, der seine Laufbahn als k. u. k. Major begonnen und nach dem Ersten Weltkrieg bei der südslawischen Armee angeheuert hatte, ließ sich 1942 von den Italienern zum Bürgermeister von Ljubljana küren. Ein Jahr später, nachdem Italien kapituliert und die Deutsche Wehrmacht das gesamte »Adriatische Küstenland« besetzt hatte, sollte er die faschistische slowenische Heimwehr, die *domobranci*, begründen. Hauptaufgabe der Truppe war die Bekämpfung der Partisanen. Jedes Mitglied schwor »beim Allmächtigen, daß ich zusammen mit der bewaffneten Deutschen Wehrmacht, die unter dem Befehl des Führers Großdeutschlands steht, mit den SS-Truppen und der Polizei im Kampf gegen die Banditen und den Kommunismus sowie deren Bundesgenossen meine Pflichten erfüllen werde.« Im Herbst 1944 zählte die Heimwehr rund 13.000 Freiwillige. Zahlreiche Massaker an Widerstandskämpfern und verdächtigen Zivilpersonen gingen auf ihr Konto. Gegen Kriegsende, die militärische Niederlage vor Augen, flüchtete ein Großteil der *domobranci* nach Kärnten, wo sie von den Briten interniert und bald an die Tito-Truppen ausgeliefert wurden. In der Folge fanden Tausende in Massengräbern oder Karsthöhlen ein gewaltsames Ende. Diese Massenmorde gehören zu den dunkelsten Kapiteln der Geschichte des sozialistischen Jugoslawiens. Während mit dem Fußvolk in der Regel kurzer Prozess gemacht wurde, führte man Leo Rupnik 1946 einem Volksgericht vor. Er wurde als Kriegsverbrecher zum Tode verurteilt und hingerichtet. Heute propagiert das Büro zur Förderung des Fremdenverkehrs in Škofja Loka die touristische »Wiederbelebung der Rupniklinie«. Ein Werbeprospekt verspricht »Adrenalinausbrüche beim Klettern durch Schießscharten und dem Abstieg in die geheimnisvollen, unteriridischen Gänge der militärischen Anlage«. Über die zweifelhafte Rolle ihres Namensgebers wird kein Wort verloren.

Während die Bunker und alten Grenzsteine am Vrh Bače an Krieg und italienische Besatzung erinnern, zeugen zahlreiche Flurnamen im Tal von einer viel länger zurück liegenden und weitaus friedlicheren »Okkupation«: der Besiedelung der zuvor menschenleeren Gegend durch Tiroler Bauern im 13. Jahrhundert. Sie erfolgte auf Geheiß der Freisinger Bischöfe, die das Land von Otto II. als Lehen erhalten hatten. So zogen etwa 70 Kolonisten aus Innichen im heutigen Südtirol ins Land, um die steilen Hänge südlich der Črna prst und östlich des Vrh Bače zu roden und eine Handvoll Dörfer zu gründen. Aufgrund der Abgeschiedenheit und der weitgehend autochtonen Lebensweise überdauerten Sprache und Kultur der Einwanderer fast sechs Jahrhunderte. So bildete sich in der Baška grapa die älteste deutsche Sprachinsel Sloweniens heraus. Dennoch erlangte sie nicht annähernd die Prominenz der Gottschee, der zweiten historischen Sprachinsel im Südosten des Landes. Diese wurde rund 100 Jahre später von Oberkärntner Bauern besiedelt und sollte im 20. Jahrhundert als »Brückenkopf des Deutschtums« ideologisch vereinnahmt werden. Auch die Wissenschaft schenkte den »Tirolern« des Bača-Tales viel weniger Aufmerksamkeit als den (zahlenmäßig freilich viel stärkeren) Gottscheern. Füllen die Bücher über diese Sprachgruppe Regale, was auch mit der tragischen Geschichte der Umsiedelung und Vertreibung der Gottscheer während und nach dem Zweiten Weltkrieg durch die Nazis bzw. Kommunisten zu tun hat, findet sich über die Nachfahren der Siedler aus dem Pustertal kaum wissenschaftliche Literatur.

Einer der wenigen Gelehrten, der sich mit ihnen befasste, war der Kärntner Sprachforscher Eberhard Kranzmayer. Seinem »Wörterbuch der deutschen Sprachinselmundart von Zarz/Sorica und Deutschrut/Rut in Jugoslawien« entnimmt man, dass das Vokabular der deutschen Sprachgruppe des Bača-Tales noch Mitte des 20. Jahrhunderts weitgehend mit dem spätmittelalterlichen Wortschatz des Pustertales übereinstimmte. Nur ein Fünftel der gebräuchlichen Wörter wurde als »modern« bezeichnet, der Rest als »Altpustertaler Gut« eingestuft: uralte Wörter und Begriffe waren konserviert worden. Einen Eindruck vom exotischen Klang der Mundart mag diese Kostprobe vermitteln: »De ooltn Laite žint genoumen a Schiirwele Vair, nou wäwwr gean ze raachan, daß brnt gean de Zouprare hin auf en de Kchouvln auf ze dr wildn Waabe.« (Die alten Leute haben eine kleine Schaufel genommen, um auszuräuchern, damit die Zauberer auf die Kofeln zu den wilden Frauen gehen.)

Obwohl bei der Volkszählung im Jahr 1918 kein einziger deutschsprachiger Einwohner mehr erhoben wurde (der letzte offizielle »Deutsche« verstarb 1911), überlebte der Altpustertaler Dialekt als Haussprache noch mehrere Jahrzehnte. Einen deutlichen Nachklang vernimmt man bei Bergnamen wie Altemaver, Tonderškofel und Kogel oder bei Hausnamen wie Plimpf, Štodler und Povden. Unverkennbar »deutsch« sind aber auch viele Familiennamen. Am Friedhof von Rut (Deutschrut), dem größten »Tiroler Dorf« der Baška grapa, können die Gräber der Familien Kemperle, Kusterle, Štendlar, Kamperle, Maver, Ortar und Burger besichtigt werden, deren slowenisierte Nachfahren noch immer hier leben.

Ein stummer Zeuge ihrer Geschichte ist die denkmalgeschützte »1000jährige« Linde neben der Kirche. Unter ihrer mächtigen Krone tagte einst die weltliche Gerichtsbarkeit, was auf den hohen gesellschaftlichen Status der Siedler schließen lässt. Fest steht, dass die Einwanderer freie Bauern waren, eigenes Jagdrecht besaßen und beträchtliche Abgabenerleichterungen genossen. Also wurden die Pustertaler nicht hierher verbannt (wie gelegentlich behauptet wird), sondern dürfte ihre Ansiedelung eine Belohnung für treue Dienste gewesen sein. Dafür spricht auch, dass die Nachfahren bis ins 19. Jahrhundert alljährlich Pilgerfahrten zum Dankgottesdienst in die alte Heimat unternahmen. Schließlich sind auch die klimatischen Bedingungen der Baška grapa viel besser als im höher gelegenen Innichen.

Ob auch die Schönheit der Landschaft für die Standortwahl mit bestimmend war, ist nicht bekannt; zu beneiden sind die Einwohner von Rut dafür allemal. Das hübsche Dorf sitzt fünf Kilometer nördlich von Koritnica auf einer überraschend weitläufigen Geländestufe mit sanft geneigten Hängen, die die Häuser wie ein Amphitheater umrahmen. Säuberlich gemähte Wiesen, gepflegte Hausgärten und handtuchgroße Felder vermitteln den Eindruck einer fast unverdorbenen Bergbauernidylle. Dazu gehört ein kompaktes Ortsbild mit etlichen historischen Bauten, unter denen vor allem die stattlichen und ungewöhnlich gedrungenen Doppelharpfen hervorstechen. Den dramatischen Hintergrund bilden die weißen Felswände der Wocheiner Berge.

Landwirtschaftlich weniger günstig, aber fast ebenso malerisch ist die Lage der Nachbardörfer Kal, Sv. Ožbolt und Stržišče. Hier steigen die Wiesen am Ortsrand sofort steil an und muss die Heuernte zum Teil mit dem Steigeisen eingebracht werden. Auffallend sind die spitzen Giebel, die sich in Sv. Ožbolt zu einer besonders reizvollen Dachlandschaft verdichten; Seltenheitswert haben die »schiefen«, weil – entgegen jeder slowenischen Bautradition – in der Falllinie errichteten Harpfen von Stržišče. Vom »tirolerischen« Einschlag der Architektur hat sich aber in Kal am meisten erhalten. Um den kleinen Dorfanger mit Brunnen und Tränke drängen sich Häuser, wie sie vielleicht auch im Pustertal stehen könnten. Ein stolzer zweistöckiger Bauernhof im Zentrum kündet mit kunstvollen Fensterverzierungen und Wandmalereien von seiner ein-

In Znojile

stigen Bedeutung. Liebevoll renoviert wurde auch eine Reihe alter Speicher und Stallgebäude.

Bača pri Podbrdu, 1377 als »Binchinuel« erwähnt, weist ähnliche Häuser auf, auch wenn sich hier kaum noch deutsche Hausnamen finden. Ein Gutteil der Gebäude steht leer, denn die jungen Leute sind mangels Verdienstmöglichkeiten ins Tal gezogen oder überhaupt abgewandert. Noch vor 25 Jahren hatte Bača 100 Einwohner, bis zum Ersten Weltkrieg sogar mehr als doppelt so viele, was angesichts der geringen Häuserzahl kaum zu glauben ist. Damals gab es sechs Großbauern, vier Kleinbauern und mehrere Keuschler, die als Tagelöhner, Knechte oder Holzarbeiter ihr Brot verdienten. Wer keine Arbeit fand und mutig oder verzweifelt genug war, suchte sein Glück in der weiten Welt. Fast jede Familie hatte oder hat Verwandte in Übersee – das Ergebnis mehrerer Auswanderungswellen, die die Arbeitssuchenden vorzugsweise nach Argentinien und Australien verschlugen. Legendär ist der einstige Kinderreichtum der Familien von Bača. Manche sollen so viel Nachwuchs gehabt haben, dass sich die Geschwister untereinander nicht einmal beim Namen kannten. Das war, wenn es denn wahr ist, wohl auch eine Folge der bitteren Armut, die schon Zehn- oder Zwölfjährige zwang, sich bei fremden Bauern als Hilfskräfte zu verdingen.

Legenden ranken sich auch um die Kirche von Bača. Sie ist dem Heiligen Leonhard, Sveti Lenart, geweiht und wird von Einheimischen als eine der ältesten Kirchen Sloweniens bezeichnet. Außerdem soll das Gotteshaus – St. Leonhard ist u. a. Schutzpatron der Gefangenen – einst von einer goldenen Kette umspannt gewesen sein. Der kostbare Schmuck wurde aber mitsamt dem übrigen Kirchengold von türkischen »Rennern und Brennern« geraubt, an deren Heimsuchungen ein »Türkenkreuz« erinnert. Bis heute werden der Messkelch und die Monstranz nicht im Tabernakel, sondern in einem externen Versteck aufbewahrt. Derlei Sicherheitsmaßnahmen hat die Statue des Sveti Lenart nicht nötig: Der Heilige pflegt sich seines Abtransports durch wundersame Gewichtszunahme zu widersetzen. Jeder Versuch, die Figur ins Tal zu bringen, endete bisher damit, dass die Träger auf halbem Weg entkräftet aufgeben mussten, um den (nun plötzlich wieder federleichten) Heiligen reumütig an seinen angestammten Platz zurückzubringen. Historisch gesichert ist die Geschichte des Friedhofs: Hier fanden in der Reformationszeit die Katholiken aus Bohinj ihre letzte Ruhe. Im Winter, erzählt man, wenn der Schnee keine Leichenzüge über den Vrh Bače erlaubte, wurden die Verstorbenen zwischengelagert: entweder im Eis oder, zur dauerhaften Konservierung, in der Räucherkammer.

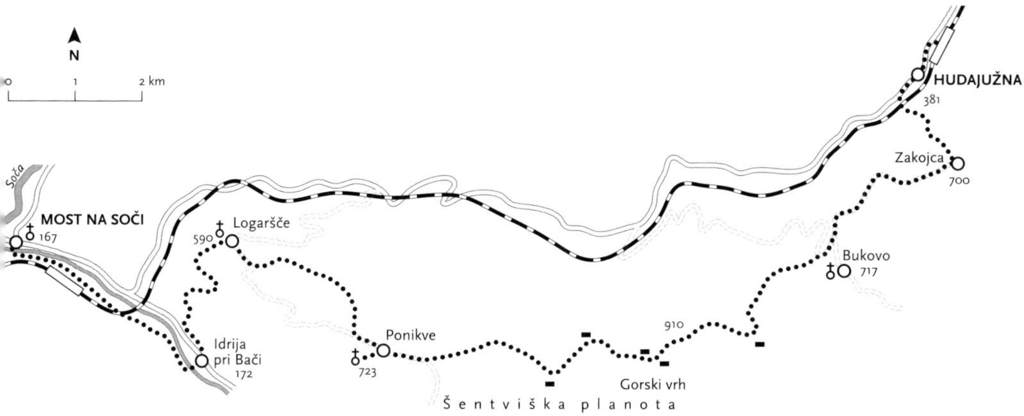

IX In die Stille

WANDERUNG VON HUDAJUŽNA NACH MOST NA SOČI

Schauplatz dieses wunderbaren Streifzugs ist die Šentviška planota, ein vom Fremdenverkehr gänzlich außer Acht gelassenes Plateau zwischen Idrijca- und Bača-Tal. Das dünn besiedelte Gebiet ist von Dolinen und sanften Hügeln geprägt, zwischen denen einsam und verstreut die Bauernhöfe liegen. Nur in Ponikve verdichten sich die Gebäude zu einem größeren Dorf. Vegetation und Architektur unterscheiden sich deutlich vom Ambiente der vorangegangenen Etappen. Das Gefilde ist trockener, und die teilweise verfallenen Häuser entbehren jeder alpinrustikalen Zierde: Der Süden lässt grüßen.

Ein besonderer Reiz der Wanderung besteht in der fast vollkommenen Ruhe, in der man sich bereits nach wenigen Schritten wiederfindet. Obwohl man hauptsächlich auf Straßen oder Feldwegen geht, begegnet einem kaum ein Fahrzeug. Auch die kulturellen Sehenswürdigkeiten hat man zumeist für sich allein: das malerische Geburtshaus des Kinderbuchautors France Bevk, die »osteuropäisch« anmutende Kirche von Jože Plečnik in Ponikve und ihr »italienisches« Pendant in Logaršče.

ANMERKUNGEN: Anstrengende Wanderung. Anstiege: 500 m. Abstieg: 700 m. Länge: 27 km. Gehzeit: 7 bis 7,5 Stunden. Karte: Izletniška karta Škofjeloško in Cerkljansko hribovje, 1:50.000 und Izletniška karta Posočje, 1:50.000, Geodetski zavod Slovenije. Einkehr: Buschenschenke in Zakojca (nur am Wochenende), Idrija pri Bači. Besonderer Hinweis: Unbedingt genügend Trinkwasser mitnehmen!

WEGBESCHREIBUNG: Man steigt vom **Bahnhof Hudajužna** auf dem Zufahrtssträßchen zur Hauptstraße ab und wendet sich auf dieser nach links. Nach gut 500 m biegt man nach links in eine Schotterstraße (Wegweiser »Zakojca«) und folgt dieser, gemächlich ansteigend und diverse Abzweigungen ignorierend, bis zum ersten Haus von **Zakojca** (0:45 Std.). Weiter auf dem Hauptweg bergauf bis zu einer Kreuzung bei der **»Bevkova domačija«.** Man folgt einem halblinks ansteigenden, markierten Weg (Wegweiser »Zakojca«). Kurz darauf eine (leicht zu übersehende) Gabelung; man hält sich rechts und steigt bis zur **Buschenschenke** Pri Flandru an (1:15 Std.).

Man passiert das Gehöft und wendet sich bei einer asphaltierten **Querstraße** nach rechts. Breite, nahezu ebene und kaum befahrene Straße. Weite Blicke. Nach gut 30 Min. gelangt man zu einer Gabelung, man geht rechts bergab (Wegweiser »Grahovo«).

Nach 500 m unterquert die Straße eine **Stromleitung**. Kurz darauf beschreibt sie eine markante Rechtskurve, 30 m danach wendet man sich scharf nach links in ein Schottersträßchen. Nach weiteren 20 m biegt man nach rechts in einen untergeordneten Weg ein. Man steigt zur einer geschotterten **Querstraße** ab, auf dieser nach links. Ständiger Anstieg, teilweise auf Beton bzw. Asphalt. Nach einer guten halben Stunde macht die (an dieser Stelle asphaltierte) Straße eine markante Rechtskurve. Eine hier nach links abzweigende Hofzufahrt wird ignoriert. Weiter bergauf, stets der Straße nach.

Man gelangt zu einem **Quersträßchen** (2:45 Std.) und wendet sich nach rechts (Wegweiser »Ponikve«), der Asphalt endet. Nach 30 m eine Gabelung, man geht links. Angenehmer Fahrweg zwischen Wäldchen, Dolinen, einsamen Bauernhäusern in sanftem Auf und Ab. Nach 15 Min. wieder ein Querweg, man geht rechts (Wegweiser »Ponikve«). **Schöner Rastplatz** beim Haus Gorski vrh Nr. 5.

Weiter auf harmonischem Wege. Bei einem Tümpel wird eine Einmündung von rechts ignoriert. Beim **Haus Nr. 73** eine Querstraße, man geht rechts. Unmittelbar darauf eine Gabelung, man nimmt den rechten Weg (Wegweiser »Ponikve«). Nach 5. Min. ignoriert man eine Abzweigung nach rechts sowie 50 m danach ein Abzweigung nach links. Man passiert kurz darauf eine **Sprungschanze** und gelangt bei einem größeren Bauernhof zu einer Kreuzung. Man geht links in ein Asphaltsträßchen und durchschreitet kurz darauf eine Häusergruppe. Nach 5 Min. endet der Asphalt; man wendet sich nach links in einen Feldweg, der sich zu einer Kreuzung senkt. Man geht rechts. Nach 15 Min. (verfallenes Haus) ein Querweg; man geht wieder rechts. Nach 50 m vereinigt sich der Weg mit einem von links kommenden Fahrweg. Geradeaus, stets dem Hauptweg folgend, bis zum Ortbeginn von **Ponikve** (4:30 Std.).

Auf der Hauptstraße nach rechts. Man durchschreitet den Ort und wendet sich bei einer Gabelung am westlichen Ortsrand nach links (Wegweiser »Cerkev«). Aufstieg zur **Kirche Sv. Marija.** Man kehrt in den Ort zurück und wendet sich auf der Dorfstraße nach links (Wegweiser »Logaršče«). Nach 10 Min. verlässt man die Straße, indem man sich nach rechts in einen Feldweg wendet. Nach 150 m eine Fünffachkreuzung, man geht geradeaus. Nach fünfminütigem Anstieg eine Kreuzung, man geht links und folgt dem Hauptweg knapp 20 Min. bis zu einer asphaltierten **Querstraße;** auf dieser nach rechts. Nach gut 5 Min. verlässt man die Hauptstraße und wendet sich scharf nach links in ein Sträßchen, das rechts an der **Kirche** Sv. Lucija von **Logaršče** (5:45 Std.) vorbeiführt.

Man folgt dem Sträßchen unterhalb der Kirche in südwestlicher Richtung. Der Asphalt endet. Weiter auf dem Hauptweg bequem bergab, erst vorbei an einigen idyllisch gelegenen Häusern, dann im schattigen Wald. Nach 20 Min. ein Schottersträßchen, man geht rechts und folgt dem Fahrweg in mehreren Kehren bis zur **Hauptstraße** im Tal (6:30 Std.).

Bei Gorski vrh

Auf der Straße nach links (!) bis **Idrija pri Bači.** Einkehrmöglichkeit. Bei der Kirche verlässt man die Hauptstraße und wendet sich nach rechts in ein Sträßchen, das sich gleich darauf gabelt. Man hält sich rechts und überquert auf einer schmalen Brücke die **Idrijca.** Auf einem Quersträßchen nach rechts. Nach 10 Min. durchschreitet man den Weiler Luža. Nach weiteren 5 Min. vereinigt sich das Sträßlein mit einer breiteren Straße. Geradeaus weiter bis zum Bahnhofsgelände. Man überquert mit gebotener Vorsicht die Gleise und erreicht den **Bahnhof von Most na Soči** (7:00 Std.).

Fußweg ins Zentrum von Most na Soči: Man geht vom Bahnhof auf einem Sträßchen in westlicher Richtung (nicht über die Brücke zur Hauptstraße!), passiert die **Gostilna Pri Štefanu** und mehrere Lagerhäuser. Die Straße biegt nach links, um die Bahn zu unterqueren. Hier geht man geradeaus in einen Schotterweg. Sehr angenehmer Weg entlang der Idrijca. Nach 10 Min. erreicht man eine Häusergruppe, wendet sich bei einem Quersträßchen nach rechts und geht über eine Brücke. Geradeaus bis **Most na Soči** (7:20 Std.).

Auf der Šentviška planota

Šentviška planota: Die letzten Bauern

Sie ist in keinem Reiseführer beschrieben und wird von den Touristen seit jeher links liegen gelassen. Auch bei einheimischen Ausflüglern findet die Šentviška planota kaum Beachtung. Denn das kleine Hochplateau im Zwickel zwischen Baška grapa und Idrijca-Tal hat weder spektakuläre Naturschauspiele vorzuweisen noch besitzt es Kulturdenkmäler von Rang, jedenfalls keine, für die man einen zeitraubenden Abstecher über enge und kurvige Straßen in Kauf nähme. Doch so unbedeutend das Gebiet sein mag, so reizvoll ist es in atmosphärischer Hinsicht.

Seine verborgene Schönheit zu entdecken, setzt voraus, dass man sich zu Fuß dorthin begibt. Wer dies von Hudajužna aus tut, findet sich schon nach kurzem Anstieg in einer der einsamsten Kulturlandschaften Sloweniens wieder. Es ist ein Karstplateau auf einer Meereshöhe von etwa 700 bis 800 m, das von Dolinentrichtern und Hügeln geprägt ist und im 12. Jahrhundert, vorwiegend als Weideland, erschlossen wurde. Sein sanftes Relief und die Kleinteiligkeit werden durch ein weitmaschiges Netz aus kaum befahrenen Sträßchen und alten Karrenwegen unterstrichen. Sobald man Bukovo, eines der wenigen größeren Dörfer, hinter sich gelassen hat, begegnet man kaum noch Menschen. Die weit verstreuten Gehöfte sind teilweise verlassen und im Verfall begriffen.

Die Kargheit der Landschaft findet im spartanischen Baustil ihre Entsprechung. Die meisten Wohnhäuser haben einen rechteckigen Grundriss und besitzen ein schlichtes Satteldach, das kaum über die Fassade hinausragt. Die Außenwände sind hellgrau oder weiß gefärbelt, sofern man sie nicht überhaupt unverputzt belassen hat. Balkone, Erker und andere bauliche Schnörkel fehlen. Der einzige äußere Schmuck besteht, von Blumenarrangements abgesehen, in einer etwas aufwändiger gestalteten Haustür.

Die schlichte Architektur verweist auf die schwierige wirtschaftliche Situation der Bewohner. Schon die vergangenen Generationen mussten sich in der häufig unter Wassermangel leidenden Gegend mit dem Existenzminimum zufrieden geben; heute erwirtschaften die kleinen Gehöfte nicht annähernd, was eine Familie zum Leben braucht. Das daraus resultierende Bauernsterben bleibt nicht ohne Auswirkungen auf das Landschaftsbild: Viele Dolinen, die – wegen des vergleichbar fruchtbaren Bodens – früher als Futterwiesen (aber auch zum Anbau von Kartoffeln oder Kürbissen) genutzt wurden, verstrauchen, Weideflächen wachsen zu, und auch auf den almigen Hügeln befindet sich der Wald im Vormarsch. Noch ist die Vegetation weitgehend durchmischt und aufgelockert, aber erste Fichtenplantagen lassen für die Zukunft nichts Gutes erwarten.

Der Schwund an Kulturlandschaft entspricht, wie man als Wanderer unschwer beobachten kann, dem landesweiten Trend. Denn obwohl Slowenien weitgehend bäuerlichen Charakter hat, ist es längst kein Agrarland mehr. Schon vor 20 Jahren sank der Anteil der bäuerlichen Bevölkerung auf unter zehn Prozent und damit auf das Niveau der meisten europäischen Industrieländer. Das war vor gut einem Menschenleben, zu Beginn des 20. Jahrhunderts, noch ganz anders. Damals gehörten noch fast drei Viertel der Slowenen dem Bauernstand an. Die meisten waren Klein- oder Kleinstbauern und infolge der schwierigen Bodenverhältnisse oder durch wiederholte Erbteilung stark verschuldet. Das hatte noch vor Ausbruch des Ersten Weltkrieges eine starke Abwanderung, teils in die Städte, teils nach Übersee, zur Folge. Heute lebt mehr als die Hälfte der Bevölkerung in den Ballungszentren, also vorwiegend in den großen Becken und breiten Tälern. Der Rest verteilt sich auf Streusiedlungen und Dörfer im Hügel- und Bergland. Hier dominieren kleine Haufendörfer und noch kleinere Weiler; Slowenien besitzt über 6000 davon. Dazu kommen ausgedehnte Waldflächen, die fast menschenleer sind. Mit knapp 60 Prozent Waldanteil ist Slowenien Spitzenreiter unter den mitteleuropäischen Ländern.

Nach dem Zerfall der österreichischen Monarchie änderte sich die Lage der Bauern nicht wesentlich. Zwar förderte der SHS-Staat die Gründung von Genossenschaften und wurde das Veterinärwesen verbessert, doch kam jede Modernisierung mit der bald einsetzenden Wirtschaftskrise zum Erliegen. Besonders schwere Zeiten erlebten die Bauern in jenen Gebieten, die Italien zugefallen waren. Einerseits befand sich das Grenzland weitgehend im Zustand der Verwüstung – viele Dörfer waren zerstört, die Böden vermint oder mit Tonnen von Geschoßsplittern übersät –, andererseits waren die traditionellen Absatzmärkte verloren gegangen. Dazu kamen amtliche Schikanen und politische Repressalien im Zuge einer aggressiven Italianisierung. Viele, die während des Krieges geflüchtet oder evakuiert worden waren, sahen sich gezwungen, ein weiteres Mal, diesmal endgültig, die Heimat zu verlassen. So kam es auch auf der ohnehin nur spärlich besiedelten Šentviška planota zu einer weiteren Ausdünnung der Bevölkerung.

Wie verhasst die italienischen Besatzer hier waren, lässt sich an einem Deckengemälde in der Kirche von Šentviška gora ablesen. Es stammt von Tone Kralj (1900–1975) und stellt St. Vitus' Martyrium dar. Darin wird der Heilige, als Personifizierung des slowenischen Volkes, von römischen Soldaten zu Tode gepeitscht; ihr Anführer trägt unverkennbar die Züge Mussolinis. Das Bild entstand während der Okkupation; die politische Anspielung blieb von den Italienern unbemerkt.

1

2

3

5

6

10

11

12

13

14

VSTOP
PREPOVEDAN

21

22

23

27

B 45
H
2,50

1 Feldweg in der Goriška Brda
2 Blick von Conconello auf Triest
3 Bei Medana, Goriška Brda
4 Goriška Brda im Winter
5 Ruine in Valerisce/Vališče bei Gorizia
6 und 7 In Klohe ober Most na Soči
8 Streuobstwiese bei Koprivnik auf Pokljuka
9 Bei Široko auf der Banjška planota
10 In Zapotok am Kanalski Kolovrat
11 In Kobdilj, Karst
12 In Žarščina am Kanalski Kolovrat
13 In Znojile, Baška grapa
14 In Biljana, Goriška Brda
15 »Naš dom Jugoslavija« (Unser Heim Jugoslawien), Aufschrift in Ceglo
16 Wandschmuck einer Keusche am Aichwaldsee, Kärnten
17 Winterlandschaft im Vipava-Tal
18 Fassade des alten Sanatoriums in Gorizia
19 Im Zug nach Sežana
20 Gostišče in Plave, Soča-Tal
21 Hinterhof in Gorizia
22 An der Peripherie von Jesenice
23 Hinterhof in Jesenice
24 Hotel Perla in Nova Gorica
25 Karstlandschaft
26 Auf der Pokljuka
27 In den Weinbergen bei Tabor im Branica-Tal
28 Blick vom Sabotin ins untere Soča-Tal
29 Am Kanalski Kolovrat
30 Blick vom Vodnikov razglednik auf Bohinj (Wochein)
31 Bei Medana in der Goriška Brda
32 Hotelruine bei Villa Opicina/Opčine
33 Sportplatz in Podbrdo, Baška grapa
34 Stiegenaufgang in Štanjel

Nach der Kapitulation Italiens im Jahr 1943 erklärten die Partisanen die Gegend um Cerkno und damit auch die Šentviška planota zum befreiten Gebiet. Und tatsächlich gelang es der Befreiungsfront, das Territorium, trotz mehrerer Bombenangriffe und Säuberungsaktionen der Deutschen, bis Kriegsende weitgehend zu halten. Cerkno wurde zu einem Zentrum des militärischen Widerstandes und diente hohen Führungskräften als Stützpunkt. Außerdem errichtete die Befreiungsfront in den umliegenden Gräben Schulen und Lazarette, von denen das Partisanenkrankenhaus Franjo bei Novaki noch heute besichtigt werden kann. Es war mit Operationsräumen, Röntgengeräten und einem kleinen E-Werk ausgestattet und konnte bis zu 100 Verwundete gleichzeitig versorgen. 1944 griffen die Deutschen eine Parteischule in Cerkno an und töteten 47 Kursteilnehmer. Darauf reagierten die Partisanen mit der Hinrichtung von 15 tatsächlichen oder vermeintlichen Verrätern.

Im Kampf gegen Faschismus und Nationalsozialismus waren die Partisanen auf die Hilfe der Landbevölkerung angewiesen. Die Versorgung der Freiheitskämpfer mit Lebensmitteln beruhte nicht immer auf Freiwilligkeit und war mit hohen Risiken verbunden. Oft befanden sich die Bauern in einer tödlichen Zwickmühle: Wer sich der Begünstigung der »Banditen« verdächtig machte, lief Gefahr, deportiert oder als Geisel erschossen zu werden, und wer den Partisanen die Unterstützung verweigerte, wurde der Kollaboration beschuldigt. Außerdem standen die traditionell konservativen Bauern der kommunistisch dominierten Befreiungsfront eher skeptisch gegenüber. Der Terror der Nazis und drohende Zwangsrekrutierungen veranlasste dennoch viele, sich den Partisanen anzuschließen. Andere wählten den entgegen gesetzten Weg und traten den *domobranci,* der faschistischen Heimwehr, bei; gelegentlich gingen die Fronten quer durch ein Dorf oder sogar durch die Familie.

Die Mariä-Verkündigungs-Kirche von Ponikve, dem Hauptort der Šentviška planota, zeugt vom Versuch der Nazis, das Gebiet nach dem Abzug der Italiener unter ihre Kontrolle zu bringen. Der im 15. Jahrhundert errichtete (und im 18. Jahrhundert barockisierte) Bau wurde 1944 von den Deutschen in Brand gesteckt und – nachdem die Einheimischen das »Widerstandsnest« wieder notdürftig eingedeckt hatten – zur Sicherheit auch noch gesprengt. Nach dem Krieg nahm sich Sloweniens Nationalarchitekt Jože Plečnik (1872–1957) der Ruine an. Er »drehte« den Bau um 90 Grad und fügte dem alten, rechteckigen Glockenturm einen runden hinzu, womit der Kirche nun eine geradezu orthodoxe Note anhaftet. Typisch ist der Mix aus alten Bauelementen und modernen Formen, der durch die gewagte Asymmetrie des Gebäudes zusätzliche Spannung erhält. Die Kirche wurde erst ein Jahr nach Plečniks Tod fertig gestellt.

Der jugoslawische Sozialismus brachte für die Landbevölkerung tiefgreifende Veränderungen mit sich, denn nun galt es, die (aus marxistischer Sicht) rückschrittliche Bauernschaft möglichst rasch der revolutionären Arbeiterklasse zuzuführen. Also lag das Hauptaugenmerk der politischen Führung anfänglich auf der Förderung der Industrie und der Urbanisierung der Wirtschaftszentren. Die Aussicht auf sozialen Aufstieg und bessere Wohnbedingungen – eine Erwartung, die durch staatliche Kampagnen bewusst unterstützt wurde – lockte immer mehr Menschen in die Städte. Erste Satellitensiedlungen entstanden. Ebenfalls gefördert wurde die Arbeitsemigration nach Österreich, Deutschland und andere westeuropäische Länder, brachten doch die Gastarbeiter, deren Verwandtschaft in der Heimat blieb, wertvolle Devisen ins Land. Gleich-zeitig kam eine – politisch ebenfalls gewünschte – innerjugoslawische »Völkerwanderung« in Gang. So wurde Slowenien wegen des höheren Lebensstandards für viele Arbeitssuchende aus den südlichen Teilrepubliken zum Einwanderungsland. Zahlreiche Mischehen stammen aus dieser Zeit und sind dafür verantwortlich, dass es mit der »ethnischen Reinheit« der Slowenen längst nicht so weit her ist, wie es heute gerne vermittelt wird.

Mit Schrecken erinnern sich die Bauern an den nach Kriegsende eingeführten »Zehent«, also die Verpflichtung, einen Teil des Ertrages an staatliche Stellen abzuliefern. Die Regelung sollte die Versorgung der übrigen Bevölkerung mit Nahrungsmitteln sicher stellen, brachte aber auch manchen Kleinbauern an den Rand des Hungers. Nicht selten wurden die Quoten willkürlich oder nach dem Gesichtspunkt politischen Wohlverhaltens festgelegt. Also schlachteten viele Bauern schwarz oder versteckten einen Teil der Ernte. Wer sich dabei erwischen ließ, wurde wegen »Sabotage« streng bestraft. Landwirtschaften mit mehr als zehn Hektar Nutzfläche galten als Großgrundbesitz und gingen in allgemeines Volksvermögen über. In den Karst- und Berg-regionen, also in schwierigem Gelände, konnten auch größere Höfe in Familienbesitz bleiben. Konsequent war man bei der Enteignung deutschsprachiger Bauern und Grundbesitzer gemäß der so genannten AVNOJ-Beschlüsse. Eine Kollektivierung kleiner Landwirtschaften, wie sie in den anderen Teilrepubliken forciert (und nach wenigen Jahren wieder rückgängig gemacht) wurde, fand in Slowenien kaum statt. Wenig erfolgreich war auch der Versuch, die Kleinbauern in genossenschaftliche Strukturen einzubinden.

Bei Zakojca

Als Stiefkind der Politik blieb die Landbevölkerung in den ersten Jahrzehnten von den Errungenschaften des Sozialismus weitgehend ausgeschlossen. Bauern waren in puncto sozialer Absicherung und Bildung benachteiligt. Bäuerinnen hatten keinen Anspruch auf Karenzgeld, und für Bauernkinder gab es kaum Stipendien. Auch wurden den Bauern – im Gegensatz zu den Arbeitern – keine günstigen Wohnbaukredite gewährt. Während in den Städten der Lebensstandard allmählich stieg, kam auf dem Land der technische Fortschritt nur langsam in Gang und stagnierte der Konsum.

Die auf diese Weise »staatlich geförderte« Landflucht wuchs sich bald zum demografischen Problem aus und drohte die Nahrungsmittelproduktion ernstlich in Gefahr zu bringen. Also begann man in den 70ern mit Dezentralisierungsmaßnahmen gegenzusteuern und in den entlegendsten Tälern Industriebetriebe anzusiedeln. Bald besaß fast jede größere Ortschaft eine Fabrik – nicht selten mit den dazu gehörigen Wohnblöcken und Reihenhäusern an der Peripherie. Die Textilfabrik in Podbrdo ist ein Beispiel dafür. So bildete sich eine eigene »Klasse« von Arbeiter-Bauern heraus – eher Nebenerwerbsarbeiter als Nebenerwerbsbauern, denn mit dem Achtstundentag nahm man es in den selbstverwalteten Betrieben nicht immer genau. So konnten viele kleine Bauernhöfe weitergeführt werden, die andernfalls wohl aufgegeben worden wären. Damit ergaben sich zusätzliche Verdienstmöglichkeiten: in Form eines florierenden Schwarzmarktes, auf dem die Arbeitskollegen oder Vorgesetzten mit landwirtschaftlichen Erzeugnissen, vorzugsweise mit Fleischprodukten, versorgt wurden.

Dank einer klüger gewordenen Politik verbesserte sich die Lage der slowenischen Bauern merklich. Ein mittlerweile funktionierendes Genossenschaftswesen und gute Vertriebsnetze stellten den Absatz sicher; moderne Verarbeitungsbetriebe sicherten die Qualität der Nahrungsmittel. Staatliche Förderungen begünstigten Investitionen und die Zusammenlegung landwirtschaftlicher Flächen. Ertragssteigerungen wurden mit Prämien belohnt. Gefördert wurde aber auch der intensive Einsatz von Düngemitteln, was vor allem in den Tallagen zu starken Umweltbelastungen und einer Gefährdung des Grundwassers führte. Das heute leer stehende Genossenschaftsgebäude in Ponikve erinnert an diese Zeit gezielter »Entwicklungshilfe«. So haben viele slowenische Bauern die letzten Jahre unter jugoslawischer Fahne nicht in

In Logaršče auf der Šentviška planota

schlechtester Erinnerung. Zumindest war dies der einzige Zeitabschnitt im 20. Jahrhundert, in dem der Anteil der bäuerlichen Bevölkerung halbwegs stabil gehalten werden konnte. Denn schon bald nach der nationalen Selbstständigkeit und der Um-orientierung zum Kapitalismus wendete sich das Blatt erneut: Nun mussten viele dezentrale Fabriken wegen ihrer ungünstigen Standorte und mangels Entwicklungsmöglichkeiten wieder schließen, womit den so genannten »Halbbauern« das zweite wirtschaftliche Standbein entzogen wurde. Das Werk in Podbrdo wurde 2002 stillgelegt. Eine neue Welle der Abwanderung setzte ein, die bis heute anhält.

Weil gewöhnliche Kleinbauern am freien Markt nicht konkurrenzfähig sind, wächst auch in Slowenien die Zahl der Betriebe mit speziellen Angeboten. Manche setzen auf Direktvermarktung oder Bio- und Nischenprodukte, was vor allem in der Nähe der Städte erfolgversprechend ist. Eine für Wanderer erfreuliche Erscheinung sind die *turistične kmetije,* Bauerngasthöfe, die fast immer eine gute Verköstigung und im Idealfall auch eine Übernachtungsmöglichkeit bieten. In abgelegenen Gebieten wie der Šentviška planota scheinen solche Initiativen vorläufig chancenlos. Wandert man aber von Logaršče am westlichen Zipfel des Plateaus Richtung Idrija, passiert man eine Handvoll Bauernhöfe, die kaum idyllischer gelegen sein könnten. Sonnige Hänge, malerische Häuser und wunderbare Wege ergeben eine Bilderbuchlandschaft, die förmlich darauf wartet, für den sanften Tourismus entdeckt zu werden. Der Gedanke, hier, an einer wärmenden Hausmauer und mit einem Glas Wein in der Hand, einen langen Wandertag ausklingen zu lassen, könnte kaum verlockender sein.

X Hochland

WANDERUNG VON MOST NA SOČI NACH AVČE

Banjška planota, Hochebene, nennt sich die idyllische Gegend zwischen dem Unterlauf der Idrijca und dem Soča-Tal bei Kanal. Eine irreführende Bezeichnung, handelt sich es doch um ein stark gegliedertes Hügelland, das dem Wanderer eine Reihe kleinerer An- und Abstiege beschert. Dennnoch hält sich die Anstrengung in Grenzen; die harmonischen Wege und der ständige Perspektivenwechsel bieten so viel angenehme Ablenkung, dass es sich beinahe »von selber geht«. Sanfte Weideflächen und Obstgärten wechseln sich mit stillen Mischwäldern ab, die da und dort bereits Macchia-ähnliche Merkmale aufweisen. Prägendes Element sind aber die kleinen und kleinsten Dörfer, deren Bauweise sichtlich italienisch beeinflusst ist. Auch der weite Blick gegen Süden und auf die Beneška Slovenija (»venezianisches Slowenien«) unter dem Matajur im Westen bestätigt, dass man das Alpenland endgültig hinter sich gelassen hat.

ANMERKUNGEN: Mittelschwere Wanderung. Im letzten Abschnitt sind Trittfestigkeit und etwas Abenteuerlust gefragt (unwegsames Gelände). Anstiege: 750 m. Abstieg: 750 m. Länge: 20 km. Gehzeit: Knapp 6 Stunden. Karte: Izletniška karta Posočje, 1:50.000, Geodetski zavod Slovenije. Besondere Hinweise: Unbedingt genügend Trinkwasser mitnehmen! Der Bahnhof von Avče liegt im Nirgendwo. Wer den Zug verpasst hat oder lange Wartezeiten vermeiden will, ist auf das Taxi in Most na Soči angewiesen: +386/51/330440..

WEGBESCHREIBUNG: Ausgangspunkt ist der Bahnhof **Most na Soči,** der sich rund 2 km östlich der Ortschaft befindet. Man geht vom Bahnsteig neben den Gleisen in westlicher Richtung, überschreitet beim Lagerhaus der Fa. Intereuropa vorsichtig den Bahnkörper und steigt über eine Rampe zu einer Asphaltstraße an. Hier wendet man sich halbrechts in einen ansteigenden geschotterten Fahrweg. Nach etwa 5 Min. biegt der Fahrweg scharf nach links (Wegweiser »Široko«). Steiler Anstieg im Wald bis zum Weiler **Klohe** (0:45). Auf schönem Wiesenweg weiter steil bergauf bis zur **Turistična kmetija Široko** (1:30 Std.). Kurzer Anstieg zum Aussichtspunkt auf der Kuppe oberhalb des Gehöfts.

Man kehrt zum Asphaltsträßchen beim Bauernhof zurück, geht auf diesem nach rechts (in westlicher Richtung), wendet sich aber schon nach wenigen Schritten nach links in einen abschüssigen Weg, der gleich darauf in einen **Hohlweg** übergeht. Stets bergab auf teilweise »gepflastertem« Weg bis zu einem Bauernhaus. 200 m geradeaus weiter auf betoniertem Sträßchen. Man durchschreitet einen Weiler und folgt einem Sträßchen weiter bergab. Man passiert eine **Obstplantage** und wendet sich an deren Ende (kurz nach einem weißen Haus) scharf nach links in einen Weg. Nach 100 m, bei einem betonierten Schuppen, wendet man sich nach rechts und steigt über einen schmalen Pfad ab, der gleich darauf ein Rinnsal quert und bald in einen breiteren Weg mündet. Auf diesem geradeaus weiter. Eine Einmündung von links wird ignoriert. 100 m danach eine Kreuzung, man geht halbrechts (rechts an einer Tränke vorbei). Bei einem Bauernhaus (Wasserbecken mit Gewölbe) geht man geradeaus weiter, ignoriert nach 20 m eine Abzweigung nach links und gelangt zu einem Quersträßchen vor dem **Friedhof** unterhalb der Kirche von **Kanalski Lom** (2:15 Std.).

Auf dem asphaltierten Quersträßchen nach rechts bergab. Nach ca. 300 m (man hat zuvor eine Abzweigung nach rechts ignoriert) eine Querstraße; auf dieser ge-radeaus, weiter bergab. Kurz darauf passiert man einen **Ballspielplatz** und überquert einen Bach; das Sträßlein steigt an. Nach gut 100 m, vis-à-vis eines kleinen Bildstocks, verlässt man die Straße und wendet sich halblinks in ein asphaltiertes Sträßchen, das sich in einen Graben senkt. Nach etwa 20 Min. steigt das Sträßlein an der linken Hangseite des Tales an, um sich nach weiteren 30 Min. mit einer von links kommenden Straße zu vereinigen. Geradeaus, weiter bergauf. Man erreicht **Testeni** (3:15 Std.).

Im Ort nimmt man eine Abzweigung nach rechts (Wegweiser »Mešnjak«). Man folgt dem Sträßchen bis **Mešnjak,** hält sich im Ort links und gelangt kurz darauf nach **Modrzeli,** wo der Asphalt endet. Auf geschottertem Fahrweg weiter bis **Košenija** und von dort nach **Zavrh** (3:45 Std.). Auf dem Quersträßchen im Ort nach links bergauf. Kurz darauf eine Gabelung; man hält sicht rechts. 10 Min. Anstieg bis zum Hügelkamm, dann sanft bergab bis **Robi** (4:00 Std.).

Man durchschreitet den Ort auf einem asphaltierten Sträßchen und wendet sich wenige Meter vor seinem Ende (bei einem Haus mit rotem, gewelltem Dach) in einen geschotterten Fahrweg nach rechts. Nach etwa 70 m eine Gabelung, man geht links. Bequemer, fast ebener Weg. Nach gut 5 Min. senkt sich der Weg und scheint bei einer Wiese zu enden. Man geht auf undeutlicher Fahrspur halbrechts, weiter bergab, passiert kurz darauf einen Heuschober und gelangt in den Wald. Stets bergab, nun wieder auf deutlichem und stellenweise »gepflastertem« Weg bis **Bizjaki** (4:30 Std.).

Nach dem ersten Haus ein Quersträßchen, man wendet sich nach rechts. Der Asphalt endet sofort; man geht geradeaus in einen Feldweg. Nach etwa 15 Min., kurz nachdem man einen Schuppen passiert hat, wendet sich der Hauptweg nach rechts und steigt an. Hier geht man geradeaus in einen untergeordneten Weg und erreicht kurz darauf die Kirche **Sv. Štefan** von **Levpa** (4:45 Std.).

Man passiert den Kirchturm und betritt einen kleinen Platz. Hier wendet man sich nach rechts in ein Asphaltsträßchen, das beim Haus Nr. 26 in einen Feldweg übergeht, welchem man folgt. Eine Abzweigung nach links wird ignoriert. Man gelangt zu einer Asphaltstraße, wendet sich auf dieser nach rechts und biegt sofort in einen Schotterweg nach links. Nach 10 Min. durchquert man auf einem Asphaltsträßchen den Weiler **Škodniki** und verlässt diesen, die Richtung beibehaltend und das Haus Nr. 12 passierend, auf einem breiten Weg. Nach 30 m eine Gabelung; man hält sich links. Bequemer Hangweg, schöne Blicke. Nach 10 Min. erreicht man den Weiler **Avšje** (5:15 Std.).

Man wendet sich auf einem Sträßchen sofort scharf nach links. Am Ortsende (Ortstafel) verlässt man die Straße und biegt nach rechts in einen abschüssigen Karrenweg. Man folgt dem Weg in mehreren Kehren bis zu einem Gatter, das man durchschreitet. Man passiert ein **Stallgebäude** und folgt einem Hangweg stets bergab (Abzweigungen nach links ignorierend und ein weiteres Gatter durchschreitend) in einen **Graben**. Bei einer Blechhütte, kurz vor einem Bach, biegt man scharf nach rechts und steigt zu einer Weide mit zwei Hütten ab, deren Umzäunung man am tiefsten Punkt des Grundstücks überklettert. 5 Min. rechts des Bachbettes weglos bergab. Man erreicht einen Holzschuppen und wandert nun auf breitem Wege weiter talwärts. Man erreicht eine Asphaltstraße, geht auf dieser nach rechts [wer links geht, erreicht nach 10 Min. Avče] und gelangt nach 10 Min. zum **Bahnhof von Avče** (5:45 Std.).

Bei Robi

Soča-Tal: Korridor nach Italien

Die enorme Vielfalt der slowenischen Landschaft bringt es mit sich, dass man im Laufe einer ein- bis zweiwöchigen Weitwanderung fast täglich eine andere Welt betritt. In manchen Gegenden, vor allem dort, wo verschiedene Landschaftsformen aufeinander treffen, kann sich das Bild noch häufiger ändern. Das untere Soča-Tal ist ein solches Übergangsgebiet, wo man unentwegt zwischen Slowenien, »Italien«, ein bißchen »Österreich« und sogar dem »Balkan« hin- und herpendelt. Wer Wildwasserromantik erwartet, wird allerdings enttäuscht. Denn während sich im oberen Abschnitt die Bilder der Werbeprospekte weitgehend mit der Wirklichkeit decken (zumindest bei entsprechend selektiver Wahrnehmung), mehren sich im unteren Tal die Schönheitsfehler. Im 20 km langen Korridor zwischen Tolmin und Nova Gorica widersetzt sich das Soča-Tal jeder Idealisierung. Immer träger und trüber wird hier der Fluss; und in den Dörfern nimmt das Gewöhnliche überhand. Vielleicht sind es gerade die Unzulänglichkeiten dieser Siedlungen, die sie besonders authentisch erscheinen lassen und einen näheren Augenschein lohnen.

Dass ein paar der Ortschaften in den Reiseführern Erwähnung finden, verdanken sie vor allem einem Umstand: Sie besitzen historische Brücken über die Soča und haben es damit zu einer gewissen Bedeutung gebracht. Eine davon ist Most na Soči am Zusammenfluss von Idrijca und Soča. Es ist der südlichste Brückenkopf für Touristen, die in der Soča vor allem die sportliche Herausforderung suchen. Hier logieren in der Hochsaison Raftingfahrer, Kajakpaddler und Fliegenfischer, die weiter nördlich kein Quartier mehr gefunden haben oder Stromschnellen fürchten. Das führt im Sommer zu einigem Gedränge, vor allem im Ortszentrum, das zugleich die Durchzugsstraße ist. Hier reihen sich die Gastronomiebetriebe aneinander (von denen die Gostilna »Vuga« die schönste Fassade und der »Skrt« den besten Gastgarten besitzt) und ersetzt die Tankstelle den Dorfplatz.

Angenehmer und vergleichsweise intim wirkt das kleine Viertel rund um die Pfarrkirche mit seinen engen Gassen und ehrwürdig gealterten Häusern. Auffallend sind die auf hohen Säulen ruhenden Terrassen, wie man sie sonst von den Villen an der Riviera kennt. Auch die weinumrankten Fassaden und die steinernen Treppen vermitteln einen Hauch mediterraner Idylle. Die findet beim kurzen Aufstieg zum Hügel oberhalb des Ortes ihre Fortsetzung, wo man von Sv. Mavrer, einem netten Kirchlein aus dem 12. Jahrhundert, begrüßt wird. Bis zum Ersten Weltkrieg wurde hier Wein angebaut.

Noch malerischer ist Most na Soči an seiner Südseite, am Rande der Felsnase jenseits der Hauptstraße. Von hier, schreibt ein alter Reiseführer, »überblickt man die eng umschränkte Gegend, in der sich die Idrijca mit dem Isonzo [Soča, Anm.] vermählt«. Stark beeinträchtigt ist allerdings »das interessante Naturschauspiel, welches beide Flüsse bieten«. Denn wo einst »der Isonzo, nachdem er einen hübschen Wasserfall gebildet [hat], aus einem von senkrechten Felswänden eingeschlossenen Kanal hervor[schoss], um sich mit aus ähnlicher Kluft heraustretender Idrijca zu vereinigen«, schiebt sich heute ein müder, milchiger Stausee durch das Felsenör. Er entstand bereits im Jahr 1938 mit dem Bau des Kraftwerks Doblar fünf Kilometer flussabwärts; der Rückstau reicht fast bis Tolmin.

Der sedierte Fluss wird als Touristenattraktion gepriesen und gilt als Anglerparadies. Auch die Paddler haben ihre Freude, lässt sich doch hier die Soča gefahrlos und ohne große Anstrengung befahren. Und tatsächlich beschert einem ein Bootsausflug in den Canyon südwestlich von Most na Soči ein großartiges Naturerlebnis. Eskortiert wird man dabei von der Eisenbahntrasse, für die man in den steilen Felsen gleich sieben Tunnels gesprengt hat. Nördlich des Ortes ist das Vergnügen nur halb so groß, kann doch der See, trotz seines Alters, seine Künstlichkeit kaum verbergen. Ebenso unecht, und insofern durchaus passend, wirken die zwei Schaufelraddampfer im Mississippi-Stil, mit denen man die Gäste auf dem Wasser herumkutschiert.

Prächtig ist allerdings der Blick vom Schiff zurück, vor allem am Abend, wenn Most na Soči in ein milderes Licht getaucht ist und seine »italienische« Silhouette hervor tritt. Der »multinationale« Charakter des Ortes zeigt sich auch in der Geschichte seines Namens: So hieß er abwechselnd Ponte Sancti Mauri, Sankt Maurus Bruck, Na Mostu, St. Luzia und Sv. Lucija; den heutigen Namen trägt er erst seit 1952. Unbekannt ist, wie Most na Soči in seiner Blütezeit genannt wurde. Die erlebte es schon vor gut zweieinhalbtausend Jahren als urbanes Zentrum der eisenzeitlichen St.-Luzia-Kultur. Die damalige Stadt war um einiges größer als der heutige Ort und wird als eine der bedeutendsten vorgeschichtlichen Siedlungen Sloweniens angesehen. Sie wurde bereits 1300 v. Chr. begründet und bescherte den Archäologen des 20. Jahrhunderts reiche Beute. Ihr größter Fund: eine Nekropole mit fast 7000 Gräbern und zahllosen Grabbeigaben. Ein Großteil der Schätze landete im Naturwissenschaftlichen Museum in Wien bzw. im Triestiner Stadtmuseum.

Vor Ort sind die kulturgeschichtlichen Kostbarkeiten eher rar gesät. Wer sich für den Anblick nackter Grundmauern begeistern kann, kommt im Neubauviertel bei den Resten einer römischen Siedlung auf seine Rechnung. Die Überbleibsel eines Pfahlbaus existieren nur noch als Fotoinstallation, und auch das archäologische Museum im fabrikartigen Schulgebäude bietet wenig Sehenswertes. Ergiebiger sind die üppigen Wand- und Deckengemälde von Tone Kralj (1900–1975) in der Pfarrkirche Sv. Lucija. Sie entstanden Ende der 1920er Jahre und stellen u. a. das Martyrium der Kirchenpatronin dar. Kralj zählt zu den Neorealisten, ließ sich aber auch vom Jugendstil und der naiven Malerei beeinflussen. Beeindruckend, trotz der traditionellen Bildmotive, ist die eigenwillige Farbgestaltung. Zeitgenössische Kunst gibt es schließlich am Ostufer des Stausees zu sehen. Künstler aus aller Welt haben dafür ein gutes Dutzend Eisenplastiken zur Verfügung gestellt, die meisten von zweifelhafter Qualität und manche – das macht die Sache auch wieder vergnüglich – hart an der Grenze zum Schrott.

Hat es Most na Soči als Verkehrsknotenpunkt und dank des Soča-Tourismus zu einigem Wohlstand gebracht, bietet sich in Avče, dem nächsten größeren Ort flussabwärts, ein ganz anderes Bild. Es liegt auf einer etwas zurück versetzten Terrasse an der linken und somit auf der »falschen« Seite der Soča. Die Hauptstraße führt vis-à-vis vorbei, und selbst der Bahnhof befindet sich fast 20 Gehminuten vom Ort entfernt. Also ist in Avče irgendwann die Zeit stehen geblieben.

Villa in Most na Soči

Von der *trgovina,* die die einzige öffentliche Einrichtung des Dorfes und für manche Einwohner das zweite Wohnzimmer ist, gelangt man über ein paar Stufen zum alten Ortskern. Es sind kleine verschachtelte Gebäude, die sich unter der Kirche mit dem frei stehenden Turm zusammengeschoben haben – eine Häufung unverputzter Steinhäuser, wie man sie in diesen Breiten kaum noch sieht. Hier fehlt es, das ist offenkundig, an allen Ecken und Enden an Geld, nicht aber an Bemühungen, gegen Tristesse und Verfall mit Zierpflanzen und allerlei Dekor anzukämpfen. Da dient jeder rostige Blechkübel als Blumentopf und wird selbst ein verwaister Hasenstall kunstvoll begrünt. Schmuckloser, aber fast ebenso ärmlich, sind die Häuser im neueren Ortsteil. Die meisten befinden sich im Schwebezustand zwischen Ausbau und Aufgabe, und das einzige professionell renovierte Gebäude wirkt wie ein Fremdkörper. »Mit Tito kämpfen, mit Tito erneuern!« steht wie zum Trotz und immer noch gut lesbar auf einer der grauen Mauern. Gegenüber erinnert eine Inschrift an den Widerstandskämpfer Jožef Škodnik, der, 1944 im Kampf schwer verwundet, von den Nazis nach Avče geschleppt und am Dorfplatz zur Abschreckung gehenkt wurde.

Ein Besuch des Dorfes empfiehlt sich nicht nur wegen des anrührenden Ortsbildes, sondern auch wegen seiner schönen Lage am Eingang des einsamen Avšček-Tales. Wer einige Stunden in völliger Ruhe verbringen möchte, ist hier bestens aufgehoben. Ein bequemer Weg führt anfangs entlang der Wiesen und Weiden von Gehöft zu Gehöft, dann immer tiefer in den Wald, um sich im Talschluss fast im Dickicht zu verlieren. Wo früher eine Mühle stand, hat der Bach eine kleine Schlucht gegraben und den Hang unterspült. Nur ein letzter Mauerrest hält dem Urwald stand.

Dass diese verwunschene Gegend im Ersten Weltkrieg Schauplatz einer großen Schlacht war, ist kaum vorstellbar, wird aber deutlich, wenn man sich die Mühe macht, ein wenig im Boden zu stochern: Immer wieder stößt man auf Granatsplitter und andere Geschoßreste. Tonnen von Munition wurden hier verschossen. Ein bajonettförmiges Denkmal am Talgrund bei Avče bezeichnet den Ort, an dem sich einst ein italienischer Soldatenfriedhof befand. Auch die Österreicher haben ihre Spuren hinterlassen: in Form einer Gedenktafel in ungarischer Sprache, die an eine große Barackensiedlung erinnert, die hier einem Bataillon aus Nagyvárad (Großwardein) von 1915 bis 1917 als Unterkunft diente.

Bei Kanal, der nächsten Station, läuft die Soča noch einmal zu ihrer alten Form auf: Hier hat sie ihre letzte, fast 400 m lange und 20 m breite Trogschlucht aus dem Kalkgestein gespült und so gute Voraussetzungen für den Bau einer Brücke geschaffen. Bereits die Römer machten sich diesen Umstand zunutze, und noch im Jahr 1340, als die heutige Steinbrücke errichtet wurde, soll sich hier der einzige Flussübergang im ganzen Tal befunden haben. Damit erlangte der Ort schon früh strategische Bedeutung und ging kein Krieg ins Land, unter dem Kanal nicht ganz besonders litt. Im Mittelalter zur Festung ausgebaut, war das Städtchen vom österreichisch-venezianischen Krieg (1615–1617) ebenso betroffen wie vom Tolminer Bauernaufstand (1713); auch in beiden Weltkriegen musste es große Zerstörungen hinnehmen. Am Ortseingang erinnert eine Betonsäule mit Stahlspirale an die 361 Opfer des faschistischen Terrors in der Gemeinde, das entspricht einem Fünftel der heutigen Einwohnerzahl.

Bezeichnend ist die Geschichte der Eisenbahnbrücke einen Kilometer nördlich der Ortschaft. Sie war, als sie im Jahr 1906 errichtet wurde, mit einer Gesamtlänge von 242 Metern die längste Steinbrücke der Monarchie und zeichnete sich mit nur vier Bögen durch besondere Eleganz aus. 1915, nur wenige Tage nach der Kriegserklärung Italiens, wurde sie von den Österreichern selbst gesprengt, um von diesen zwei Jahre später, nach einer Gegenoffensive, wieder behelfsmäßig in Betrieb genommen zu werden. Im Zweiten Weltkrieg geriet die Brücke, nun als massive Eisenkonstruktion, ins Visier der Partisanen bzw. der Alliierten. Sie wurde zehnmal bombardiert und, nachdem sie von den Deutschen jedesmal notdürftig geflickt worden war, bei einem massiven Luftangriff endgültig zerstört. Ihrem Wiederaufbau als sechsbögige Stahlbetonkonstruktion gingen langwierige geologische und strömungstechnische Untersuchungen voraus.

Beim Rundgang in Kanal, das die Italiener Canale nannten, fühlt man sich sofort nach Friaul versetzt. Dreigeschoßige Häuser, deren oberste schmale Fensterreihen bis knapp unter die flachen Dächer reichen, beherrschen das Bild. »So wie die Landschaft italienisches Gepräge hat, so auch der ganze Ort«, heißt es in einem alten Reiseführer, »aber die Bevölkerung ist slovenisch«. Und weiter: »Auf dem Hauptplatz erhebt sich manches ansehnliche Haus, darunter auch das Gasthaus ›Zum Goldenen Löwen‹ (Wirt spricht deutsch und italienisch).« Letzteres nennt sich heute Gostilna »Krišnič« und dominiert mit rundem Eckturm und schäbiger Fassade noch immer das Zentrum. Dreifache Bogenfenster und allerlei Schnörkel zeugen von mondäner Vergangenheit. In der Gaststube hängen Salatschüsseln von der Decke und vergilbte Fotografien an den Wänden. Die Stammgäste, betagte Männer, sitzen auf der Terrasse und behalten das Geschehen im Auge.

Das beschränkt sich auf den Autoverkehr und die Ladetätigkeit vor den kleinen Geschäften. Für gelegentliche Abwechslung sorgen Rangeleien um die raren Parkplätze oder Wortgefechte mit Chauffeuren, die mit ihren Reisebussen die Straße verstopfen. Manchmal fallen verschwitzte

Pilger ein, die auf der Wallfahrt von Sveta Gora nach Castelmonte in Kanal Station machen. Dann belebt sich auch der verkehrsberuhigte obere Platz, der sonst – seit seiner aufwändigen Sanierung – merkwürdig tot wirkt. Entsprechend missmutig blickt aus steinernen Augengläsern Marij Kogoj (1895–1956), ein Komponist der klassischen Moderne, in die Runde.

Keinen Mangel an Gesellschaft leidet der zweite große Sohn der Gemeinde, Valentin Stanič (1774–1847), dem man am unteren Ende des Platzes ein Denkmal errichtet hat. Der Philosoph und Theologe ging als Erstbesteiger des Watzmann und Vermesser vieler hoher Gipfel in die Geschichte des Alpinismus ein, tat sich aber vor allem als Gesundheitsapostel und Aufklärer hervor. So unterwies er die Bauern in modernen Anbaumethoden, klärte deren Frauen über ausgewogene Ernährung auf und impfte die Leute gegen die Pocken, wobei er das Serum mangels Injektionsnadeln mittels Heckendornen übertrug. Unorthodox waren auch seine Erziehungsmethoden: Er nahm sich gehörloser Kinder (für die er in Görz ein Internat gründete) an, machte mit ihnen ausgedehnte Wanderungen und dirigierte sie mittels starker Schallwellen (von Pistolenschüssen) durch die Gegend. Außerdem gründete er den ersten »Verein wider die Thierquälerei« in der Monarchie.

Treffpunkt der heimischen Jugend ist – sofern sie nicht im Fluss badet oder gerade an einem Wettspringen von der Brücke teilnimmt – die Pizzeria am Neptunbrunnen. Hier befindet sich der älteste, einst von einer Ringmauer geschützte Stadtteil. Die Hauptrolle ist mit der ursprünglich gotischen Pfarrkirche besetzt, deren barockisierter Turm sich durch ungewöhnliche Schlankheit auszeichnet. Als bunt kostümierte Statisten fungieren die frisch renovierten Häuser an ihrer Rückseite. (Ein ursprünglicheres Bild bieten die vergammelten Hinterhöfe südlich der Hauptstraße.) Von den mittelalterlichen Anlagen sind eine enge Gasse samt winziger »Piazza« und ein kleines Stadttor erhalten geblieben. Der dazu gehörige Wachturm dient heute als Galerie. Vom großen Schloss, das hier Anfang des 19. Jahrhunderts für Napoleons kunstsinnige Schwester Fürstin Elisa Bonaparte Bacciochi erbaut wurde, ist nichts mehr zu sehen. Dafür kann man hinter altem Gemäuer verträumte Hausgärten entdecken und auf den Steinen den Katzen bei der Kopfwäsche zusehen.

Wesentlich aufwändiger gestaltet sich die Körperpflege ihrer Artgenossen in Anhovo, vier Kilometer südlich von Kanal. Denn dieses Dorf wird gänzlich vom Salonit-Werk, einer riesigen Zementfabrik, und damit vom Staub beherrscht. Wer sich dem Ort zu Fuß nähert (was sich von Kanal aus auf der wenig befahrenen Straße rechts der Soča empfiehlt), wandert einer fast drei Kilometer langen Produktionsstätte, einem wahren Monument der Industriekultur, entlang. Mit ihren turmhohen Silos, den kühn verschränkten Förderbändern und burgartig verschachtelten Gebäuden wirkt sie wie eine überdimensionierte dekonstruktivistische Skulptur. Sie befindet sich im Mehrheitsbesitz der Wietersdorfer Zementwerke GmbH in Kärnten. Flankiert wird die Anlage von einem gigantischen Steinbruch an der linken Talseite.

Das eigentliche Anhovo, ein ehemaliges Bauerndorf, ist von dem Moloch nur durch einen hohen Drahtverhau getrennt. Blechhütten, Autowracks und offene Feuerstellen lassen an eine Siedlung in der Dritten Welt denken. Verlassene Häuser und ein leer stehendes Geschäft dämmern ihrem Verfall entgegen. Wer hier noch lebt bzw. leben muss, mag sich vorkommen wie in der Verbannung. Selbst die herumstreunenden Köter wirken, als hätte sie hier jemand ausgesetzt.

Auch Deskle, der Nachbarort jenseits des Flusses, ist von faszinierender Hässlichkeit. Graue Wohnsilos, wie sie sonst nur in den Vororten und Satellitensiedlungen der Großstädte zu finden sind, wachsen am Soča-Ufer in den Himmel. Schmutzige Fassaden und verbeulte Garagentore signalisieren dringenden Sanierungsbedarf. Kaum eine Wand ohne Graffiti, kaum ein Balkon, auf dem sich nicht Gerümpel angesammelt hat. Am Gehsteig sitzen Kinder, lassen Zigaretten und eine Dose *Union* kreisen. Ein Punk liegt auf der Rampe vor dem Kulturhaus und weint.

Mit Plave, das eine Flussbiegung weiter südlich liegt, betritt man einen wenig bekannten, aber umso wichtigeren Schauplatz des Ersten Weltkriegs. Hier gelang es den Italienern im Jahr 1916, einen Brückenkopf jenseits der Soča zu errichten, wobei die Ortschaft mit heftigem Artilleriefeuer belegt wurde. Ein Jahr später erfolgte von hier der italienische Vorstoß auf die Hochfläche Banjšice oberhalb von Deskle und Avče, der als 11. Isonzoschlacht in die Geschichte einging. Ziel der Offensive war es, den Österreichern den Nachschub abzuschneiden und in der Folge Triest zu erobern. Der Chef des Österreichischen Generalstabes kommentierte die Ereignisse wie folgt: »Auf der Hochfläche von Bainsizza-Heiligengeist war den Italienern ein Anfangserfolg vergönnt, der unsere Führung veranlasste, 15 Kilometer der Front auf 2 bis 7 Kilometer zurückzunehmen. Von da an scheiterten alle Versuche des Feindes (...), den unter großen Opfern errungenen ersten Raumgewinn zu einem operativen Erfolg auszubauen.« Und weiter: »Das italienische Kraftaufgebot – 48 Divisionen auf kaum ebensoviel Kilometern eingesetzt – sucht an Masseneinsatz in allen Angriffsschlachten des Weltkrieges seinesgleichen. Die italienischen Verluste entsprechen dieser Gefechtsführung. Sie betragen – 20.000 Gefangene mitgezählt – nach strengster Berechnung 230.000 Mann, also

Straßenszene in Kanal

fast ein Viertel einer Million. Wir dürfen daher auf den jüngsten Erfolg die beste Zuversicht setzen, daß an unserem siegreichen Widerstand auch fernerhin alle Anstürme des um Länderraub kriegführenden Feindes zerschellen werden.« Auf österreichischer Seite wurden die Verluste mit 100.000 Soldaten, darunter 10.000 Toten, beziffert. Nicht berücksichtigt sind die Ausfälle infolge einer Ruhr- und Typhusepidemie, von der auf beiden Seiten rund 500.000 Mann betroffen waren.

Heute zählt Plave, das vom Durchzugsverkehr verschont geblieben ist, zu den idyllischsten Dörfern im unteren Soča-Tal. Unterhalb der Kirche, die sich an den bewaldeten Hang lehnt, versammeln sich die bescheidenen Häuser, von denen das Gehöft am Eingang zum schattigen Sopergraben besonders malerisch ist. Bemoostes Gemäuer, bizarre Weinstöcke und die zum Trocknen aufgehängten, schwarz-gelben Maiskolben erfreuen das Auge. Freundliche Hunde begleiten den Wanderer beim Rundgang, der in der Laube der Gostilna »Pri Mostu« an der Brücke über den Fluss einen höchst angenehmen Abschluss findet.

XI **Hart an der Grenze**

WANDERUNG VON KANAL NACH ANHOVO

Wer je ans Ende der Welt wandern wollte, hat bei dieser Etappe Gelegenheit dazu. Sie führt auf den Kanalski Kolovrat, eine dünn besiedelte Hügelkette an der Grenze zu Italien. Besonders einsam sind die Ansiedlungen an seiner Westseite, wovon man sich in Zapotok, einem halb verfallenen Weiler, und Žarščina, wo einst die Partisanen einen Stützpunkt hatten, überzeugen kann. Zum Greifen nahe, aber unerreichbar wie zu Titos Zeiten, scheinen die Dörfer im Ausland vis-à-vis.

Der Weg in die Abgeschiedenheit schlängelt sich von Kanal, einem mediterran anmutenden Städtchen, über einen Kamm, der von zwei Kirchen, Marijino Celje und Sv. Jakob, markiert wird. Bei klarem Wetter sieht man von hier bis zum Meer. Noch schöner ist der Blick von der Korada, dem unbewaldeten Gipfel des Bergrückens. Die Blumenpracht, die sie im Frühjahr hervorbringt, lohnt selbst bei Nebel den Aufstieg. Im letzten Abschnitt der Wanderung folgt man einem alten Pilgerweg und steigt über Kamenca und Goljevica, zwei verschlafene Bergdörfer in wunderbarer Lage, ins Soča-Tal ab.

ANMERKUNGEN: Mittelschwere Wanderung. Anstiege: Insgesamt rund 800 m. Länge: 18 km. Gehzeit: 6 Stunden. Karte: Izletniška karta Goriška, 1:50.000, Geodetski zavod Slovenije. Besonderer Hinweis: Eine Variationsmöglichkeit ergibt sich, indem man von Anhovo über Kamenca und Goljevica zur Korada ansteigt (markierter Pilgerweg) und von dort nach Medana weiter wandert. Ergänzende Wegbeschreibungen siehe nächste Etappe.

WEGBESCHREIBUNG: Man geht vom **Bahnhof Kanal** auf der Zufahrtsstraße in nördlicher Richtung, wendet sich nach ca. 100 m nach links und unterquert die Bahn. Nach der Unterführung eine Querstraße, man geht links (Wegweiser »Korada«). Man gelangt nach **Gorenja vas,** wo man eine Abzweigung nach rechts nimmt und sich bei einer Gabelung links hält. Man überschreitet ein Brücklein und folgt der

Sv. Gabrijel bei Zapotok

Am Kanalski Kolovrat

Markierung in den Wald. Steiler Anstieg auf teilweise gepflastertem Weg. Nach ca. einer Stunde erreicht man den schön gelegenen Weiler **Ravna** (1:15 Std.).

Man geht auf einem Asphaltsträßchen nach links, durchschreitet die Häusergruppe und setzt die Wanderung auf einem ansteigenden (nun wieder deutlich markierten) Waldweg fort. Nach gut 30 Min. erreicht man einen **Sattel** und wendet sich auf einer asphaltierten Querstraße nach links, um sofort dem nach links abzweigenden, markierten Weg zu folgen (Wegweiser »Sv. Jakob«). Anstieg im Wald bis zu einer Gabelung mit Wegweisern, man geht links und gelangt zur **Kirche** (2:30 Std.). Prächtige Aussicht.

Von der Kirche retour bis zur ausgeschilderten Gabelung, man geht links (Wegweiser »Korada«). Schöner markierter Steig in steilem, teilweise felsigem Gelände. Nach ca. 10 Min. quert der Pfad in einem kleinen Einschnitt einen breiteren Weg. Hier wendet man sich, die Markierung verlassend, nach rechts. Man erreicht nach 50 m eine Asphaltstraße und geht auf dieser nach rechts (!). Nach knapp 10 Min. biegt man scharf nach links in einen geschotterten Fahrweg. Bequem bergab bis zum Weiler **Debenje** (3:00 Std.).

Am Ortsbeginn auf einem Asphaltsträßchen nach links. Man folgt der Straße bis **Zapotok** (3:30 Std.). Man durchschreitet den Weiler in einer lang gezogenen Linkskurve und folgt einem breiten, fast eben verlaufenden Weg in südlicher

Richtung in den Wald. Nach ca. 5 Min. quert man einen Bach (Steinbrücke); der Weg steigt an. Bei der darauf folgenden Gabelung geht man links. Nach ca. 150 m wieder eine Gabelung, man hält sich links. Ständiger Anstieg auf undeutlichem, teilweise durch umgestürzte Bäume verlegtem Weg. Man erreicht den Weiler **Žarščina** (4:00 Std.).

Weiter bergauf auf einem Asphaltsträßchen. Nach ca. 15 Min. biegt man scharf nach rechts in ein Schottersträßchen (Wegweiser »Planinska koča Korada«). Gleich darauf eine Gabelung; man geht links (»Pl. koča«) und erreicht nach etwa 50 m einen kleinen **Sattel.** Hier wendet man sich scharf nach links (Wegweiser »Kanal«). [Halbrechts der markierte Weg nach Plave.]

Variante: Man geht rechts und folgt der Markierung bergauf bis zum **Kirchlein Sv. Genderca** und weiter zum Gipfel der **Korada.** Von dort weiter bis zur Schutzhütte und, stets der Markierung Richtung »Sabotin« folgend, in südlicher Richtung bergab bis zu einer Schotterstraße; auf dieser scharf nach links bis zum **Partisanendenkmal** (siehe unten). Zusätzlicher Zeitaufwand: gut 1 Std.

Sehr schöner markierter Kammweg mit weiten Blicken. Man erreicht eine asphaltierte Gabelung (**Partisanendenkmal;** Wegweiser »Žarščina« in der Gegenrichtung). Man geht halblinks (roter Wegweiser »Kanal«), ignoriert kurz darauf die Abzweigung nach rechts (Wegweiser »Vrtače«) und folgt der Straße gut 10 Min. bis zur **Abzweigung** des Pilgerweges nach Goljevica (Wegweiser). Man wendet sich, die Straße verlassend, nach rechts und folgt einem schönen Hangweg, der anfänglich fast eben verläuft, sich dann aber senkt. Kurz danach verlässt man den Hauptweg, indem man sich nach rechts in einen untergeordneten Weg wendet (provisorischer Wegweiser »Pohod Korada« in der Gegenrichtung. Es ist dies die erste Abzweigung nach rechts.). 15 Min. auf schönem, gepflastertem Weg steil bergab. Man erreicht **Kamenca,** hält sich auf dem Querweg beim ersten Haus links und durchschreitet die Ortschaft. 20 Min. auf kaum befahrenem Asphaltsträßchen bergab. Weite Blicke. Man erreicht **Goljevica** und durchschreitet den Weiler. Zwei Spitzkehren nach dem Ortsende verlässt man die Straße und wendet sich nach links in den alten Pilgerweg (Wegweiser »Deskle«). Man folgt der etwas rudimentären Markierung bergab. Nach 10 Min. eine Gabelung; man hält sich links und erreicht kurz darauf eine abschüssige Lichtung, wo man den Hauptweg verlässt, indem man sich nach rechts in einen jäh abfallenden Wiesensteig wendet (die Markierung ist hier sehr leicht zu übersehen!). Weiter bergab bis zu einer asphaltierten Querstraße; auf dieser nach links. Nach 200 m biegt man nach links, unterquert die Bahn und gelangt zum Bahnhof **Anhovo** (6:00 Std.).

Banjšice und Kanalski Kolovrat: Aus der Welt

Banjšice und Kanalski Kolovrat heißen die einsamen Hügellandschaften, die sich links bzw. rechts des tief eingeschnittenen unteren Soča-Tales erheben, und zu den schönsten, aber noch kaum entdeckten Wandergebieten Sloweniens zählen. Erstere, auch Banjška planota genannt, erstreckt sich zwischen dem Unterlauf der Idrijca und dem Čepovanski dol bis Solkan, wo sie über 500 m steil nach Nova Gorica abfällt. Zweitere schirmt die Soča gegen Italien ab und besitzt mit der 812 m hohen Korada sogar einen »richtigen« Gipfel. Beiden Landschaften ist die Melancholie gemeinsam, die ihren ärmlichen Ansiedlungen und der spröden Vegetation anhaftet, aber auch eine heitere Erhabenheit, die sich aus der Höhenlage und der Fernsicht ergibt.

Die Annäherung erfolgt jeweils in Form eines steilen Anstiegs, der innerhalb einer guten Stunde aus der Zivilisation im Tal auf eine Anhöhe führt, unter der sich das Relief der Primorska, des Küstenlandes, ausbreitet. Wer von Most na Soči aufbricht, erreicht schon auf halber Höhe den schattseitig gelegenen Weiler Klohe und blickt noch einmal zurück nach Norden. Primitive Steinhäuser stecken bis zur Hälfte im Hang, als fürchteten sie, vom ständigen Wind verweht zu werden. Eine Handvoll Kürbisse und ein Weinstock versuchen, mit ein paar Sonnenstunden über die Runden zu kommen. Selbst ein Feigenbaum trotzt dem rauen Klima. Noch böiger, aber dafür wärmer ist es einen Stock höher, beim Bauernhof mit dem Hausnamen Široko. Ein Wegweiser, als markierte er den Mittelpunkt des Landes, deutet mit zwei Dutzend Pfeilen in alle Winde. Eternitgedeckte Häuser erfüllen nichts als ihren Zweck; keine *turistična kmetija*, die schmuckloser und einladender zugleich sein könnte. An den Rosenstöcken knabbern Ziegen.

Der Weg nach Kanalski Lom, eine der wenigen etwas größeren Ansiedlungen auf Banjšice, ist mit lose geschichteten Steinmauern gesäumt und grob gepflastert. Die Maultiere haben ebenso ausgedient wie der weiße Zastava, der sich in den Brombeeren verfangen hat. Im Motorraum wohnt eine Kreuzotter. Im Dorf hat man eine Tränke mit einem Gewölbe überbaut und damit eine Art Wasserkeller geschaffen, in dem das Nass »gelagert« wird. Im Haus nebenan besitzt ein Bauer eine vielleicht 200jährige Mühle, für die einst, mangels Wasserkraft, Vierbeiner im Kreis gehend die Mahlsteine bewegten. Ein ängstlicher Kettenhund bewacht die Sehenswürdigkeit. Wenige Schritte weiter, unter dem Kirchenhügel, hat der Fortschritt mit einem EU-konformen Laufstall Einzug gehalten. Fast auf die Sekunde genau meldet der freistehende Glockenturm den Beginn der Mittagsstunde. Solche Pünkt-

In Žarščina am Kanalski Kolovrat

lichkeit hat sich in Dol erledigt: Aus leeren Fensterhöhlen wächst der Farn; nur das bemooste Schieferdach hält dicht.

In Testeni, dessen Häuser man zum Schutz gegen den Verfall in grauen Spritzputz getaucht hat, bezeichnet ein aufgelassener Ziehbrunnen die Ortsmitte. Ein Zitronenfalter sitzt auf der verbogenen Kurbel. Eine Motorsäge schlägt an. Betonstangen haben die alten Leitungsmasten aus krummen Kiefernstämmen abgelöst. Kühe grasen in grünen Dolinen. Westlich davon bestehen drei Häusergruppen, kaum 500 Meter voneinander entfernt, auf eigene Namen und Ortstafeln. Mešnjak und Modrzelj überraschen mit sorgfältig renoviertem Bestand: aus Bauernhöfen sind Wochenendhäuser geworden. In Košenja ist eine verwaiste Keusche stirnseitig aus Stroh gemacht und verfällt ein dreigeschoßiges, ehemals stolzes Gehöft. Die Straße verjüngt sich zum Karrenweg, der in einem Tunnel aus Macchia verschwindet.

Bei Zavrh, wo das Regenwasser über steile Dachrinnen in Betontröge geleitet wird, tritt man wieder aus dem Schatten. Wie aus der Tube gedrückt schlängelt sich der Asphalt über einen Sattel nach Robi. Eine Schafherde drängt sich unter ein Blechdach. Offenes Weideland, von Buschwerk bedrängt, fällt Richtung Levpa ab, dem Hauptort der nörd-

In Zapotok

lichen Banjšice. Fast 1000 Einwohner zählte die Streusiedlung vor hundert Jahren, heute kaum noch ein Drittel. Sveti Štefan, die Kirche im oberen Ort, könnte einer italienischen Kleinstadt alle Ehre machen. Umso winziger wirkt die Schule nebenan. Marija Snežne, Maria Schnee, auf einer Schulter oberhalb von Avče gelegen, ist das einzige Kulturdenkmal im Umkreis. Der Hochaltar besteht zur Gänze aus Stein und ist vergoldet; ein romanischer Campanile soll das Überbleibsel einer Festungsanlage aus dem Mittelalter sein.

Der Soča bereits zugewandt, aber immer noch weit vom Schuss liegen Škodniki und Avšje. Ein kleiner Weingarten ist Vorbote der ausgedehnten Rebkulturen im Tal. Die Schilfhütte und ein Heuschober, der rundum mit dem Blech aufgeschnittener Ölfässer beschlagen ist, scheinen afrikanische Vorbilder zu haben. Im Nirgendwo steht der blumengeschmückte Bahnhof von Avče. Die Bewohner der Station pflegen die Parkanlage vor dem 100jährigen Toilettenhäuschen, als hätte Franz Joseph I. seinen Besuch angekündigt.

Von Kanal sind es fast 600 Höhenmeter bis Marijino Celje bei Lig am Kanalski Kolovrat. Sie ist die »Mittelstation« einer länderübergreifenden

Kette von Wallfahrtskirchen, die von Castelmonte (Stara Gora) bei Cividale bis zur Sveta Gora oberhalb von Nova Gorica reicht. Verehrt wird die Kopie einer Marienstatue aus dem österreichischen Maria Zell; der Altar stammt aus der gotischen Basilika von Sveta Gora, die Joseph II. einst abtragen ließ und deren pompöse Rekonstruktion vom Hochplateau vis-à-vis herübergrüßt. 5000 Pilger sollen dort, in dem ursprünglich gotischen (und im Ersten Weltkrieg ein zweites Mal zerstörten) Bau, Platz gefunden haben. Errichtet hatte man die Kirche auf Initiative eines Hirtenmädchens, das von der Heiligen Jungfrau heimgesucht worden war. Zum Greifen nahe liegt Castelmonte jenseits der Grenze. Historiker halten den Ort für eine der ältesten Wallfahrtsstätten Oberitaliens, besonders fromme für das erste Marienheiligtum überhaupt. Einen Ausflug wert sind die unzähligen Votivbilder geheilter oder geretteter Pilger, darunter viele illustrierte Unfallgeschichten und persönliche Briefe an die Gottesmutter. Etwaige Zweifel an ihrer Wundertätigkeit werden hier für immer ausgeräumt. Solche Attraktionen hat das barocke Marijino Celje nicht zu bieten; dafür aber einen wunderbaren Ausblick auf die friulanische Ebene im Westen, den Alpenbogen im Norden und die Triestiner Bucht im Südosten.

Der Kammweg zur Korada führt an zwei weiteren Kirchen vorbei, wovon die erste, Sveti Jakob, pflichtschuldig renoviert wurde, und die zweite, Sveta Genderca, von bemerkenswerter Schäbigkeit ist. Wer die Schutzpatronin war und wofür sie zuständig ist, weiß niemand zu sagen. Die Seile zu den beiden Glocken, die im vergitterten Turmstüberl gefangen gehalten werden, sind abhanden gekommen. Einen Steinwurf weiter markiert ein gemauerter Sockel den höchsten Punkt des Berges. Kaum mehr als eine Graskuppe, galt er doch lange als nationales Symbol. Im Gipfelbuch wird die Einheit Jugoslawiens beschworen. Schafherden, die der drohenden Verbuschung zu Leibe rücken könnten, gibt es keine mehr. Infolge dessen auch keine Schäfer, denen die Mutter Gottes erscheinen könnte.

Enger geknüpft als es die spärliche Besiedelung erwarten lässt, ist das Netz aus teilweise geteerten Schotter- und Güterwegen, das den Hügelzug erschließt. Die Straßen sind entweder militärischen Ursprungs oder stammen aus einer Zeit, da am Kanalski Kolovrat noch Ackerbau und Weidewirtschaft betrieben wurden. Sieht man von den Mountainbikern ab, die sich gelegentlich hierher verirren, wirkt die Gegend heute wie ausgestorben; vor allem die Italien zugewandten Hänge sind weitgehend verlassen. Am einsamsten ist das Tal der Idrija, eines schmalen Flüsschens, das einst die streng bewachte Grenze zwischen Kapitalismus und Sozialismus darstellte. Die politischen Unwägbarkeiten und das Erdbeben im Jahr 1976 bewogen viele Bauern, ihre Höfe aufzugeben und sich anderswo sesshaft zu machen. Zurück blieben Geisterdörfer.

Zapotok, im Schatten der Korada gelegen, ist ein solcher Ort. Beherrscht wird die Häusergruppe von der Ruine eines Bauernhofes mit eingestürztem Dachstuhl und ausgerissenen Fensterläden. Die rote Ortstafel klebt mit dem letzten Rest von Verputz auf der Fassade aus schweren Steinquadern. Die Hausnummer hängt schief. Eine LKW-Plane hält das Nebengebäude zusammen. Die Tür zum Plumpsklo scheint intakt; der Riegel ist außen angebracht. Ein morsches Vordach beschattet die geschnitzte Tür zum Nachbarhaus. An der Außentreppe des Hofgebäudes fehlt die unterste Stufe. Der kleine Balkon wird von einem Weinstock getragen. Darunter verrosten drei Regentonnen. Haus Nummer 4 ist noch bewohnt. Eine Frau mit Schürze trägt Brennholz zusammen, schlichtet Bohnenstangen und füttert die Katze. Um die Obstbäume kümmert sich keiner. Der Wald rückt näher.

Der gepflasterte Saumweg nach Žarščina ist mit toten Kastanienbäumen verlegt. Kleine Maroni, aus denen die Bauern früher Mehl zu gewinnen wussten, um daraus Brot zu backen, bedecken den Boden. Im Umkreis des Weilers zeugen ausgedehnte, von hohem Gras überwucherte Terrassierungen von den Versuchen vergangener Generationen, den Hängen Getreide und Kartoffel abzutrotzen. Eine Steintafel erinnert an eine Telefonzentrale der Befreiungsfront, die sich hier befand. »Auf dem Schlachtfeld ist unser Kampf beendet«, steht auf der Mauer vis-à-vis, »jetzt erwartet uns der Kampf der Erneuerung.« Der Rest der Aufschrift ist nicht zu entziffern. Das hübsch renovierte Gebäude nebenan sieht aus, als hätte es das Zeug zu einer Herberge für Wanderer.

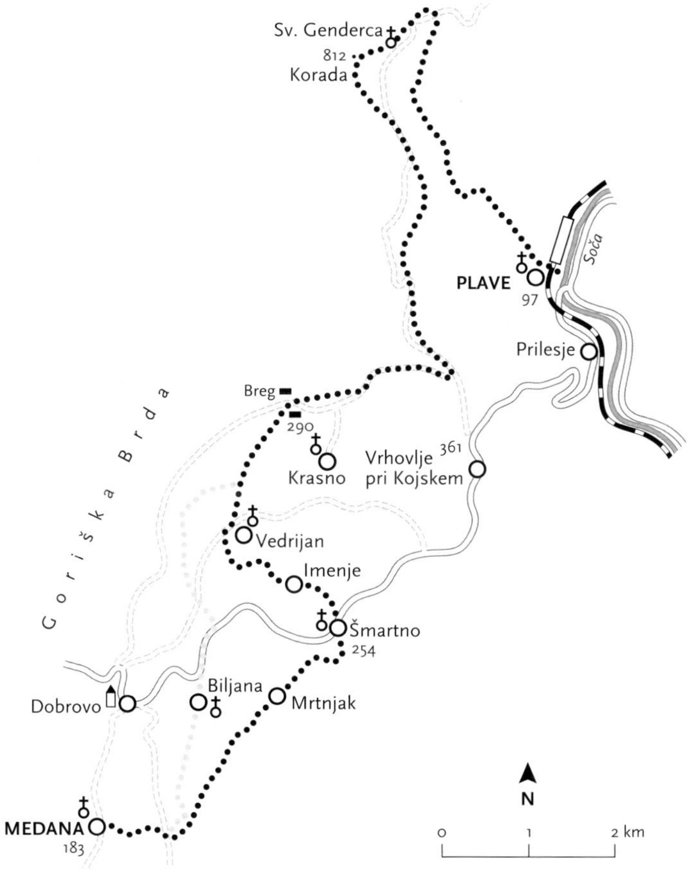

XII Das Weite suchen

WANDERUNG VON PLAVE NACH MEDANA

Bei dieser Etappe nimmt man zwar einige Strapazen auf sich, doch handelt man sich dafür ein unvergessliches Landschaftserlebnis ein. Man kehrt dem Soča-Tal den Rücken und lernt die Goriška Brda, Sloweniens berühmteste Weingegend, von ihrer lieblichsten Seite kennen. Gleich zu Beginn gilt es, 700 Höhenmeter bis zum Gipfel der Kora-

Weiler Breg bei Krasno

da zu überwinden. Lohn der Anstrengung ist ein Panorama, das von der Alpenkette bis zur Adria reicht. Beflügelt vom Gefühl der Weite fliegt man förmlich über die sanften Ausläufer des Berges Richtung Süden. Und plötzlich liegt einem die Brda zu Füßen.

Man betritt das Hügelland durch seinen »Hintereingang«, dort, wo die Dörfer bisher von der Bauwut verschont geblieben sind und der Weintourismus sich noch in Grenzen hält. Um dem Autoverkehr auszuweichen, verläuft die Route weitgehend quer zu den auf den Hügelrücken verlaufenden Straßen. So klappert man im ständigen Auf und Ab eine ganze Reihe malerischer Orte ab: Das sympathisch verschlafene Vedrijan, das halb verfallene Imenje, das mittelalterliche Šmartno und – besonders stimmungsvoll – das kleine Biljana mit seiner romanischen Kirche. Dazwischen liegen stille Täler, deren terrassierte Hänge ganz dem Wein gehören. Für den würdigen Abschluss der Wanderung sorgen die engagierten Wirte von Medana – in Form kulinarischer Spitzenleistungen, wie man sie in Slowenien nur selten vorgesetzt bekommt.

ANMERKUNGEN: Anstrengende Wanderung. Abkürzungsmöglichkeit. Anstiege: Rund 1000 m. Länge: 20 bzw. 27 km. Gehzeit: Gut 6 bzw. 7 Stunden. Karte: Izletniška karta Goriška, 1:50.000, Geodetski zavod Slovenije. Einkehr: Hütte auf der

Korada (temporär), Šmartno. Besondere Hinweise: Es empfiehlt sich, für diese Wanderung möglichst früh aufzubrechen, erstens wegen der beträchtlichen Länge der Tour, zweitens, um die Schönheit der Landschaft ausgiebig genießen zu können. Medana ist mit öffentlichen Verkehrsmitteln nicht erreichbar.

WEGBESCHREIBUNG: Man geht vom **Bahnhof Plave** auf der Straße in südlicher Richtung und gelangt nach etwa 200 m zu einem Durchlass. Man wendet sich nach rechts, unterquert die Bahn und folgt einem Sträßchen bis zur **Kirche** von Plave. Vor der Kirche nach rechts in einen ansteigenden markierten Weg. 30minütiger Anstieg im Wald. Man erreicht einen breiten Forstweg; auf diesem weiter bergauf, der Markierung folgend. Nach 15 Min., in einer Rechtskurve des Weges, ist Aufmerksamkeit geboten: Die leicht zu übersehende Markierung weist nach links in einen schmalen, steil ansteigenden Pfad, welchem man folgt. Man erreicht einen kleinen Rastplatz (Trinkwasser) und steigt auf einer Schotterstraße bis zu einer **Häusergruppe** an (1:15 Std.). Hier wendet man sich nach links und folgt einem in diesem Abschnitt sehr undeutlich markierten Pfad bergauf. Der Wald lockert auf und gibt den Blick auf die Umgebung frei. Man erreicht eine Schotterstraße, wendet sich nach rechts, um nach wenigen Metern nach links zu biegen und dem markierten Steig bis zu einem Fahrweg am **Hügelkamm** zu folgen. Nun folgt man der Markierung nach links bis zum **Kirchlein Sv. Genderca** und von dort zum benachbarten Gipfel der **Korada** (2:00 Std.).

Weiter auf markiertem Wege in westlicher Richtung. Man erreicht eine (nur am Wochenende) bewirtschaftete Hütte und folgt ab hier dem Wegweiser »Sabotin«. Deutlich markierter Weg, teilweise im Wald, teilweise über Wiesenhänge, abschnittsweise auch auf geschotterten Fahrwegen, bzw. diese querend. Angenehmes Gefälle, immer wieder weite Blicke. Nach gut 45 Min. – man wandert ein kurzes Stück auf einem Asphaltsträßchen – vereinigt sich die Straße mit einer von links kommenden (Wegweiser »Belo, Nozno« in der Gegenrichtung). Geradeaus weiter. Der markierte Weg verlässt kurz darauf die Straße, um bald darauf wieder auf dieselbe zu treffen. Nach etwa 200 m erblickt man rechts unter sich eine weitere **Straße**, zu der man, die Markierung verlassend, über einen Wiesenweg absteigt. [Wer den Abstieg versäumt, wendet sich bei der nächsten Abzweigung scharf nach rechts. (Wegweiser »Višnjevik«.)]

Auf der Straße nach rechts in westlicher Richtung. Nach etwa 15 Min. passiert man die erste Weinkultur und unterschreitet eine **Stromleitung**. 50 m danach ignoriert man eine scharfe Abzweigung nach rechts, um sich nach weiteren 100 m nach rechts in einen ansteigenden Weg (Markierung) zu wenden, der sich sofort gabelt. Man geht links. Bei einer Gabelung vor einem Weingarten (keine Markierung sichtbar) hält man sich links und biegt nach 20 m scharf nach links, um sich nach 10 m nach rechts zu wenden. Man wandert nun auf kaum sichtbarem Weg unterhalb eines Weingartens. Der Weg scheint sich bald zu verlieren;

man behält die Richtung bei und trifft auf einen undeutlichen Querweg, auf diesem nach links. Man passiert eine zweite Weinkultur und gelangt in ein Wäldchen. Ein breiterer Querweg, man geht links und folgt dem ziemlich mangelhaft markierten »Hauptweg«, sich im Zweifel rechts haltend, stets bergab bis **Breg** (3:30 Std.). [Anmerkung: Die Häuser des Weilers sind mit »Krasno« bezeichnet.]

In **Breg**, vis-à-vis eines Verkehrsspiegels, wendet man sich halblinks in einen markierten Weg, dem man bis zu einem Bauernhof folgt. Der Weg gabelt sich kurz danach; man geht scharf rechts und folgt dem (undeutlich markierten) Weg oberhalb eines Grabens bis zu einer Querstraße im **Tal**. Kurz darauf durchschreitet man ein Gehöft. Weiter talauswärts auf asphaltiertem Sträßchen. Nach gut 300 m wendet man sich nach links in einen Karrenweg und durchquert in einer Furt einen breiten Bach. 15minütiger Aufstieg auf deutlichem Hauptweg bis zur einer Querstraße. Man geht geradeaus, trifft sofort auf ein weiteres Sträßchen und folgt diesem bergauf bis zu den ersten Häusern von **Vedrijan**. Kurz darauf folgt man dem Wegweiser »Kmetčki turizem Marinič« nach rechts. [Zuvor empfiehlt sich jedoch ein Abstecher ins alte Ortszentrum bzw. zur **Kirche** von Vedrijan (4:15 Std.). Schönes Panorama.]

Man passiert das Marinič-Anwesen; der Asphalt endet. Geradeaus weiter auf einem Feldweg, der sich kurz darauf senkt, um sich nach etwa 200 m scharf nach links zu wenden (nicht geradeaus gehen!). 10minütiger Abstieg bis zu einem Querweg im Tal; man geht rechts, entlang eines Baches. Man gelangt zu einem Betonbrücklein, quert den Bach und folgt dem Weg bis zu einem weiteren Brücklein. Unmittelbar danach wendet man sich, den Hauptweg verlassend, nach links und folgt einem kurz darauf ansteigenden Weg in den Wald. 15minütiger Anstieg bis **Imenje** (4:45 Std.).

Man durchschreitet den alten Ortsteil und wandert auf einer Asphaltstraße gut 5 Min. bergauf bis zu einer Kreuzung mit Bildstock. Man wendet sich halblinks in die Straße Richtung **Šmartno**. Kurz nachdem man das Haus Nr. 38 passiert hat, verlässt man diese und wendet sich halbrechts in einen breiten, eben verlaufenden Weg. Man folgt diesem etwa 500 m bis zu einer kleinen Antennenanlage und steigt nach links auf einem schmalen Pfad bis **Šmartno** an, das man durch ein altes Stadttor betritt (5:15 Std.).

Man durchschreitet den Ort, indem man rechts an der Kirche vorbeigeht und das »Zentrum« an seiner Ostseite, beim Haus Nr. 32, durch ein weiteres »Stadttor« wieder verlässt. Man erreicht nach wenigen Schritten die **Hauptstraße**, quert diese und wendet sich sofort halbrechts in ein absteigendes Sträßlein (vis-à-vis des Partisanendenkmals). Der Asphalt endet bei einem Gehöft mit einer Zypresse, wo der Weg nur scheinbar endet. Rechts am Vorplatz (Kettenhund) vorbei in einen absteigenden, etwas verwachsenen Weg. Man passiert einen verfallenen Hof und steigt zu einem Asphaltsträßlein ab. Auf diesem scharf nach rechts. Bereits nach wenigen Metern biegt man nach links (Wegweiser »Mrtnjak«) und folgt einem kaum befahrenen Panoramasträßlein bis **Mrtnjak** (6:00 Std.).

Man durchschreitet den Weiler; der Asphalt endet, geradeaus weiter in einen Feldweg. Nach 200 m eine leicht versetzte Dreifachgabelung; man geht halblinks, anfänglich parallel zum Kamm, und folgt einem Karrenweg – sich bei der ersten Gabelung links, bei einer zweiten rechts haltend – bis zu einem Querweg im **Tal**. Man geht links, überquert kurz darauf ein Bächlein, ignoriert eine Abzweigung nach links und wandert auf einer breiten Fahrspur in südlicher Richtung talauswärts. Bald quert man den Bach in einer Furt; das Tal verbreitert sich, und man folgt der Fahrspur teils am rechten Rand des Talbodens, teils rechts neben dem Bach. Nach 15 Min. erscheint am rechten Hügelkamm Medana. Man gelangt zu einem Querweg, geht links und erreicht eine **Asphaltstraße**. Man quert die Straße, geht einige Schritte nach links, um sofort halbrechts über einen anfänglich undeutlichen, aber bald breiter werdenden Weg anzusteigen. Man gelangt zu einem Haus; weiter bergauf auf einem Asphaltsträßchen. Bei einer Querstraße nach rechts bis **Medana** (7:00 Std.).

Variante ab Breg (Abkürzung): In Breg, vis-à-vis eines Verkehrsspiegels, wendet man sich halblinks in einen markierten Weg, dem man bis zu einem Bauernhof folgt. Der Weg gabelt sich kurz danach; man geht scharf rechts und folgt dem (undeutlich markierten) Weg oberhalb eines Grabens bis zu einer Querstraße im Tal. Man geht rechts und wandert talauswärts. Nach ca. 20 Min. gelangt man zu einer Querstraße und geht auf dieser nach rechts. Nach ca. 70 m, unmittelbar nach einem Brücklein, biegt man scharf nach links in einen Feldweg und folgt diesem bergauf bis zum Weiler Zali Breg an der Hauptstraße am Hügelkamm. Auf der Straße nach rechts. Nach 500 m biegt man nach links in ein Sträßchen und folgt diesem bis Biljana (5:00 Std.). Man durchschreitet den Ort und folgt dem Sträßchen in südlicher Richtung. Nach ca. 10 Min. endet der Asphalt bei einem Haus; das Sträßchen gabelt sich. Man geht links in einen Schotterweg, um sich nach 30 m, bei einer weiteren Gabelung bei zwei Zypressen, rechts zu halten. Moderater Abstieg auf angenehmem Weg zwischen Weinkulturen bis zu einer Asphaltstraße im Tal. Man quert die Straße, geht ein paar Schritte nach links und steigt halbrechts über einen anfänglich undeutlichen, aber bald breiter werdenden Weg bis zu einem Haus an; weiter bergauf auf einem Asphaltsträßchen. Bei einer Querstraße nach rechts bis Medana (5:45 Std.).

Goriška Brda: Im Land der Brici

Eingebettet zwischen dem Unterlauf der Soča im Südosten und dem Fluss Idrija im Nordwesten, flankiert vom Karstrücken des Sabotin im Westen und der Korada im Norden, breitet sich eine sanft abfallende hügelige Landschaft aus, die im Süden in den Dunst der friulanischen Ebene eintaucht. Weingärten und Obstkulturen an den Hängen und in den Niederungen sowie Ortschaften und Kirchtürme auf den Kuppen bestimmen das Erscheinungsbild dieser Jahrhunderte alten Kulturlandschaft. Bis heute ist die Landwirtschaft der wichtigste Erwerbszweig der »slowenischen Toskana«, wie die Goriška Brda von manchen überschwänglich genannt wird. Die Bevölkerung, die seit dem 6. Jahrhundert an der Nahtstelle des slawischen zum romanischen Kulturraum lebt und auf eine wechselvolle Geschichte zurück blickt, bezeichnet sich selber als Brici und Brike. Allein im 20. Jahrhundert erlebten ältere Bewohner der Goriška Brda die Herrschaft von sieben verschiedenen Obrigkeiten. Geboren als Bürger der Österreich-Ungarischen Monarchie, wurden sie nach Ende des Ersten Weltkrieges im Jahr 1918 Teil Italiens. Von 1943 bis 1945 fristeten sie ihr Dasein unter deutscher Okkupation, um im Jahr 1947, nach zweijähriger Verwaltung durch anglo-amerikanische Truppen, von den Großmächten zwischen Italien und Jugoslawien aufgeteilt zu werden. Nach dem Zerfall Jugoslawiens im Jahr 1991 wurden die Brici zu Bürgern Sloweniens und sind seit dem Beitritt des jungen Staates zur Europäischen Union »wieder vereint« mit den italienischen Collio-Slowenen, Teil derselben Staatengemeinschaft.

Die ältesten Siedlungsspuren und archäologischen Funde in der Goriška Brda stammen aus der Eisenzeit. Sveta Marija na Jezeru bei Golo Brdo im Nordosten ist prähistorischen Urspungs, Gräber- und Werkzeugfunde bei Vrhovlje zeugen von Sesshaftigkeit und landwirtschaftlicher Betätigung der Urbevölkerung. Am zahlreichsten sind die Relikte aus der Römerzeit: Münzen, Grabsteine, Bauobjekte und Gegenstände des täglichen Bedarfs erzählen von einer dichten Besiedlung der Gegend, blühender Landwirtschaft, flinkem Handwerk und regem Handel.

Im Laufe des 6. Jahrhunderts eroberten die Langobarden die Poebene und das friulanische Tiefland und sicherten ihr Reich vor den aus dem Osten zuziehenden Slawen mit einem Grenzwall (Limes). Seit damals sind die Brici der westlichste Vorposten des slawischen Sprachraumes in Europa. Im 8. Jahrhundert führten die Franken das Regiment und das feudale Gesellschaftssystem ein. Nach der Teilung des Frankenreiches hatten deutsche Kaiser das Sagen. Diese schenkten im 11. Jahrhundert den Landstrich dem Patriarchen von Aquileia. Im Jahr 1277 kam die Brda unter das Zepter der Grafen von Görz und fiel, mangels männlicher Nachfolge des Görzer Grafen Leonhard und kraft Erbfolgegesetz, im Jahr 1500 an Kaiser Maximilian I. Bis zum Ende des Ersten Weltkrieges im Jahre 1918, also gut 400 Jahre lang, stand die Goriška Brda unter der Herrschaft des Hauses Habsburg. Es wird berichtet, dass Kirschen und Wein aus der Brda die Gaumen am Wiener Hof erfreuten.

Für den Großteil der Bevölkerung der Brda, italienisch Collio, war die Zeit der Feudalherrschaft jedoch bitter und hart. Auf fremdem Grund und Boden schufteten die Bauern als so genannte Kolonen, abhängige Pächter, für Lehnherrn und Kirche. Besitz- und Nutzungsrechte waren im Kolonatsvertrag geregelt: Der Kolone musste seinem Lehnherrn die Hälfte des Ertrages als Grundpacht abliefern und monatlich einen zehntägigen Frondienst leisten. Entsprechend groß waren Not und Armut unter der geknechteten Bevölkerung.

Bei Medana

Trotz wechselnder frankophoner, deutscher und italienischer Herrschaft blieb der regionale slowenische Dialekt die Umgangssprache der Bevölkerung. In der zweiten Hälfte des 19. Jahrhunderts wurden zur Förderung des slowenischen Nationalbewusstseins Volksversammlungen, *tabori,* abgehalten. Bald nach dem im Jahr 1869 in Drnovk bei Dobrovo einberufenen *briški tabor* entstanden Kultur-, Gesangs-, Bildungs- und Lesevereine in Kojsko und Biljana. Blaskapellen und Sportvereine mit klingenden Namen *sokol* (Falke) und *orel* (Adler) unterstützten das »nationale Erwachen«.

Schwere Zeiten durchlebte die Bevölkerung der Brda während der beiden Weltkriege. Aufgrund der Nähe zur Soča-Front war das Gebiet im Ersten Weltkrieg Aufmarschgebiet sowohl für italienische als auch für österreichische Truppen und ließen die männlichen Brici ihr junges Leben für die eine wie die andere Seite. Wer konnte, flüchtete in das Landesinnere des zerfallenden Kaiserreiches, fand jedoch seine Heimat nach Kriegsende als Teil des italienischen Königreiches wieder, wo alsbald der Faschismus die Herrschaft übernahm: Der Gebrauch der slowenischen Sprache wurde unter Strafe gestellt, Kulturhäuser und Büchereien zerstört, zuwider Handelnde schikaniert und arretiert. Abermals suchten zahlreiche Brici das Weite und ihr Auskommen in der Fremde.

Im Jahr 1941 begann auch in der Goriška Brda der Zweite Weltkrieg und viele Burschen mussten den Kriegsdienst in der italienischen Armee antreten. Gleichzeitig regte sich Flächen deckender Widerstand gegen die italienischen Faschisten und nach 1943 wider die Okkupation durch Nazi-Deutschland. Verhaftungen, Verschleppungen, Deportationen in Konzentrationslager und Geiselerschießungen forderten große Opfer unter der Zivilbevölkerung der Brda. Partisanendenkmäler und Erinnerungsstätten in vielen Orten gemahnen an den slowenischen Volksbefreiungskampf, *narodna osvobodilna borba – NOB* und damit das leidvollste Kapitel der slowenischen Geschichte.

Die Freude über die Befreiung von Faschismus und Nationalsozialismus währte nicht lange: Bereits im Jahr 1947 besiegelten die Großmächte die Teilung der Goriška Brda durch die neue Grenzziehung. Der kleinere, südwestliche Teil des Görzer Hügellandes wurde Italien zugesprochen, das größere Gebiet der Brda fiel an Jugoslawien. Die Brici waren nun durch den Eisernen Vorhang des Kalten Krieges getrennt, historisch gewachsene, logische Verkehrsverbindungen endeten im Nirgendwo, der namensgebende Hauptort Gorica/Gorizia blieb unerreichbar, traditionelle Märkte unzugänglich. Um in das, im Jahr 1949 gegründete, neue Verwaltungszentrum Nova Gorica zu gelangen mussten die Brici den weiten Umweg über Vrhovlje und Plave im Soča-Tal in Kauf nehmen. Erst im Jahr 1985, zehn Jahre nach der Unterzeichnung der Verträge von Osimo, die den endgültigen Grenzverlauf zwischen Italien und Jugoslawien regeln, wurde die kürzere Straßenverbindung zwischen Nova Gorica und der Brda eröffnet. Sie führt über die Sočabrücke bei Solkan, am westlichen Fuße des Sabotin nach Hum, und quert auf einer Länge von etwa 1,6 Kilometer italienisches Staatsgebiet. Ein Eiserner Vorhang in Form eines hohen Maschendrahtzauns trennt diesen Korridorabschnitt der *sabotinska cesta* vom italienischen Umland. Durchlässiger ist die grüne Grenze zwischen Italien und Slowenien im Südwesten der Goriška Brda, wo auch in der Zeit des Kalten Krieges der kleine Grenzverkehr zugelassen war und der Kontakt zwischen den slowenischen und den italienischen Brici aufrecht erhalten werden konnte.

Heute leben etwa 5500 Menschen in 45 Siedlungen auf dem 83 km^2 großen Gebiet, das seit dem Jahr 1994 als *občina Brda*, mit Verwaltungssitz in Dobrovo, eine von 193 Gemeinden Sloweniens ist. Die Bevölkerungsdichte liegt mit 69 Bewohnern pro km^2 etwa ein Viertel unter dem slowenischen Durchschnitt, die demografische Entwicklung ist gekennzeichnet von Abwanderung und Überalterung. Die Erwerbsstruktur der Bevölkerung spiegelt sich im Landschaftsbild der Brda wider: der Anteil der Landwirtschaft, in erster Linie Wein- und Obstbau, betrug im Jahr 1961 noch 77 Prozent und liegt heute mit 24 Prozent weit über dem gesamtstaatlichen Durchschnitt von sieben Prozent.

Seit der Eigenstaatlichkeit Sloweniens im Jahr 1991 und dem Beitritt zur Europäischen Union im Jahr 2004 liebäugeln die Brici mit dem Fremdenverkehr als zweitem Standbein. Gab es vor einigen Jahren nur ein paar private Gästebetten im gesamten Gemeindegebiet, hat sich das touristische Angebot im Jahr 2006 deutlich gebessert. Vor allem Medana, Plešivo, Ceglo, der Hauptort Dobrovo und das mittelalterliche Šmartno wurden in den vergangenen Jahren vom Baueifer erfasst. Nicht immer fügen sich die Neu- und Zubauten harmonisch in die bestehende bäuerlich-mediterrane Bausubstanz, jedoch verzichteten die Bauherren bislang auf das Hochziehen überdimensionierter Hotelbauten.

Heute umfasst die touristische Infrastruktur der Brda rund 80 Fremdenzimmer in kleinen Gasthöfen und bei Winzern, die nur teilweise die üblichen Komfortwünsche befriedigen. Die Brdabewohner sind

Obstplantage in der Goriška Brda

gastfreundlich und kommunikativ, sie reden das Italienische so flott wie eine zweite Muttersprache. Eine Mischung aus mediterran-maritimen und alpinen Einflüssen findet sich auch auf den Speisekarten: das Wiener Schnitzel gesellt sich zum Triestiner Scampi-Risotto, Polenta, Gulasch, Muscheln in Busara und ein krapfenähnlicher Kuchen mit getrockneten Früchten namens Gubana führen eine friedliche Koexistenz. Der luftgetrocknete Rohschinken schließlich, *pršut,* stammt vom gemästeten Hausschwein, ist daher unübertrefflich zart und verweist industriell gefertigte Varianten in die Supermarktregale.

Zentrum des aufblühenden Fremdenverkehrs ist die knapp zwei Kilometer südlich von Dobrovo gelegene Ortschaft Medana. Nicht der besonderen historischen oder architektonischen Sehenswürdigkeiten wegen – sogar die Statue des hier geborenen Dichters Alojz Gradnik (1882–1967) steht anderswo in Dobrovo –, sondern aufgrund des gastronomischen Angebotes und der schönen Blicke in die friulanische Ebene zählt Medana zu den meist besuchten Ortschaften der Brda. Nur wenige Schritte von der Dorfkirche entfernt bieten gleich drei Winzer-Wirte ihre Köstlichkeiten den Gästen aus Slowenien, Italien und Österreich an. Kulturelle Veranstaltungen wie die »Tage des Weins und der Poesie«, *dnevi poezije in vina,* im August sowie Malersymposien und Ausstellungen der Initiative *mmm art* ergänzen das Angebot. Die Höhepunkte im jährlichen Festreigen bilden das Kirschfest, *praznik češenj,* Anfang Juni und das Martinsfest, *martinovanje,* im November.

Zu Martini von Besuchern heillos überlaufen ist das nach dem Schutzpatron der Franzosen, Soldaten, Reiter, Pferde, Winzer, Wirte, Armen und Abstinenten benannte mittelalterliche Šmartno. Das Lexikon Sloweniens nennt elf Orte, die den Namen des römischen Reitersoldaten aus dem 4. Jahrhundert, der seinen Mantel mit einem Bettler teilte, führen, und zählt 121 Kirchen auf, die dem Heiligen Martin geweiht sind. »Einem Adlerhorst gleich« (A. Gradnik) liegt Šmartno als befestigte mediterrane Siedlung, die auf den Resten eines römischen Stützpunktes erbaut wurde, mit seinen 250 Einwohnern auf der Hügelkuppe. Es ist von einer gut erhaltenen Wehrmauer mit vier Festungstürmen aus dem 16. Jahrhundert umgeben und trotzte im Laufe der Zeit venezianischen, österreichischen und türkischen Eroberungsversuchen. Was den feindlichen Truppen über Jahrhunderte nicht gelungen war, schaffte die wachsende Motorisierung in den 60er Jahren des 20. Jahrhunderts: Die Portale des Süd- und des Nordtors wurden abgerissen, um den Autos die Zufahrt zum Ortskern zu ermöglichen. Wegen der außerordentlichen historischen Bedeutung seiner Bausubstanz und der typischen engen Gassen und Märkte ist Šmartno ein Kulturdenkmal ersten Ranges. Seit dem Erdbeben von 1976, das diesem Gebiet großen Schaden zufügte, wird das Dorf gründlich renoviert. In der Barockkirche befinden sich Fresken von Tone Kralj (1900–1975), der Kirchturm ist ein ehemaliger Festungsturm aus dem 14. Jahrhundert.

Auch Sveti Križ, die Heiligenkreuzkirche, im benachbarten Ort Kojsko ist Teil einer vor dem Jahr 1500 erbauten ehemaligen Wehranlage. Einer der vier Befestigungstürme des ehemaligen Schlosses wurde zum Glockenturm umgebaut, ein anderer teilweise abgerissen. Die Kirche schmücken Fresken aus dem 17. Jahrhundert, der große Altar, mit der Darstellung der Kreuzigung, gilt als der schönste spätgotische Flügelaltar in Slowenien. Die Streusiedlung Kojsko wird in Quellen aus dem 12. Jahrhundert erwähnt und war vor dem Ersten Weltkrieg kultureller und wirtschaftlicher Mittelpunkt der Brda.

Das geografische Zentrum der Goriška Brda ist das 154 Seelen zählende Dorf Gonjače, auf halbem Weg an der Straße zwischen Kojsko und Šmartno gelegen. Auf dem Gipfel des naheliegenden Mejnik steht ein 24 Meter hoher Aussichtsturm, von wo sich weite Blicke über Friaul, die Lagune von Grado, die Julischen und Steiner Alpen, die Dolomiten, das Vipava-Tal und den Karst eröffnen. Am Fuße des Turms erinnert ein großes Reliefdenkmal aus Bronze an die im Widerstand Gefallenen der Brda.

Wendet man den Blick in südwestliche Richtung, sticht dem Betrachter das Schloss Dobrovo mit seinem quadratischen Grundriss und den vier Türmen ins Auge. Mit seiner erhöhten Lage dominiert es das kommunale Verwaltungszentrum und die mit 457 Einwohnern größte Siedlung der Brda. Hier befindet sich neben einigen Gewerbe-, Handels- und Fremdenverkehrsbetrieben auch der größte Weinkeller Sloweniens. Die meisten der etwa 900 Winzer ohne Ambition auf Eigenmarke finden hier einen gesicherten Absatz für ihre Trauben, die unter der geschützten Weinmarke »Goriška Brda« weltweit vertrieben werden. Eine Vinothek im renovierten Kellergewölbe unter dem Schloss fördert den Weinverkauf mit Degustationen samt schmackhaften Käse- und Pršut-Häppchen. Das Renaissance-Schloss wurde um 1600 auf den Fundamenten eines älteren errichtet, die teilweise erhaltene Wehrmauer entstand zur Zeit des 2. Venezianischen Krieges (1615–1617). Erstbesitzer waren die Herzöge Montecuccoli, gefolgt von den Grafen Colloredo und Catterini, zuletzt besaß es die Familie Baguer, die im Jahr 1885 ein Museum einrichtete. Der Weinkeller setzte der Familie mit der Weinmarke »Bagueri« ein Denkmal. Zur Zeit der nationalen Revolution Mitte des 19. Jahrhunderts hielt die Bevölkerung im Schlosshof politische Versammlungen ab und veranstaltete Theatervorstellungen sowie Sportwettkämpfe. Nach

In Vipolže

dem Zweiten Weltkrieg hatte die Militärverwaltung der Alliierten hier ihren Sitz; 1974 übernahm das Museum von Nova Gorica die Verwaltung des Schlosses und begann eine umfangreiche Renovierung. Heute befinden sich im Erdgeschoß ein Restaurant und eine Jagdstube, im ersten Stock dient der mit den Wappen der einstigen Besitzer geschmückte Rittersaal als Veranstaltungsort. In den restlichen Räumen der ersten und zweiten Etage hat 1991 die Grafiksammlung des Malers Anton Zoran Mušič ihre feste Bleibe gefunden. Mušič, geboren 1909 in Bukovica bei Gorizia, zählt zu den Meistern der modernen europäischen Grafik. Er studierte in Zagreb, lebte in Gorizia, Paris und Venedig, wo er im hohen Alter von 96 Jahren starb. Im Jahr 1944 war er in das Konzentrationslager Dachau deportiert und dort ein Jahr später von den Amerikanern befreit worden. Erst in den 1970er Jahren begann er im Zyklus »Nismoposlednji« (Wir sind nicht die Letzten) mit der Aufarbeitung seiner Erlebnisse im KZ.

Am Weg von Dobrovo Richtung Süden liegt inmitten von Weinbergen das Dorf Biljana, das zu den ältesten Ortschaften der Brda gehört. Im Jahr 1205 erstmals erwähnt, ist es Standort der Kirche Sveti Mihael aus dem Jahr 1233, mit einem gotischen Glockenturm und einem bemerkenswerten Presbyterium mit Holzplastiken.

Zwei Schlossobjekte und eine Kirche sind das Wahrzeichen der Streusiedlung Vipolže, am südlichen Rand der Brda, nur wenige hundert Meter von der italienischen Grenze enfernt. Das alte Jagdschloss der Grafen von Görz aus dem 11. Jahrhundert ist heute zerstört, in den Jahrhunderten davor ließen sich hier die Herbersteins, die Grafen Della Torre, die Attems und zuletzt die Freiherren von Teuffenbach das Wildbret schmecken. Fast die Hälfte des Dorfes befand sich im Besitz der Teuffenbachs, wo Kolonen das Land bestellten. Mit den Erlösen bauten die Freiherren in etwas höherer Lage das neue, heutige Schloss.

»Winzer der Brda, vereinigt euch!« hieß es bei der Gründungsversammlung des ersten Weinhauerverbandes, der am 13. Juni 1872 im Hause des Barons von Teuffenbach in Pevma, heute das italienische Piume, aus der Taufe gehoben wurde. Vereinsziel waren Verbesserung der Weinbautechniken und Abhaltung von Fortbildungsveranstaltungen für die Winzer der Brda. Bereits im Jahr 1879 fand in Kojsko die erste Weinmesse statt, bei der auch Hochprozentiges verkostet wurde. Glaubt man historischen Berichten, waren Brda-Weine auf den Höfen der Monarchie ihrer Qualität wegen sehr gefragt, zumal mit der Fertigstellung der Wocheiner- und Karstbahn 1906 der Vertrieb in den Nordosten des Reiches erleichtert wurde.

Die Geschichte der Goriška Brda ist also auch eine Geschichte des Weinbaus. Begünstigt durch die Bodenbeschaffenheit und das milde mediterrane Klima, gedeihen hier auf gut verwitterten Sediment-schichten aus Flysch, Mergel und Sandstein Kirschen, Marillen, Nektarinen, Pfirsiche, Birnen, Kaki, Kiwi, Feigen, Oliven und natürlich Weinreben. Bereits in der römischen Antike wurden an den vom Norden zum Süden sanft abfallenden Hügeln Weinstöcke kultiviert. Aufzeichnungen über den Ankauf von Weingärten in der Umgebung von Biljana aus dem frühen 14. Jahrhundert sowie Hinweise auf klösterlichen Besitz von Weinkellern in Števerjan und Vedrijan zeugen von wachsender Bedeutung des Weinbaus im Mittelalter. Die Bauern bezahlten ihren Zehent und den Pfarrer mit Weißwein.

Dennoch gab es zahlreiche Versuche, den Weinbau einzudämmen. Im Jahr 1574 wurden Waldrodungen, die Umwandlung von Weideland in Weinflächen sowie das Setzen von Reben in der Ebene von der österreichischen Obrigkeit untersagt. Da für die geknechtete Bauernschaft jeder Rebstock ein zusätzliches Einkommen bedeutete, wurde beim Bauernaufstand von Tolmin im Jahr 1713 auch gegen die Einführung einer neuen Weinsteuer protestiert. Zudem wurden die Weinkulturen der Brda mehrmals durch Frostschäden vollständig vernichtet. Von besonders verheerenden Frösten berichten die Chroniken der Jahre 1739, 1740 und 1929, als neben den Weinstöcken auch sämtliche Olivenkulturen abstarben. Erst in letzter Zeit stößt der Wanderer wieder vermehrt auf junge Olivenbäume zwischen den Obst- und Weingärten und wird in manchen Gasthäusern mit heimischem Olivenöl bekocht.

Pilzbefall (Peronospora) und Reblaus machten Ende des 19. Jahrhunderts dem europäischen Weinbau fast den Garaus, erst konsequentes Besprühen mit wachstums- und resistenzfördernden Herbiziden sichert seit Beginn des 20. Jahrhunderts den Bestand der Rebstöcke.

Einen Rückschlag für die Entwicklung des Weinbaus in der Goriška Brda bedeutete nach Ende des Ersten Weltkrieges der Anschluss an Italien. Aufgrund der Randlage im Nordosten des Landes und der verhältnismäßig kleinen Anbaufläche im Vergleich zu den prominenten Weinbaugebieten Mittel- und Süditaliens, gerieten die Winzer der Brda ins Hintertreffen. Erst die Eingliederung in den sozialistischen Staatenbund Jugoslawiens 1947 brachte Erleichterung: Es entstanden Genossenschaften und große Weinkeller, die es mit modernen Hauermethoden zu hoher Qualität und bald wieder an die Spitze brachten. Mit der Lockerung des kollektiven Wirtschaftssystems in Jugoslawien, vor allem aber nach der slowenischen Staatsautonomie 1991, brachten es etliche Winzer mit ihren Eigenmarken zu Wohlstand, manche zu Reichtum. Schlossartige Gehöfte in Medana und Ceglo zeugen von der Wirtschaftskraft, die in der Jahrtausende alten, hoch geschätzten Droge Wein steckt. Keinesfalls mangelt es den Brici an Geschäftssinn, Einsatz und Fleiß: In aufwändig gestalteten Wein- und Kostführern auf slowenisch, deutsch, italienisch und englisch werden Wein, Polenta, Pršut, Hof und Familie gründlich vermarktet. Von den 14 Weinbaugebieten Sloweniens zählt die Brda zu den bekanntesten im In- und Ausland und ist in einschlägigen Medien wie auf Messen am häufigsten vertreten.

Von den angebauten Rebsorten kommt der Gelben Rebula (Ribolla gialla) besondere Bedeutung zu: Die autochtone Rebsorte wird fast ausschließlich in der Hügelregion – von Tarcento, dem Collio, der Goriška Brda über den Karst bis nach Istrien – angebaut. Zeichen für den Anbau reichen in das 13. Jahrhundert zurück. Der Wein ist blass strohgelb, mit grünlichen Reflexen, sein Geschmack leicht, trocken und zitronig. Eine einzigartige Weinsorte ist, des aufwändigen Kelterns wegen, aus dem heutigen Sortiment fast verschwunden: der Pikolit, italienisch Passito. Die von Hand gelesenen Rebula-Trauben werden auf dem Dachboden getrocknet, die faulen Beeren wöchentlich entfernt. Der gute Rest wird nach Weihnachten zerstampft, der kostbare Traubensaft gekeltert und nach Jahren als besonderer Tropfen entsprechend teuer verkauft.

Ergiebiger und einfacher gestaltet sich die Herstellung von Weißwein aus den Rebsorten des Weiß- und Grauburgunders (*beli* und *sivi pinot*), Chardonnay, Sauvignon und des Tocai friulano, der zweit häufigsten Weinsorte dieser Gegend. Um Verwechslungen mit dem ungarischen »Tokaji« vorzubeugen und einem Spruch des Europäischen Gerichtshofs folgend, heißt der »furlanski tokaj« seit dem Jahrgang 2004 in Slowenien nun »točaj«. Die italienischen Collio-Winzer dürfen die traditionelle Bezeichnung noch bis 2007 weiter führen.

Bei den Rotweinsorten sind die Bezeichnungen unstrittig, da alle in der Brda angebauten Rebsorten ohnehin weltweit verbreitet sind: Merlot, Cabernet sauvignon, Cabernet franc und Blauburgunder (modri pinot) werden entweder als einfache, offene Haus- und Schankweine, sortenrein oder verschnitten, zu günstigen Preisen ausgeschenkt oder, nach ein- und mehrjähriger Lagerung in Eichen- bzw. Akazienfässern, in Designerflaschen abgefüllt und für teures Geld in Vinotheken und Restaurants feilgeboten.

Lohnender ist da schon der Besuch eines privaten Weinkellers in der Goriška Brda. Die Winzer geben freudig Auskunft über ihre Arbeit, erzählen vom Beschneiden und Binden der Rebstöcke im Frühjahr, schweigen über das Spritzen des Weins während der Wachstumsphase und verleihen ihrer Hoffnung auf gewogenes Wetter sowie der Freude über eine reiche Lese im Herbst Ausdruck. Ein Blick auf die riesigen Stahl- und PVC-Tanks, die unterschiedlich großen Holzfässer, die Abfüllanlagen und Lagerräume verdeutlicht den, je nach Ausbauart, mehrjährigen Weg der Traube vom Weinstock in die Bottiglie. Den würdigen Abschluss bildet eine Verkostung der hauseigenen Sorten im Degustationsraum, wo man bei Pršut, Oliven und Käse der alten Weisheit der Brici auf den Grund gehen kann, wonach ein guter Wein nicht gern allein sei und der Blick ins Weinglas stets bis zum Boden reichen sollte.

Emil Krištof

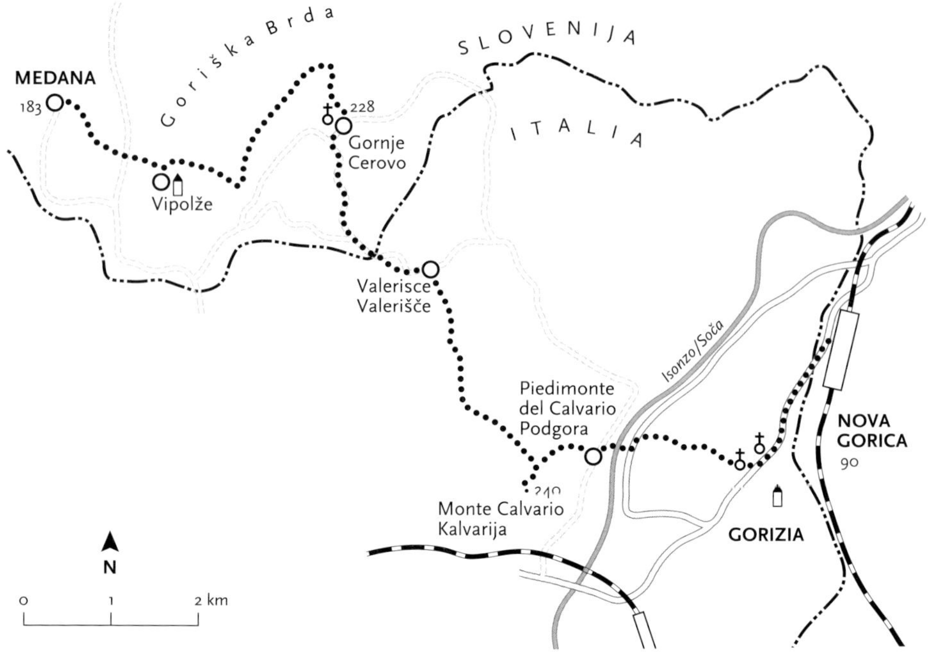

XIII Nach Italien

WANDERUNG VON MEDANA NACH GORIZIA

Nicht ganz so harmonisch wie im Norden zeigt sich die Goriška Brda an ihrem südlichen Rande, dort, wo die Weinberge verflachen und von der friulanischen Ebene abgelöst werden. Das Straßennetz ist hier eng geknüpft und auf manchen Hügeln nehmen die Bausünden beängstigende Ausmaße an. Dennoch darf man sich auf eine schöne und abwechslungsreiche Wanderung freuen, umgeht man doch im ersten Abschnitt alle größeren Ortschaften und findet man jenseits der Grenze, ehe man in Gorizia eintrifft, eine besonders einsame und stimmungsvolle Waldlandschaft vor.

In der ersten Stunde sind etwas Spürsinn und Improvisationsvermögen gefragt, denn die Route führt teilweise durch Weingärten und über Bäche, die sich nach stärkeren Niederschlägen als schwierige Hindernisse erweisen können. Lohnend ist der Abstecher ins stille Birša-Tal westlich von Gornje Cerovo, wo sich die Goriška Brda noch ein letztes Mal von ihrer Bilderbuchseite zeigt. Am unbewachten Grenzübergang bei Valerisce/Valerišče lässt man Slowenien hinter sich. Man gelangt in den Wald. Gelegentlich und gänzlich unerwartet machen die Bäume einem Weingarten Platz. An die kriegerische Vergangenheit der Gegend erinnern eine aufgelassene Kaserne und das monströse Kriegerdenkmal am Kalvarienberg bei Gorizia. Der Abstieg erfolgt durch einen schattigen Graben, der bei Piedimonte am Isonzo endet. Man quert den Fluss und betritt die Stadt.

ANMERKUNGEN: Leichte Wanderung. Anstiege: 450 m. Länge: 14 km. Gehzeit: 5 Stunden. Karte: Izletniška karta Goriška, 1:50.000, Geodetski zavod Slovenije. Einkehr: Gornje Cerovo. Besonderer Hinweis: Medana ist mit öffentlichen Verkehrsmitteln nicht erreichbar.

WEGBESCHREIBUNG: Man geht vom **Zentrum in Medana** auf einem Sträßchen in östlicher Richtung (Hinweisschild »Belica«) und geht links am betreffenden Gastbetrieb vorbei. Die Straße senkt und gabelt sich alsbald; man hält sich rechts und gelangt nach gut 5 Min. zu einer weiteren Gabelung. Man geht rechts und wendet sich nach 20 m halblinks in einen abwärts führenden Karrenweg. Man passiert eine Häusergruppe und steigt auf dem Hauptweg (Zufahrten zu Weingärten ignorierend und die Richtung ungefähr beibehaltend) ins Tal ab. (Zur Orientierung: Es gilt, die Asphaltstraße halblinks im Tal zu erreichen und von dort zu den Häusern am östlichen Gegenhang anzusteigen.) Am Fuße des Weinbergs ein Querweg; auf diesem nach links. Der Weg verliert sich, man geht geradeaus und folgt einem kleinen Wassergraben, der in einen breiteren **Bach** mündet, welchen man durchschreitet. [Bei hohem Wasserstand wendet man sich nach links und folgt dem Bach, mehrere kleine Gräben querend, gut 500 m bis zu einer Asphaltstraße. Auf dieser scharf nach rechts (Brücke) und wieder 500 m retour.]

Nach der Bachüberquerung geht man rechts und wendet sich am Ende eines Weingartens nach links. Man gelangt zu einer **Asphaltstraße,** quert diese und steigt am linken Rand einer Weinkultur steil an. Stets bergauf bis zu einer **Querstraße** am Hügelkamm; auf dieser nach links, mehrere Häuser passierend (0:30 Std.).

Nach 200 m, bei einem alten Bildstock, biegt man nach rechts in ein abwärts führendes Sträßchen. Das Sträßchen vereinigt sich mit einem von rechts kommenden Fahrweg; nach 50 m eine Gabelung; man geht rechts. Bald endet der Asphalt. Man passiert ein letztes Haus, geht links an einem Schuppen vorbei und folgt dem Hauptweg (der eine große S-Kurve beschreibt und bald an einem verfallenen Haus vorbei führt) stets bergab bis zu einer **Furt** im Talgrund. Man durchschreitet den Bach (Trittsteine) und gelangt nach 50 m zu einer asphaltierten **Querstraße.** Man geht links. Die Straße gabelt sich sofort; man hält sich links.

Bald endet der Asphalt; weiter taleinwärts auf geschottertem Sträßchen. Man unterquert eine Stromleitung, nach rund 10 Min. eine weitere. Nach gut 200 m führt die Straße über einen Bach. 50 m danach verlässt man den Fahrweg und wendet sich nach rechts in einen ansteigenden Karrenweg. Auf deutlichem Hauptweg steil bergauf. Schöne Blicke. Man gelangt bei einem Haus zu einem Sträßchen, wendet sich auf diesem nach rechts und steigt steil nach Gornje Cerovo am Hügelkamm an. Hier wendet man sich auf einer breiten Querstraße nach rechts. Man passiert eine Bar und die Kirche. Die Straße senkt sich und führt am Friedhof vorbei. 100 m danach biegt man scharf nach links in ein Sträßchen (Hinweisschild »Kmetija Blaževič«). 25 Min. Asphalt bis zum Blaževič. Hier wendet man sich nach links in eine Schotterstraße und steigt in eleganten Serpentinen zu einem lokalen **Grenzübergang** ab (2:15 Std.).

Man betritt Italien, überquert eine Landstraße und geht geradeaus in einen Schotterweg. Nach 30 m, vor einer Fahrverbotstafel, biegt man nach links in eine Fahrspur und steigt links einer Rinne bergauf, bis man bei drei Zypressen erneut zur Straße gelangt. Auf dieser nach rechts. 5 Min. bergauf bis Valerisce am Hügelkamm (2:30 Std.).

Am Kamm (Stopptafel) scharf nach rechts. Nach 50 m nimmt man eine Abzweigung nach links und wandert 5 Min. bis zum Haus Nr. 9, wo sich das Sträßchen gabelt. Man hält sich links und passiert nach 100 m ein verfallenes Haus. Der Asphalt endet; der Fahrweg gabelt sich; man hält sich rechts. Gleich darauf eine weitere Gabelung (Fahrverbotstafel); man geht wieder rechts. Bequemer, teilweise gepflasterter Weg durch hügeliges Gelände, teils im Wald, teils durch Weingärten mit schönen Blicken. Mehrmaliger Richtungswechsel. Man folgt stets dem Hauptweg, passiert schließlich ein aufgelassenes Militärgelände und erreicht kurz darauf eine **Asphaltstraße** (3:00 Std.).

Man wendet sich auf dieser nach links. Nach etwa 300 m eine Gabelung, man geht geradeaus, auf breiter Asphaltstraße bergauf. Nach 250 m biegt man nach links in einen ansteigenden Waldweg (Fahrverbot). Nach 50 m ein Querweg, man geht rechts; bei der darauf folgenden Kreuzung geradeaus. Kurzer steiler Anstieg bis zu einer Hügelkuppe, wo man eine kleine Blechhütte umgeht, um dann auf breitem Wege weiter dem Kamm zu folgen. Man erreicht einen Aussichtsplatz mit einem kleinen Denkmal. Weiter bergauf auf asphaltiertem Wege bis zum **Kriegermonument Kalvarienberg** (3:30 Std.).

Unmittelbar vor (!) dem Denkmal wendet man sich nach links in einen (in östlicher Richtung) abwärts führenden Pfad (Fahrverbotstafel), der sich bald verbreitert. Nach 2 Min. verzweigt sich der Weg; man biegt scharf nach links, um sich bereits nach einigen Schritten wieder nach rechts zu wenden. 15minütiger Abstieg im Wald auf angenehmem Weg rechts eines Grabens. Eine Abzweigung nach links wird ignoriert. Man gelangt nach Piedimonte (4:00 Std.), passiert die Kirche und folgt einem Sträßchen bis zur Hauptstraße; auf dieser nach links.

Nach 200 m wendet man sich nach rechts und überquert auf einer **Fußgängerbrücke** den Isonzo.

Am anderen Ufer eine Querstraße, man geht links, gelangt zu einer Kreuzung und geht geradeaus in die Via Brigata Pavia. [Bald passiert man eine Haltestelle der Linie 5 Richtung Stadtzentrum. Von dort gelangt man mit der Linie 1 Richtung Monte Santo bis zur **Piazza Transalpina** (Bahnhof Nova Gorica).]

Man folgt der Via Brigata Pavia bis zu einer Kreuzung, wo man – die breite Viale XX Settembre querend – geradeaus geht und der Via del Coronni bis zu einer Gabelung folgt. Man hält sich rechts und steigt zur Piazza N. Tomasseo ab. Bei einer geregelten Kreuzung geradeaus in die Via Seminario. An deren Ende wendet man sich nach links und erreicht bald die Piazza de Amicis. Von hier folgt man den Wegweisern bis zur Piazza Transalpina. Man überschreitet die Staatsgrenze und betritt den **Bahnhof Nova Gorica** (4:45 Std.).

Lokaler Grenzübergang bei Valerisce/Vališče

Gorizia und Nova Gorica: Ungleiche Nachbarn

Wer in Nova Gorica mit der Wocheiner Bahn ankommt, tritt aus dem Bahnhof heraus und damit unmittelbar in die Realität dieser seltsamen Stadt ein. Der Bahnhofsausgang, den man durchquert, war bis 1953 geschlossen. Davor verlief seit dem Ende des Zweiten Weltkriegs und dem Vertrag von Paris 1947 eine stacheldrahtbewehrte Befestigung. Und noch heute geht die Grenze zwischen Nova Gorica und Gorizia und damit zwischen Italien und Slowenien quer über den weiten Vorplatz. Die Bodenmarkierung an der Piazza Transalpina, ein Name der Hoffnung, dass die alte Bahn und damit die Stadt wieder europäische Bedeutung erlangen könnten, setzt sich links und rechts als Zaun fort. Japanische Touristen stehen ratlos vor einer Tafel, die das Überschreiten der Grenze verbietet. Kinder von beiden Seiten fahren mit dem Fahrrad hin und her. Immerhin haben ihre Bürgermeister im Jahr 2004 einen feierlichen Handschlag über den Zaun hinweg ausgetauscht. Eine als Kunstwerk installierte Holzbrücke über den Zaun erinnert daran. Noch einige Zeit nach dem Berliner Mauerfall war die Doppelstadt eine der letzten geteilten Städte in Europa.

Ein kleines Museum im Bahnhofsgebäude, für die Heraustretenden zur rechten Hand, bewahrt Relikte der Teilung. Fotos zeigen Menschen, die interessiert oder sehnsüchtig von einer Seite auf die andere blicken. Pässe und Passierscheine aus unterschiedlichen Zeiten sind zu sehen. Auch sie haben eine Geschichte: Ihr Design hat sich vom überladen amtlichen zum modern funktionalen entwickelt. Die staatliche Gewalt versteckt sich immer mehr hinter dem allseits akzeptierten Zweck, unerwünschte Elemente an der Grenze mit technischen Mitteln auszusondern. Ebenso interessant ist die Formengeschichte der Grenzhäuschen: In den fünfziger Jahren stehen martialische Typen mit rotem Stern an der Mütze vor einem Plastikgehäuse, das an einen Nierentisch erinnert, heute ist die Architektur etwas karger. Wie jede Teilung ist auch diese absurd. In Miren, etwas südlich von Gorizia, verläuft die Grenze mitten durch den Friedhof. Italienische Gräber befanden sich unversehens auf slowenischem Gebiet, slowenische auf italienischem. Man sieht Fotos von einfachen Bauern, die beim Friedhofsbesuch von Soldaten überwacht werden. Der Eingang zum Friedhof findet sich direkt neben der Grenzstation.

Was das Territorium der Stadt betrifft, so wurden von der italienischen Seite nur der Bahnhof der Wocheiner Bahn und einige Vorörtchen abgetrennt. Die andere Seite sah sich also gezwungen, eine neue Stadt zu gründen. Auf Belgrader Beschluss wurde Nova Goriza vom Architekten Edvard Ravnikar am Reißbrett geplant. Vor allem Jugend-

Altstadt von Gorizia

brigaden aus ganz Jugoslawien bauten ab 1948 Häuser für 15.000 Bewohner. Der Name war Programm: eine sozialistische Musterstadt, helle Wohnungen mit Blick ins Grüne, die öffentlichen Einrichtungen wie Postamt, Rathaus, Gericht und sogar Theater entlang einer Hauptachse. Das Hochhaus an der Kidriceva Ulica ist ein besonders gelungenes Beispiel eines Wohnpalais im realsozialistischen Stil, das an die Karl-Marx-Allee in Berlin erinnert.

Die Fußgängerzone bewahrt die Ausstrahlung der fünfziger Jahre. Die Bars und Sitzgärten sind am Sonntag voll besetzt. Sie üben offensichtlich große Anziehungskraft auf die ländliche Bevölkerung der Umgebung aus. Boutiquengarderobe mischt sich unter die Trainingsanzüge derer, die aus den nahen Wohnblocks kommen. Kinder spielen auf der Straße. An einem schönen Tag verspürt man geradezu mediterran-sozialistisches Flair. Die heutigen Touristen kommen vor allem wegen des Glückspiels. Über dem Hotel und Casino »Perla« an der Hauptachse dreht sich eine Weltkugel und gemahnt an Las Vegas. Auf den ersten Blick ist nicht viel mehr zu sehen. Das gesteht der Stadtprospekt in rührender und subtiler Weise ein, in dem es heißt: »In Nova Gorica wird es den Besuchern nie langweilig, weil es Monumente zu besichtigen und viele andere interessante Dinge zu entdecken gibt.«

An der Erjavceva Ulica findet sich tatsächlich ein interessantes Monument. Die 10 Meter hohe Skulptur »Ikarus« des Bildhauers Janez Lenassi erinnert an Edvard Rusjan, den ersten slowenischen Flieger. Der 1886 in Triest geborene, schnauzbärtige Draufgänger war zuerst Radrennfahrer. In Gorizia konstruierte er 1908 sein erstes Fluggerät und taufte es mit sympathischer Selbstironie »trappola di carta«, Attrappe oder auch Falle aus Papier. Später baute er motorisierte Aeroplane. 1911 stürzte Rusjan in Belgrad tödlich ab. Fotos zeigen, wie starke Windböen seine Tragflächen regelrecht nach oben klappen. Unter Fliegern genießt Rusjan noch heute Kultstatus.

Ein anderer Gestürzter liegt im Franziskaner-Kloster auf dem nahen Kostanjevica-Berg in einer prächtigen Gruft begraben. Der französische König Charles X., der mit Hilfe seines Regierungschefs, des ultrareaktionären Grafen Polignac, ab 1824 an der Restauration vorrevolutionärer Zustände gearbeitet hatte, musste 1830 nach dreitägigen Barrikadenkämpfen zunächst nach Großbritannien fliehen. Die Julirevolution etablierte Louis Phillip von Orléans, den so genannten Bürgerkönig. Charles wurde damit unfreiwillig zum letzten wirklichen Bourbonen. Seinen Abzug gestaltete er als würdevollen, von einem großen Gefolge begleiteten Marsch zur Küste. Daher heißt es von ihm, er hätte zwar überhaupt nicht verstanden zu herrschen, aber immerhin gewusst, wie man zu herrschen aufhört. 1836 starb er an der Cholera in der Villa Coronini Cronberg, heute im italienischen Teil der Stadt. In der Krypta der Klosterkirche Maria Verkündigung wurde er mit allen Ehren und königlichen Attributen bestattet. Die beigelegte Krone ist während des Ersten Weltkriegs verschwunden. Die Bibliothek des Klosters bewahrt das Original der ersten »slowenischen Grammatik« in lateinischer Sprache von Adam Bohoric aus dem Jahr 1584. Unterhalb des Klosters ist der leider noch unzugängliche Parco del Rafut mit der Villa Lasciak sichtbar, ein schlossähnliches, orientalisch anmutendes Gebäude, das am Anfang des neunzehnten Jahrhunderts vom Architekten Antonio Lasciak erbaut wurde.

Vom Kloster aus hat man einen schönen Blick über die Grenze hin zum Castello. Es hat der Stadt den Namen gegeben. Gorizia kommt vom altslawischen Wort »gorica«, das heißt Hügel oder Kastellhügel. 1001 im Kern von den Eppensteiner Grafen erbaut, war die Burg ab 1117 Sitz der Grafen von Görz über vier Jahrhunderte und damit Zentrum eines erstaunlich weit ausgedehnten Herrschaftsgebiets bis Tirol, Kärnten,

Jüdischer Friedhof in Nova Gorica

CASINO

Gaststätte in Nova Gorica

Treviso und an die Grenzen Kroatiens. Nach dem Absterben des letzten Grafen fiel alles an die Habsburger. Vor dem Kastell sieht man die merkwürdig verschachtelte Capella di Santo Spirito mit ersten Teilen aus dem 12. Jahrhundert. Oben in der Burg belohnt eine kleine Enothek die Mühen des Aufstiegs. Im Inneren findet sich ein sympathisches, fast skurriles Museum: die Burgküche mit Mehl aus Sägespänen, eine »Sala della musica« mit sieben Instrumenten, ein Modell einer Belagerung von 1340, diverse Katapulte in den Vorwerken.

Im Ersten Weltkrieg haben sie nicht genützt. Das Kastell wurde schwer beschädigt. Gleich vor der Burg konfrontiert das *Museo della grande guerra* mit dem Grauen. Modelle machen die Brutalität anschaulich, mit der zum Teil Mann gegen Mann und mit Bajonetten, Spaten oder dem, was zufällig zur Hand war, gekämpft wurde, die tödliche Schwierigkeit, einen Stacheldrahtverhau zu überwinden, die Monstrosität der eisernen Trittfallen. Ein Vater der Gegenwart spielt mit seinem Sohn an einem Maschinengewehr. Er macht deutlich, wie unausrottbar die Dummheit ist, die in ebenfalls ausgestellte Grabkreuze den Spruch eingravierte: »Lieto firmai con sangue il mio giuramento«, das heißt: »Freudig habe ich meinen Schwur mit Blut unterschrieben«.

In der Zeit vor dem Ersten Weltkrieg versprach die Stadt ein beliebter Kurort zu werden. Ein Reiseführer aus dem Jahr 1886 lobt »ihre wunderschöne Lage und Umgebung, … ihr mildes und gesundes Klima, … ihre üppige italienische Vegetation, … ihre freundlichen und gebildeten Bewohner« und hebt hervor, »… dass in Görz fast jedermann neben Italienisch, Furlanisch und Slavisch (Slowenisch) auch Deutsch versteht und spricht«. Wer von der Burg in die Stadt hinunter geht, findet tatsächlich viele Spuren einer multikulturellen Vergangenheit. Die alten Geschäfte in der Via Rastello tragen die Namen Krainer, Fuchs oder Kosic, die Synagoge an der Via Ascoli erinnert an die jüdische Vergangenheit. Eine antiquierte Markthalle am Corso Giuseppe Verdi lädt zum Gemüsekauf ein. Das *Museo Provinciale* im Palazzo Attems Petzenstein, erbaut 1754, hat einen schönen Innengarten. Bei einem Rundgang sind einige andere Paläste und bürgerliche Villen zu entdecken. Auf der zum Parkplatz umfunktionierten Piazza Cesare Battista hinter den *Giardini publici* steht ein unsägliches Denkmal: ein beinamputierter Soldat auf Felsen, mit heroischer Geste, im Fallen sterbend. Es handelt sich um den Bersagliere Enrico Toti, gefallen 1916 im Battaglia di Gorizia. Man sagt, dass er im Augenblick des Sterbens noch seine Krücke nach den Feinden geworfen habe. Beinamputierte, die auf Krücken oder, wie man im Museum des Heldenfriedhofs in Redipuglia sehen kann, sogar auf Fahrrädern weiterkämpfen, sind Bestandteil italienischer Kriegslegenden. Kann es ein Zufall sein, dass der sterbende Toti ausgerechnet auf das Gebäude des Turnvereins, der *Unione Ginnastica Goriziana* von 1868, blickt?

Von weitem sieht man über der Stadt das zylinderförmige Ossarium von Oslavia. Der Weg dorthin über die Via XX Settembre führt an der Villa Coronini Cronberg vorbei, erbaut 1593, zeitweise Aufenthaltsort der Erzherzogin Sophie und des Erzherzogs Ludwig Victor. Ihr verwunschener Garten, in dem sich schon der unglückliche Charles erging, ist heute verwahrlost. Wege führen in eine unerwartet breite und tiefe Senke inmitten der Stadt. Ein Tempelchen dient als Treffpunkt von Liebespärchen und Junkies. Ein Stück weiter passiert man das Grab des Schriftstellers Scipio Slataper, eines mit seiner Herkunft ringenden Triestiner Literaten, der 1915 als italienischer Soldat im Karst fiel. Im Ossarium modern die Gebeine von 57.740 Soldaten. Nicht nur sein Baujahr 1938 weist es als Ort des faschistischen Totenkults aus. Wenn die neben dem Beinhaus in einem Gerüst aufgehängte Glocke automatisch zu läuten beginnt, wird die unendliche Verlassenheit spürbar, in die gerade diese Form des Gedenkens die Toten geworfen hat.

Dass Heldendenkmäler wie dieses heute unkritisch hingenommen werden, weist auf die nationale Mystifizierung des Ersten Weltkriegs, des »Grande Guerra« im Italien der Gegenwart. Noch das offizielle Entwicklungskonzept von Gorizia »Piano Strategico Gorizia 2010« betrachtet die Kriegsmonumente nur unter touristischen Gesichtspunkten. Aber vielleicht wirken die Erfahrungen des Grauens in subkutaner Weise. Die heutige Politik in der geteilten Stadt setzt jedenfalls nicht auf eine institutionelle Wiedervereinigung wie in Berlin. In gemeinsamen Kommissionen werden Formen der Annäherung diskutiert und Unterschiede als Chancen gesehen. Die entsprechenden Erklärungen sind allgemein und unverbindlich. Vielleicht bleibt der Zwischenzustand in der Schwebe, und man kann von beiden Seiten weiter durch den Tunnel im Burgberg jenseits der Grenze blicken, auf ein Anderes, das gleichzeitig vertraut erscheint.

Wilhelm Berger

Museo Provinciale di Gorizia

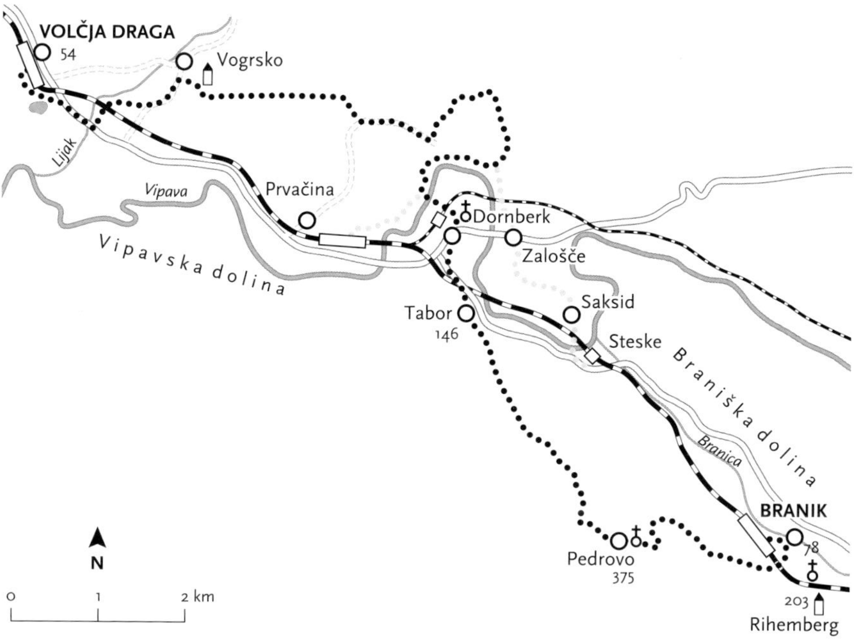

XIV Durch die Gegend

WANDERUNG VON VOLČJA DRAGA NACH BRANIK

Südöstlich von Nova Gorica bietet das Landschaftsbild wenig Anmutiges und viel Verwirrendes. Wo sich das Tal zur Ebene verbreitert, ist es allzu dicht und scheinbar willkürlich besiedelt, und die Ortschaften sind kaum hübsch zu nennen. Herbe Schönheit gewinnen sie, wenn überhaupt, aus dem baulichen Chaos und der Formenvielfalt durch gestalterisches Unvermögen. Prägend ist der Gebirgszug im Norden, der mit seinen weißen Felsbändern ein wenig an Südfrankreich erinnert. Erst bei Dornberk kehrt Ruhe ein. Die Dörfer werden kompakter und setzen mit ihren markanten Kirchtürmen starke Akzente. Steile Weinberge und alte Laubwälder laden zur Wanderung.

Ausgangspunkt ist Volčja Draga, ein melancholisches Straßendorf, von wo man sich teils weglos und entlang zweier Bäche nach Vogrsko durchschlägt. Ein paar Kehren hügelwärts, und die Landschaft öffnet sich. Links das von Šempas dominierte Vipava-Tal mit netten Hangdörfern im Hintergrund; rechts am Hügel Gradišče und dahinter Tabor, das mit seiner burgartigen Gestalt auf sich aufmerksam macht. Ein schöner Panoramaweg führt von Weinberg zu Weinberg und senkt sich ins Tal. Man durchschreitet Dornberk, dessen schiefer Kirchturm dem sympathisch vergammelten Ortsbild entspricht. Auch das ehemals mittelalterliche Tabor, plötzlich näher gerückt, lohnt den näheren Augenschein. Von hier, am Nordhang der bewaldeten Črni hribi, wandert man besonders schön nach Pedrovo, einem uralten Weiler hoch über dem Tal der Branica. Noch einmal genießt man die Aussicht, um den erlebnisreichen Wandertag mit einem steilen Abstieg nach Branik zu beschließen.

ANMERKUNGEN: Mittelschwere Wanderung. Varianten: Leicht. Anstiege: 450 m. Abstieg: 400 m. Länge: 23 km. Gehzeit: 6 Stunden. Karte: Izletniška karta Goriška, 1:50.000, Geodetski zavod Slovenije. Einkehr: Dornberk. Besondere Hinweise: Leider verkehrt die Karstbahn nur an Werktagen, daher ist man am Wochenende oder an Feiertagen bei der Anreise (und etwaigen Rückkehr zum Ausgangspunkt der Wanderung) auf den PKW bzw. das Taxi in Nova Gorica angewiesen: +386/31/886422. Bei den Varianten überspringt man entweder die erste Hälfte der Wanderung (und damit den schönen Panoramaweg zwischen Vogrsko und Dornberk) oder das letzte Drittel (mit dem lohnenden Anstieg nach Pedrovo). Wer sich für die Wegvariante nach Saksid entscheidet, erspart sich 30 Min. Asphalt, versäumt allerdings die interessanten Ortschaften Dornberk und Tabor. Endpunkt ist in diesem Fall die Bahnstation Steske, die in den gängigen Wanderkarten nicht eingezeichnet ist.

WEGBESCHREIBUNG: Man überschreitet am Bahnhof **Volčja Draga** via Fußgängerbrücke die Gleise und folgt der Straße neben den Schienen in südöstlicher Richtung (Wegweiser »Dornberk«), bis sich diese mit der Hauptstraße vereinigt. Man folgt der Straße ca. 300 m bis zur Brücke über die Lijak und wendet sich sofort nach links in einen Feldweg. 300 m flussaufwärts bis zu einer kleinen Eisenbahnbrücke. Man unterquert die Bahn, passiert einen Hochspannungsmasten und geht weglos 30 m geradeaus bis zum Fluss. Man wendet sich nach rechts und wandert am Flussufer bis zur Einmüdung eines Baches, an dessen rechter Seite man einem Feldweg bis zu einer asphaltierten Querstraße folgt. Hier geht man links. Nach 400 m nimmt man eine Abzweigung nach rechts (Wegweiser »Vogršček«). Nach 100 m eine weitere Abzweigung; man hält sich wieder rechts, passiert das **Schloss Vogrsko** (0:45 Std.) und folgt einem Sträßchen in Serpentinen bis zu einer Kreuzung auf einem Hügelkamm.

Man wendet sich nach links, weiter bergauf. Kurzer steiler Anstieg, dann schöne Panoramastraße zwischen Weinhängen von Haus zu Haus. Nach 10 Min. endet der Asphalt; geradeaus weiter auf breitem Fahrweg. Nach

Partisanendenkmal bei Pedrovo

10 Min. ein geschottertes Quersträßchen, auf diesem nach rechts. Man folgt dem Sträßchen über einen Kamm bis zu einer asphaltierten **Querstraße**; auf dieser scharf nach links. Gut 10 Min. entlang schöner Weingärten bis zu einem Haus, wo das Sträßchen eine scharfe Linksskurve beschreibt. Der Asphalt endet; weiter auf geschottertem Fahrweg. Nach 50 m eine Gabelung; man hält sich rechts, ignoriert kurz darauf eine Abzweigung nach links und wandert auf bequemem Weg im lichten Wald bergab. Bald tritt man wieder ins Freie. Der Weg vereinigt sich mit einem von links kommenden. Auf dem Hauptweg geradeaus, erst fast eben, dann leicht bergab. Nach 3 Min. gelangt man zu einer Eiche mit verfallenem **Hochsitz**. Der Weg steigt nun leicht an und führt in den Wald. Kurz darauf wendet man sich nach rechts in einen untergeordneten Weg (Fahrspur), der links an einem Weingarten vorbeiführt. Man passiert ein würfelförmiges Wasserbecken. Der Weg steigt neben einem weiteren Weingarten an und gabelt sich am höchsten Punkt. Man hält sich links und erreicht einen Querweg; auf diesem nach rechts. Der Weg senkt sich, passiert ein Häuschen und vereinigt sich mit einem von links kommenden Weg. Auf deutlichem Hauptweg stets bergab, diverse Einmündungen und Abzweigungen ignorierend. Schöne Blicke auf Dornberk und Tabor. Im **Tal** angelangt, steigt man noch einmal kurz an, um eine kleine Erhebung zu überwinden und dann ebenes Terrain zu erreichen. Hier nimmt man eine Abzweigung scharf nach rechts.

Variante Richtung Saksid (Bahnstation Steske): Man geht geradeaus und gelangt kurz darauf zu einer Kreuzung. Man geht rechts, unterquert eine Eisenbahnbrücke und gelangt bei den ersten Häusern von **Zalošče** zu einem Quersträßchen; auf diesem nach rechts bis zur **Hauptstraße,** welche man quert (2:30 Std.). Man geht geradeaus, um nach etwa 150 m eine Abzweigung nach links zu nehmen und zur **Kirche** anzusteigen. Links an der Friedhofsmauer vorbei in einen ansteigenden Schotterweg. Weingärten. Man unterquert eine Starkstromleitung und ignoriert kurz darauf eine Abzweigung nach rechts. Nach 100 m wieder eine Abzweigung nach rechts. Man geht geradeaus (!), scheinbar den Hauptweg verlassend und weiter ansteigend. Man passiert ein altes Steinhaus. Weiter auf deutlichem Hauptweg bis **Saksid** (3:00 Std.). Im Ort nimmt man die erste Abzweigung nach rechts, steigt zwischen den Häusern bergab, hält sich im Zweifel rechts und gelangt am unteren Ortsrand zu einer Bahnübersetzung. Man quert die Gleise, geht geradeaus und quert mittels **Straßenbrücke** die Vipava. Man erreicht die Hauptstraße und wendet sich nach links. Nach 150 m verlässt man die Straße, indem man sich nach links in einen kaum sichtbaren Pfad wendet. Kurzer Abstieg bis zur **Bahnstation Steske** (3:15 Std.).

Kurz darauf quert man ein Bächlein und passiert einen **Hochsitz**. Der Weg führt in den Wald und gabelt sich; man hält sich links. Eine Einmündung von rechts wird ignoriert. Sehr angenehmer Weg, teilweise im Wald, teilweise entlang der Obstkulturen am Ufer der Vipava. Man erreicht offenes Gelände und trifft auf einen breiten Weg; geradeaus weiter bis zu einem Querweg; auf diesem nach links. Man erreicht eine Brücke und überquert den Fluss. Man wendet sich nach rechts und folgt dem Hauptweg bis zu einem Bahnübergang. Man quert die Schienen und gelangt auf einer Asphaltstraße zur Kirche Sv. Danijel von **Dornberk** (3:00 Std.).

Variante ab **Prvačina:** Man geht vom Bahnhof Prvačina auf einem Pfad entlang der Gleise Richtung Osten und gelangt zu einer Bahnübersetzung. Geradeaus über eine Brücke; weiter auf einem geschotterten Fahrweg parallel zur Bahn. Nach ca. 15 Min. passiert man den **Bahnhof Dornberk vas** und geht bei der darauf folgenden Kreuzung rechts. Man quert die Schienen und gelangt auf einer Asphaltstraße zur Kirche Sv. Danijel von **Dornberk.** (0:20 Std.).

In den Weinbergen bei Dornberk im Vipava-Tal

Man passiert die **Kirche** und folgt der Vodnikova ulica bis zur **Hauptstraße**; auf dieser nach rechts. Man passiert kurz darauf einen Supermarkt und wendet sich bei der darauf folgenden Abzweigung (Verkehrsspiegel) nach links. Man gelangt neuerlich zu einer Hauptstraße und folgt dieser nach links. Nach etwa 400 m nimmt man eine Abzweigung nach rechts Richtung **Tabor** (Wegweiser). Fünfminütiger Anstieg. Am Ortsbeginn eine Gabelung; man hält sich rechts und steigt zum **Turm** am höchsten Punkt der Ortschaft an (3:30 Std.). Links am Turm vorbei, dann sofort nach rechts in eine Gasse, der man bis zu einem steinernen Tor folgt, durch das man den Ort verlässt. Auf schönem Karrenweg hügelwärts bis zu einem kleinen Glockenturm, dann geradeaus weiter. Bald vereinigt sich der Weg mit einem geschotterten Fahrweg, welchem man folgt. Ausgedehnte Weinkulturen, schönes Panorama. Nach 10 Min. passiert man ein Haus, 30 m danach eine Gabelung; man geht geradeaus und hält sich bei der darauf folgenden Gabelung links. Man steigt zu einem Hügel an, dessen Kuppe man knapp links umgeht. Beim dahinter liegenden Sattel eine Kreuzung; geradeaus weiter. Nach 30 m wird eine Abzweigung nach rechts ignoriert. Der Weg führt in den Wald, steigt an und vereinigt sich nach 5 Min. mit einem von links kommenden Weg. Man folgt dem (ab hier undeutlich markierten) Hauptweg bergauf und ignoriert dabei eine Abzweigung nach links sowie zwei Abzweigungen nach rechts. Man erreicht schließlich eine kleine Kapelle, die in einen Jägersitz umfunktioniert wurde. Weiter moderat bergauf auf bequemem (weiterhin markiertem) Waldweg bis **Pedrovo** (5:15 Std.).

Man passiert ein Partisanendenkmal. Die Dorfstraße gabelt sich; man hält sich links und biegt vor **Haus Nr. 244** scharf nach links in einen abwärts führenden (undeutlich markierten) Weg. Steiler Abstieg im Wald. Man erreicht den Talgrund und steigt am Gegenhang auf etwas breiterem Weg bis zu einem Kammweg an. Nach wenigen Schritten eine Gabelung, man hält sich rechts (verlässt somit die rotweiße Markierung!) und geht rechts des Hügelkammes talauswärts. Man gelangt zu einer Eisenbahnbrücke, unterquert die Bahn und erreicht am Ortsbeginn von Branik eine Querstraße. Auf dieser nach links bis zum **Bahnhof von Branik** (6:00 Std).

Vipavska dolina: Das Mäandertal

Sie ist, von den Regulierungen im Oberlauf abgesehen, ein Fluss, wie ihn sich verspielte Kartografen nur wünschen können: kaum begradigt, mit vielen Schleifen und Krümmungen, Sandbänken und Inseln, mit sanften Böschungen und üppigem Uferbewuchs. Die Rede ist von der Vipava, ital. Vipacco, dt. Wippach, einem malerischen Wasserlauf im Südwesten des slowenischen Küstenlandes. Sie entspringt am Fuße des Nanos, vereinigt sich bei Saksid mit der Branica und mäandert ab Dornberk in immer engeren Schleifen dem Isonzo entgegen. Die vielen Richtungswechsel sind Folge des geringen Gefälles, das zwischen Ursprung und Mündung kaum 60 m beträgt. (Das beeinträchtigt allerdings auch die Wasserqualität, wie an den braunen Schaumrändern und Ablagerungen zu erkennen ist.)

So schmal der Fluss, so breit das Tal. Es erstreckt sich zwischen Trnovski gozd, dessen steile felsige Hänge im Norden aufragen, und den scheinbar amorphen Wäldern der Kraška planota, der Karsthochebene, im Süden. Fruchtbar und dicht besiedelt, weitet es sich im Westen zur Ebene und erlaubt an klaren Tagen den Blick bis Südtirol. Die Hügel, kaum zwei- oder dreihundert Meter hoch, wachsen wie Aussichtsberge aus dem Talboden und laden mit schönen Panoramawegen zum Wandern.

Einen ersten Überblick gewinnt man vom Kamm bei Dornberk. Reihum liegen die Dörfer, teilweise als Streusiedlungen, teilweise – nach toskanischer Art – auf Hügelkuppen zusammen gedrängt. Einige von ihnen blicken auf eine lange Geschichte zurück, denn die Vipavska dolina, wie man das Tal nennt, ist uralter Kulturboden. Darauf weisen etliche römische Baudenkmäler sowie die große, geradezu »österreichische« Dichte an Burgen und Festungen hin; sie ist einzigartig in Slowenien. Leider liegen die bedeutendsten Orte in Autobahnnähe und sind daher für Wanderer wenig attraktiv. Auch sehen sie aus der Ferne betrachtet – quasi als grafisches Element in der Landschaft – oft vielversprechender aus, als sie es bei näherem Augenschein sind.

Wirtschaftliches und kulturelles Zentrum des Tales ist Ajdovščina, ital. Aidussina, dt. Haidenschaft, ein Städtchen mit rund 6000 Einwohnern, von denen nur ein kleiner Teil im alten Kern wohnt, der Rest ist in gesichtslosen Siedlungen untergebracht. Auch dem Zentrum mangelt es trotz mittelalterlicher Häuser und verwinkelter Gassen an der Atmosphäre einer Altstadt. Eindrucksvoll sind aber die Reste eines großen römischen Kastells sowie einer Therme. Sie wurden im Mittelalter teilweise zur Stadtmauer umfunktioniert, wovon man sich am nordöstlichen, 22 Meter hohen Wehrturm überzeugen kann. Die Festung war Bestandteil des so genannten Limes Claustra Alpium Iuliarum, einer Befestigungslinie, die von Rijeka bis nach Kärnten reichte und das Römische Reich gegen die Germanen schützen sollte. Später stellte er die Grenze zwischen Ost- und Westrom dar.

Hier, vor den Toren Ajdovščinas, dazumalen Castra, fand am 6. September 394 n. Chr. ein Ereignis von – aus damaliger Sicht – weltpolitischer Tragweite statt: die Schlacht zwischen den Kaisern Theodosius I. und Eugenius. Sie war eine der letzten großen Schlachten des Römischen Reiches und sollte den Sieg des Christentums über die heidnischen Religionen besiegeln. Eugenius war zwei Jahre zuvor zum weströmischen Kaiser ausgerufen worden und galt als Anhänger des alten Götterglaubens. Das lieferte dem christlichen (oströmischen) Theodosius den willkommenen Vorwand für einen Religionskrieg. Er mobilisierte rund 100.000 Soldaten (darunter 20.000 verbündete Goten) und eroberte unter großen Verlusten die Festung Ad Pirum auf einer Passhöhe oberhalb der Stadt. Von hier erfolgte ein zweiter, schließlich siegreicher Angriff auf das weströmische Heer im Tal. Eugenius wurde gefangen genommen und ermordet; Theodosius hielt in Italien Einzug und vereinigte ein letztes Mal das Reich. Der Triumph währte allerdings nicht lange: nur drei Monate später segnete der Kaiser das Zeitliche und Rom zerfiel.

Glaubt man der Überlieferung, wurde die Schlacht bei Ajdovščina von der Bora, dem hier besonders häufig und heftig auftretenden Fallwind, entschieden, indem sie die Pfeile der Truppen des Eugenius auf die eigenen Leute zurück lenkte. Wer die Vipav*ska burja*, wie der Sturm von den Einheimischen genannt wird, je erlebt hat, wird die Schilderung kaum für übertrieben halten. Nicht selten stürzen die Sturmböen mit Geschwindigkeiten von bis zu 150 km/h von den Bergen und behindern dann sogar den Verkehr. An solchen Tagen – durchschnittlich 42 im Jahr – verkriechen sich die Einheimischen in ihren Häusern und hoffen, dass die vielfach mit Steinen beschwerten Dachziegel der Naturgewalt standhalten. Viele Gebäude tragen dem gefürchteten Wind auch mit geschlossenen Innenhöfen und fensterlosen Nordwänden Rechnung. Und in der Ebene, in den 1980ern infolge von Entwässerungsmaßnahmen fast kahl geworden, stemmen sich frisch gepflanzte Pappelhecken gegen den Sturm.

Wesentlich angenehmer sind die Klimaeinflüsse aus dem Westen. Sie bescheren dem Vipava-Tal mediterrane Temperaturen und verlängern die Vegetationsperiode um gute zwei Monate. So entwickelte sich das Tal in der Monarchie zum »Garten von Görz«, dessen frühes Obst –

Bei Zavino, Braniška dolina

vornehmlich Kirschen, Pfirsiche und Marillen – bis Wien exportiert wurde. »Die ganze Gegend ist eine Fruchtschale, über die sich der blauäugige Himmel mit mildem Glückslächeln beugt«, heißt es in einem alten Reiseführer. Wer sie mit dem Zug bereiste, erhielt am Bahnhof von Görz »gegen geringes Entgelt ein Körbchen mit wachsgelben Birnen und holdbäckigen Äpfeln« gereicht.

Einen guten Ruf hat auch der im Vipava-Tal angebaute Wein. Schon Valvasor lobte ihn als »kindermaher«, weil er »alle Glieder schön erwärmt«. Ein Merlot dieses Namens wird bis heute erzeugt. Eine aphrodisierende bzw. antidepressive Wirkung sagt man auch dem *Zelen* und der *Klarnica* nach, alten regionalen Weinsorten, um deren Erhaltung man sich bemüht. Die *Pinela,* ein gelber Muskateller, fand Eingang in die Literaturgeschichte, als sie der aus Šmarje stammende Schriftsteller und Pfarrer Matija Vertovec (1784–1851) detailreich besang. Der Text klingt auch in France Prešerens berühmtem Trinklied nach, dessen letzte Strophe 1991 zur slowenischen Nationalhymne erhoben wurde.

Im Ort Vipava, benannt nach dem in der Nähe entspringenden Fluss, kann man dem Wein im *Vipavski hram,* einer trendigen Vinothek, nach

Tabor bei Dornberk

Herzenslust zusprechen. Kernstück ist ein hundertjähriger Weinkeller voller Eichenfässer, in denen die besten Sorten reifen. Vor der Degustation (bei der man besonders guten *sir* und *pršut* geboten bekommt), empfiehlt es sich, den Ort etwas näher in Augenschein zu nehmen. Er ist die zweitgrößte Ansiedlung im Tal und ebenfalls römischen Ursprungs (die Römer nannten ihn Vipacum). Seinen Reiz gewinnt er vor allem aus den sieben befestigten Quellen unter dem Hang der Skalnice sowie der malerischen Burgruine über der Stadt und der alten Lindenallee im Zentrum. Als Kulturdenkmäler ausgewiesen sind das vergammelte Lanthieri-Schloss im Zentrum und die ehemals gotische Pfarrkirche mit dem kunstvoll verzierten Glockenturm. Die größte Sehenswürdigkeit befindet sich aber am Friedhof: in Gestalt zweier ägyptischer Sarkophage aus dem dritten Jahrtausend v. Chr., die von Anton Lavrin (1789–1869), einem heimischen Diplomaten und Archäologen, nach Vipava gebracht und für sein Familiengrab zweckentfremdet wurden. Ursprünglich enthielten sie die Mumien eines Königssohns bzw. eines hohen Beamten des Pharaos. Lavrin wurde von Ferdinand I. wegen seiner Vermittlungen im Konflikt zwischen der Türkei und Ägypten in den Adelsstand erhoben und vom Papst zum Dignitarius terrae sanctae ernannt. Er starb geistig umnachtet.

Mit Sigismund Freiherr von Herberstein (1486–1566) hat Vipava einen zweiten berühmten Diplomaten hervorgebracht. Er entstammte einem steirischen Adelsgeschlecht, verbrachte ein Zeitlang in Kärnten (bis ihn eine Syphilis-Epidemie von dort vertrieb) und studierte in Wien. Unter Maximilian I. brachte er es zum Gesandten in Moskau, wobei ihm seine in Vipava erworbenen Sprachkenntnisse zugute kamen: »Da zw Wippach hab ich Teutsch vnnd Windisch, baid Sprachen gelernnet. Die Windisch hat mir vill muee in meiner Jugendt gemacht. Vill zuenamen hab ich muessen hören: Sclaf, Khadrotz und dergleichen. Dannoch hat mich niembt von der Sprach abtreiben mugen, des mir hernach in vill sachen genutzt hat.« Sein Werk »Rerum moscoviticarum commentarii« (1549) ist eine der ältesten Darstellungen der russischen Kultur und noch heute eine wertvolle kulturgeschichtliche Quelle. Im zweiten Teil berichtet Herberstein, wie weit die »lingua Slavonica« zu seiner Zeit verbreitet war. So nennt er »zahlreiche Länder und Völker zwischen Dalmatien im Süden und der Elbe im Norden« und unter den letzteren auch »die Krainer, die Kärntner bis zur Drau und die Steirer unterhalb von Graz entlang der Mur. Sie alle verwenden die slawische Sprache und nennen sich gemeinhin Wenden, Winden und Windische« (Übersetzung aus dem Lateinischen).

Vipavski Križ, das drei Kilometer westlich von Ajdovščina auf einem markanten Hügel sitzt, gilt als eine der ältesten Siedlungen im Tal. Es wurde auf den Fundamenten einer frühgeschichtlichen Festung errichtet und erlebte seine Blüte im späten Mittelalter. Erstmals im Jahr 1252 als Villa Crucis erwähnt, gehörte der Ort den Grafen von Görz, die im 15. Jahrhundert eine fast kreisrunde Wehrmauer mit dazugehörigem Renaissanceschloss errichten ließen. Die sollten Heiligenkreuz, wie die Ortschaft nun genannt wurde, gegen Türken und Venezianer schützen, was letztere nicht von einer zweijährigen Okkupation abhalten konnte. 1532, bereits wieder österreichisch, erhielt Vipavski Križ das Stadtrecht und avancierte damit zur kleinsten Stadt im Habsburgerreich. 1605 geriet es in den Besitz der Adelsfamilie Attems, woran sich bis Mitte des 18. Jahrhunderts nichts änders sollte. »Danach«, heißt es in einem slowenischen Reiseführer, »ging es mit Križ bergab«. Diesem frühen Niedergang ist es zu verdanken, dass der Ort seinen mittelalterlichen Charakter behielt, weshalb er vor einigen Jahren zur Gänze unter Denkmalschutz gestellt wurde.

Trotzdem gelingt es Vipavski Križ kaum, aus seiner historischen Bedeutung und der alten Bausubstanz touristischen Nutzen zu ziehen. Ein Großteil der Häuser steht leer und ist dem Verfall preisgegeben;

auch auf die Baudenkmäler scheinen die verbliebenen 174 Bewohner nicht gerade stolz zu sein. Sie blicken verdrießlich aus den Fenstern und strafen das Klischee Lügen, wonach die Bewohner des Vipava-Tales ein besonders lustiges Volk seien. Vielleicht sehnen sie sich auch nur nach modernen Sozialwohnungen. So hat das Ambiente zwar einen gewissen morbiden Charme, will aber beim Rundgang keine rechte Stimmung aufkommen. Störend ist vor allem der Autobahnlärm, der ständig vom Tal heraufdröhnt.

Dabei gibt es Interessantes zu sehen: enge, verwinkelte Gassen, zwei gut erhaltene Stadttore und eine Burgruine, die über und über mit Efeu bewachsen ist. Außerdem kann ein 1636 gegründetes und noch heute von ein paar Mönchen bewohntes Kapuzinerkloster besichtigt werden, dessen Bibliothek rund 2000 historische Bücher, darunter eine slowenische Bibel aus dem 16. Jahrhundert, umfasst. Es ist dies nur ein Zehntel des ursprünglichen Bestands, wurde doch die Bibliothek während des Ersten Weltkriegs fast zur Gänze zerstört. In der Klosterkapelle finden sich kostbare Gemälde aus dem Barock.

Zu dieser Zeit lebte auch Janez Svetokrižki (1647–1714), ital. Joanni a Santa Croce, im Kloster von Vipavski Križ. Der beliebte Prediger und Schriftsteller hinterließ eine 5000 Seiten umfassende Predigtsammlung, die von Literaturwissenschaftlern als das älteste Meisterwerk der slowenischen Kunstprosa bezeichnet wird. Fest steht, dass Svetokrižki über viel subversiven Witz verfügte und sich gerne mit seinen Berufskollegen anlegte, denen er vorwarf, stets Wasser zu predigen und Wein zu trinken.

Jeder touristischen Vermarktung entzieht sich das Siedlungskonglomerat am Eingang zur Braniška dolina. Dornberk, der Hauptort, ist ein unansehnliches Straßendorf, dessen größere Häuser Spuren von Urbanität aufweisen. Aufgelassene Gaststätten und leerstehende Geschäfte stammen aus einer Zeit, als es noch ein regionales Wirtschaftszentrum war. Die Ortschaft scheint sich noch immer nicht vom letzten Erdbeben erholt zu haben, an das etliche Ruinen und zahlreiche Mauerrisse erinnern. Auch der Kirchturm weist eine beängstigende Schlagseite auf. Bemerkenswert sind die Gartenzäune aus Industrieblechen, aus denen die verschiedensten Formen gestanzt wurden. Es handelt sich um Abfallprodukte aus dem Stahlwerk in Šempeter bei Nova Gorica. Dieses Gestaltungselement begegnet einem auch im Karst und kann als charakteristisches architektonisches Merkmal der Region betrachtet werden.

Eine Augenweide ist der Bahnhof von Dornberk, der mit seinem alten Wasserturm jeder Westernkulisse Ehre machen würde. Von hier führt eine Stichbahn nach Ajdovščina, die bereits 1902 in Betrieb genommen wurde und damit noch älter als die Karstbahn ist. Die »Wippachtalbahn« spielte im Ersten Weltkrieg eine wichtige strategische Rolle, stellte sie doch die Verbindung von Triest zur so genannten Erzherzog-Eugen-Seilbahn dar, die ab 1916, nachdem die Linie über Görz abgeschnitten worden war, die österreichischen Truppen am Tolminer Brückenkopf versorgte. Die mehrfach verzweigte Seilbahn führte über das Plateau des Trnovski gozd bis Grahovo im Bača-Tal (!) und war damit die längste Seilbahn im Bereich der Isonzofront. Heute wird die Eisenbahn in erster Linie von Schülern und Pendlern benützt. Eine Fahrt mit dem Schienenbus ist jedem Eisenbahnliebhaber dringend ans Herz zu legen.

Wer sich für das namensgebende, aus dem 13. Jahrhundert stammende Schloss von Dornberk interessiert, muss sich in den Ortsteil Tabor an der südlichen Talseite begeben und dort mit einigen wenigen Mauerresten vorlieb nehmen. Die Häuser kriechen den Bergrücken hinauf und haben im Laufe der Jahrhunderte die alte Burg überwuchert. Die »mittelalterlichen« Gassen und Treppenwege erinnern an Vipavski Križ, doch wirkt das Ambiente ungleich heiterer und vitaler als dort. Dazu tragen auch die vielen Katzen bei, die sich hier eines fast autofreien Lebens erfreuen. Das Ortsbild profitiert nicht zuletzt von den ausgedehnten Weinterrassen, die es umrahmen; einige davon sind ungewöhnlich steil und fast schattseitig gelegen. Oberhalb des Dorfes steht ein kleiner Glockenturm und bewacht die Reben. Etwas höher, bereits im Wald, hat man eine alte Kapelle in einen Jägerhochsitz umfunktioniert.

Am beschaulichsten sind die Ansiedlungen im Südosten des Vipava-Tales, der gänzlich vom Weinbau geprägt ist und es in puncto Schönheit mit der Goriška brda spielend aufnimmt. Hier ist das Land nur spärlich besiedelt und hält sich der Autoverkehr in engen Grenzen. Die Dörfer liegen in den Senken zwischen den Weinbergen und sind von kleinteiliger, akkurat gepflegter Kulturlandschaft umgeben. Da stehen knorrige Bäume wie Skulpturen in den Gärten und gleicht kein Leitungsmast dem anderen. Alte Steinmauern gliedern Wiesen und Weiden. Sind auch die Ortsbilder nicht ganz unversehrt, wirken sie dennoch kompakt und harmonisch. In ihrer Schlichtheit und Unzulänglichkeit haben selbst die Bausünden etwas Sympathisches. Hervorzuheben ist Šmarje, dessen älteste Häuser mit schönen Holzbalkonen ausgestattet sind, und das mit Hrastje einen besonders malerischen Weiler zum Nachbarn hat. Die hier erzeugten Weine gelten als die besten des Tales und sollen den Winzern der Umgebung als Qualitätsmaßstab dienen. Eine Oase der Ruhe ist Zavino, das eine alte Schmiede sowie einen netten Dorfbrunnen besitzt. vis-à-vis hat ein Bauer allerlei Gesammeltes – Holz, Blech, Ziegel, Steine – in eine kunstvolle Ordnung gebracht und damit einen Kontrapunkt zum liebenswerten Chaos gesetzt, das den übrigen Ort beherrscht.

In Branik erhebt sich die größte und älteste Burg des Küstenlandes. Das imposante, aus dem 12. Jahrhundert stammende Bauwerk befand sich zeitweise im Besitz der Habsburger und wurde im Zweiten Weltkrieg, nach der Kapitulation der Italiener, von den Deutschen bzw. den *domobranci* (der Heimwehr) in Beschlag genommen. Damit geriet Rihemberg, so der alte Name, ins Visier der Partisanen. Sie steckten die Burg in Brand und sprengten Teile der Anlage. Die Nazis beantworteten den Überfall mit der Zerstörung des Dorfes und der Deportation eines Großteils der Bevölkerung. Der Wiederaufbau der Burg ist heute noch im Gange.

Weithin sichtbar ist der aus weißen Felsblöcken gebildete Schriftzug TITO am unbewaldeten Hang oberhalb der Burg. Er misst etwa 80

Bei Gaberje

mal 20 Meter und wurde nach dem Krieg unter großer Beteiligung der Bevölkerung installiert. Er zeugt vom Rückhalt, den die Befreiungsbewegung in dieser Region hatte, und vom Ansehen, den die Partisanen bis heute genießen. Ähnliche Felsengraffiti entstanden Ende 1945 bei Nova Gorica und Renče, wo sie allerdings vor einigen Jahren von unbekannten »Saboteuren« in SLO bzw. MIR (Friede) umgruppiert wurden. Auch die Aufschrift von Branik hätte ein ähnliches Schicksal ereilt, wäre der örtliche Pfarrer nicht rechtzeitig am Versuch der Zerstörung gehindert worden. Also blieben die vier Buchstaben an ihrem Platz und kann sich TITO seit kurzem sogar eines neuen Kalkanstrichs erfreuen.

Sehenswert sind auch der gewaltige Bahndamm und das steinerne Viadukt von Branik. Sie gehören zu einer langen Steilrampe, über die die aus Nova Gorica kommende Eisenbahn das Karstplateau erreicht. Sie wird gelegentlich von Motocross-Fahrern als Übungsgelände oder von Kindern als Klettergarten zweckentfremdet. Wegen des starken Gefälles wurde der Bahnhof auf halber Höhe errichtet, wofür ein gewaltiges »Eck« aus dem Fels gesprengt werden musste. Die Zufahrt erfolgt über ein kurviges Sträßchen, dessen Begrenzungssteine sich wie regulierungsbedürftige Zähne über den Straßenrand hinauslehnen. Von Karies befallen sind auch die Betonzäune vor der Station. Armselige Holzschuppen, eine gerissene Wäscheleine und der zugige Warteraum fügen sich ins Bild. Besonders eindrucksvoll: die morschen Fenster, deren trübe Scheiben ein kreativer Bahnbeamter mit Landkarten aus dem sozialistischen Jugoslawien verhängt hat.

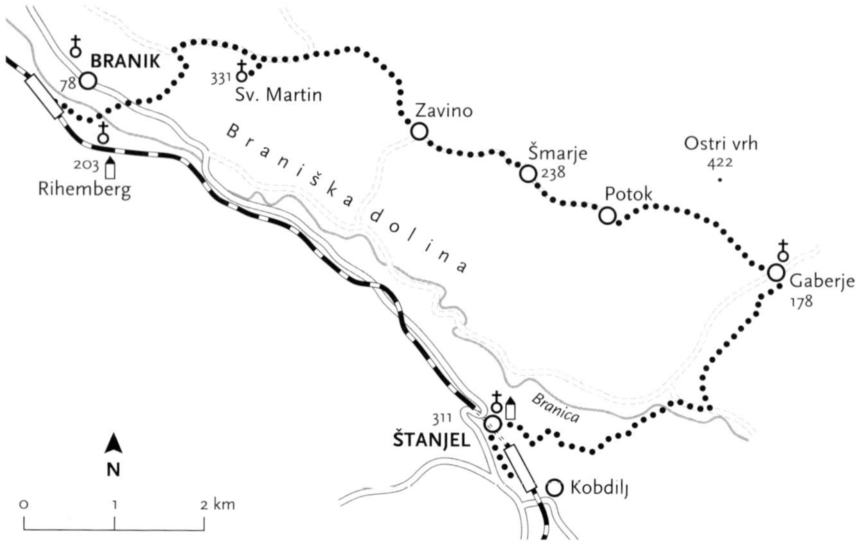

XV **Sanfte Tour**

WANDERUNG VON BRANIK NACH ŠTANJEL

Zwischen Vipava- und Braniška-Tal liegt ein Landstrich, wie ihn sich harmoniebedürftige Wanderer nur wünschen können: Bequeme Güterwege und kaum befahrene Straßen führen über sanfte Hügel und Hänge und verbinden im Stundentakt die von terrassierten Weingärten oder gepflegten Wiesen umgebenen Dörfer. Es sind bescheidene Ansiedlungen mit freundlichen Bewohnern, die dem Fremden mit Neugier begegnen und ihn vielleicht auf ein Gläschen in die Laube bitten.

Ausgangspunkt der Wanderung ist Branik, das bekannt ist für seine Burg, den Besuch aber vor allem wegen seiner gewaltigen Bahndämme und steinernen Brücken lohnt. Nur eine Stunde dauert der Aufstieg nach Sv. Martin mit weiten Blicken nach Westen und schöner Aussicht auf das mittelalterliche Vipavski Križ im Norden. Man folgt einem Kammweg in östlicher Richtung, taucht aber bald in ein stilles Tal, das sich erst bei Zavino öffnet. Tapfer wehrt sich die Ortschaft gegen den Verfall. Auch Šmarje, hinter dem nächsten Tellerrand gelegen, bemüht sich um Verschönerung. Es folgt ein gemächlicher Anstieg zwischen Weingärten zu einem Sattel unterhalb des Ostri vrh. Man lässt sich Zeit für eine Rast und steigt nach Gaberje ab, dessen Häuser sich eng um einen Kirchenhügel drängen. Ein angenehmer Hangweg weist nach Süden und senkt sich ins Tal. Man folgt einem Schottersträßchen über eine steinerne Brücke und schraubt sich den schattigen Hang hinauf. Auf der Anhöhe, am Rande des Karst, Štanjel. Kaum ein Ort im Umkreis, der sich stimmiger in die Landschaft fügt!

ANMERKUNGEN: Leichte Wanderung. Anstiege: Insgesamt 300 m. Länge: 17 km. Gehzeit: 5 Stunden. Karte: Izletniška karta Primorje in Kras, 1:50.000, Geodetski zavod Slovenije. Besondere Hinweise: Leider verkehrt die Karstbahn nur an Werktagen, daher ist man am Wochenende oder an Feiertagen auf den PKW bzw. das Taxi in Nova Gorica angewiesen: +386/31/886422.

WEGBESCHREIBUNG: Man wandert vom **Bahnhof Branik** auf der Zufahrtsstraße bergab und gelangt im darunter liegenden Ortsteil zu einer Querstraße (Stopptafel); auf dieser nach links. Nach etwa 100 m (Verkehrsspiegel) biegt man nach rechts in ein

Blick von Štanjel in die Braniška dolina

Šmarje, Braniška dolina

Sträßchen. Am Ortsrand beschreibt die Straße eine Rechtskurve; hier biegt man scharf nach links in einen Feldweg, der sich sofort gabelt. Man geht links und durchschreitet eine Furt. Geradeaus weiter, auf einem tief eingeschnittenen Feldweg, der sich nach etwa 200 m gabelt. Man geht links, wendet sich aber sofort wieder nach rechts und folgt einem Weg zwischen Weinreben bis zur **Hauptstraße**.

Man überquert die Straße und betritt schräg vis-à-vis einen ansteigenden Feldweg, der rasch steiler wird und sich einen licht bewaldeten Hügel hinaufwindet. Man folgt dem Hauptweg (im Zweifel rechts halten) bis zu einer unbewaldeten Geländestufe, wo er sich bald mehrfach verzweigt (Motocross-Übungsgelände). Zur weiteren Orientierung dient ein Haus, das halblinks auf der **Anhöhe** steht. Man behält vorerst die Richtung bei und steigt zum Waldrand an, wo sich der Weg nach links wendet. Man erreicht die Hügelkuppe und gelangt rechts des besagten Hauses zu einem **Quersträßchen**; auf diesem nach rechts (0:45 Std.).

Nach etwa 15 Min. gelangt man zur Abzweigung nach Sv. Martin. Man wendet sich nach rechts; kurzer Anstieg bis zur **Kirche** (1:15 Std.). Schöne Aussicht. Man kehrt zur Straße unterhalb der Ortschaft zurück; auf dieser nach rechts in östlicher Richtung. Nach gut 500 m durchschreitet man ein Kiefernwäldchen, um unmittelbar danach die Straße nach rechts zu verlassen und einem breiten Weg bis zu einer **Holzhütte** zu folgen, wo dieser sich gabelt. Man hält sich links. Nach etwa 5 Min. eine Kreuzung; man wendet sich nach links und wandert auf geschottertem Fahrweg bergab.

Nach 5 Min. wieder eine Kreuzung; man geht rechts. Kurzer Anstieg bis zu einem Wegkreuz (Rastplatz), dann fast eben weiter auf schönem Panoramaweg. Blick ins Vipava-Tal. Nach rund 10 Min. (man hat kurz davor rechter Hand einen **Betontrog** passiert) biegt man im Bereich eines kleinen Sattels scharf nach rechts in einen deutlichen, steil abfallenden breiten Weg. Abstieg in ein kleines Tal. In südlicher Richtung entlang eines Baches talauswärts. Der Weg quert zweimal den Bach und erreicht schließlich eine Furt. Man durchquert den Bach und folgt dem Hauptweg auf der linken Talseite bis **Zavino** (2:00 Std.).

Vom ersten Haus auf asphaltiertem Sträßchen geradeaus bis zu einer Querstraße, auf dieser nach links bis zu einer Gabelung im Ortszentrum (Bildstock); man geht links. 20 Min. auf kaum befahrenen Sträßchen über die Hügel bis **Šmarje** (2:30 Std.).

Man passiert die Kirche und folgt der Straße bis zur Kreuzung an der Hauptstraße unterhalb des Ortskerns. Geradeaus weiter (Wegweiser) bis **Potok** (2:45 Std.).

Man durchschreitet den Weiler. Der Asphalt endet, weiter auf einem Schottersträßchen. Sehr angenehmer Weg, der sich unterhalb des Ostri vrh in östlicher Richtung dahinschlängelt. 100 m nach einem Häuschen eine Gabelung, man hält sich rechts (bleibt damit auf dem Hauptweg) und steigt zu einem Sattel an **(Bildstock).** Hier gabelt sich der Weg, man geht rechts bergab und erreicht nach 15 Min. **Gaberje** (3:30 Std.).

Vom Ortsrand auf einem Sträßchen bis zu einer Querstraße, man geht links und bei der darauf folgenden Gabelung rechts bis zur **Hauptstraße**. Man geht links und wendet sich nach 150 m, beim Haus Nr. 22, nach rechts in ein ansteigendes Sträßchen. Man erreicht eine Häusergruppe und verlässt die Straße nach links in einen ansteigenden, geschotterten Fahrweg. Schöner Hangweg in südlicher Richtung. Auf der ersten Anhöhe wird eine Abzweigung nach links ignoriert. Nach 15 Min. verjüngt sich der Weg und senkt sich, immer undeutlicher werdend, zu einem Weingarten mit Wohnwagen. Hier wendet man sich nach links und trifft kurz darauf auf einen breiten Querweg, auf diesem nach rechts bergab. Man gelangt ins Tal und wendet sich auf der **Hauptstraße** nach rechts (4:00 Std.). Nach 400 m wendet man sich nach links in einen geschotterten Fahrweg und passiert gleich darauf eine steinerne Brücke. 30minütiger moderater Anstieg bis zu einer Gabelung bei einem Steinkreuz am Kamm. Man wendet sich nach rechts und steigt 5 Min. zum Zentrum von **Štanjel** an (4:45 Std.).

Man verlässt den Ortskern durch das westliche Stadttor unterhalb der Burg und steigt zur Hauptstraße ab. Auf dieser nach links. Nach 50 m biegt man nach links in ein Sträßchen, das sich kurz darauf gabelt, man geht rechts und steigt zum **Bahnhof von Štanjel** ab (5:00 Std.).

Karst: Das steinerne Herz

Befragt man die Bücher, wo der Karst zu finden sei, erhält man viele Antworten: Er erstrecke sich entlang der italienischen Grenze bis etwa Kožina, reiche östlich von Triest bis westlich von Ljubljana, umfasse die Gegend rund um Triest von Črni Kal bis zur Küste bei Santa Croce, Sistiana und Duino, werde vom Vipava-Tal, dem Hügelland der Brkini, dem Pivka-Tal und dem slowenischen Teil Istriens begrenzt oder sei das Gebiet von Triest bis zum Berg Nanos. Die Einheimischen, denkt man dann, wissen es wohl am besten, und so schlicht wie überzeugend ist ihre Auskunft: Der Karst ist da, wo die Erde rot ist.

Auch die Ethymologie ist nicht eindeutig. Das Wort »Karst« stamme von der slowenischen Region Kras, als Karst bezeichne man aber auch überall am Balkan ein Gebirge aus durchlässigen, wasserlöslichen Gesteinen. Ernst Decsey, Musikkritiker und Schriftsteller aus Wien, der dem Karst zu Beginn des vorigen Jahrhunderts verfiel, weiß es für sich: »Il carso nennt der Italiener den Karst. Kras sagt der Slowene, ein Wort, dessen Wurzel Schönsein bedeutet, und man kann das Steinland nicht anders nennen: Schönland ... Lange braucht man, um es sehen zu lernen – und wann kann man´s vergessen? Nein, die Schönheit quält als Erinnerung weiter, und man sieht nichts mehr vor Augen als die purpurblauen Sterne der Disteln, die wundersam aus dem Karststein brechen wie die Sehnsucht aus einem hartgewordenen Herzen. Nein, ich werde dich nie vergessen, Land der blauen Distel: ich bin dein!« Da ist der Karst also auch: in den Menschen. In ihre Herzen und Gemüter scheint er sich zu schreiben, damit sie in seinem Namen sprechen.

Scipio Slataper (1888 in Triest geboren) war die erste italienische Stimme des Karstes, die man über dessen Grenzen hinaus vernahm; Srečko Kosovel (1904 in Sežana geboren) sein slowenisches Pendant.

Für beide ist der Karst eine »Landschaft des Schmerzes«, ein Spiegel der eigenen Zerrissenheit, die gut zur fin-de-siécle-Stimmung und zu den Unsicherheiten der heraufdämmernden Moderne passt. Kosovel liest im Karst Ahnungen des Todes, vielleicht des eigenen, allzu frühen; wie der Landschaft geschieht, so auch ihm: »Und meine Lippen, rissig sind sie wie der Karst, und ist mein Herz traurig, ist es traurig wie der Karst.«

Düster und schwülstig sind die Bilder, die Slataper malt: »Der Karst ist eine Landschaft aus Kalk und Wacholder. Ein furchtbarer, versteinerter Schrei. (...) Bora. Sonne. Die Erde hat keinen Frieden, keine Fugen. Sie hat kein Feld, um sich auszubreiten. Jeder ihrer Versuche reißt und versinkt in den Abgrund.« Slataper verlässt Triest, um in Florenz zu studieren. In der

Ferne beginnt er, die Heimat gering zu schätzen, bezeichnet Triests Kultur als selbstgefällig und substanzlos. Immer wieder flieht der Anhänger der Irredentá, der Bewegung, die für die Heimholung des »unerlösten« Landes in die italienische Heimat eintritt, in den Karst, um sich zu stählen: »Ich möchte mich wieder stark und hart machen. Die Karstluft hat aus meinem Gesicht schon die Stubenluft gerieben.« Nationalistische Schwärmereien mischen sich in seine Verse, das müde italienische Blut will er mit slawischem Geist auffrischen. 1915 fällt er auf italienischer Seite durch die Bombe eines Bosniers.

Noch weniger Zeit zur literarischen Vollendung blieb Srečko Kosovel. Ihm scheint der Karst wie eine Verpflichtung, eine Bürde fast, auferlegt, und bis nach Ljubljana, wo er zum Studieren ist, stellt er ihm nach: »Ich weiß, diese Frage kommt noch, gewiß! Sie kommt um Mitternacht oder zu Mittag, still und ernst: ›Was hast du mir gegeben?‹ Sie kommt. Vom Karst. Als Stimme kommt sie. Zerstört meine Arbeit, verstärkt die Melancholie, in der ich lebe: ›Was hast du mir gegeben?‹« Kosovel, der, vielleicht etwas waghalsig, mit Rimbaud und Trakl verglichen wird, starb nur 22jährig in Tomaj an Meningitis.

Auch einen zeitgenössischen Dichter hat der Karst heimgesucht, doch der, ein wortmächtiger Wanderer, vermag daraus zu schöpfen. »Getauft« sei er hier worden, so bezeichnet Peter Handke in seinem Roman »Die Wiederholung« die Verwandlung, die er im Karst erfährt: »Damals, auf meiner ersten Reise, bin ich kaum zwei Wochen im Karst unterwegs gewesen, fast jeden Tag davon als jemand andrer. Nicht nur ein Spurensucher war ich, sondern auch Tagelöhner, Hochzeiter, Betrunkener, Dorfschreiber, Totenwächter. Sah in Gabrovica die aus dem Kirchturm gefallene Glocke, welche, die spielenden Kinder obenauf, schief in der Erde steckte; erschreckte in Skopo, aus der Wildnis tretend, die einsam in einer Doline harkende Greisin; zeichnete in Pliskovica in der einzigen werktags unverschlossenen Kirche, die über das Altartuch krabbelnde schwarzgelbe Hornisse; bestaunte in Hruševica, dem, wie alle im Karst, bachlosen Dorf, die steinerne Statue des heiligen Nepomuk, die man doch sonst nur an Brücken findet; trat aus dem Kino von Komen hinaus in eine Mondnacht, heller und lautloser als die Mojave-Wüste, durch die sich gerade noch Richard Widmark gekämpft hatte; (...) verneigte mich in Tomaj vor dem Sterbehaus des slowenischen Dichters Srečko Kosovel (...).«

Nimmt man die Dichter beim Wort, ist der Karst also nicht nur ein Ort und nicht nur der Zustand einer Landschaft, sondern auch der einer aufmerksamen Seele. Wie der Karst selbst, wird auch der Mensch durchlässig: bereit für die Empfindung erhöhter Achtsamkeit, die durch Reduktion

– und Sparsamkeit in jeder Form gehört auch zu den Grundwesenszügen des Karstes – den Blick öffnet.

Prosaisch betrachtet, ist der Karst eine Hochebene aus mehr als 1000 Meter dicken Kalksteinablagerungen, die ältesten mehr als 100 Millionen Jahre alt, die sich über dem Golf von Triest erhebt. Wind und Wasser schufen eine Landschaft aus sanften Hügeln, Karstfeldern und -trichtern, aus denen die Menschen schon vor Hunderten von Jahren Steine beiseite schafften, damit Trockenmauern errichteten, die die Felder begrenzten und vor der Bora schützten, und darauf ihre Schafe weideten. Doch der dünnen Krume tat beides nicht gut, nicht die Schafe und nicht der Wind, der die letzten Reste der roten Erde verwehte, und binnen Jahrzehnten verwandelte sich der Karst in eine öde Steinwüste. Wer heute durch die üppiggrüne Landschaft wandert, unter Steineichen oder in den Kiefernwäldern Schatten sucht, wem vom Wegesrand Thymian, Salbei und Rosmarin entgegenduften oder wer auf schönen Wiesen zwischen Perücken- und Wacholdersträuchern Rast macht, muss schon alle Fantasie zusammen nehmen, um sich vor Augen zu führen, was die Reisenden noch vor hundert Jahren mit Grausen beschrieben; so etwa der Forscher Balthasar Hacquet: »Der Karst, über den man von Adelsberg nach Triest fährt, ist das lebhafteste Bild der Verwüstung, das alle Vorstellung übertrifft. Eine Fläche von wenigstens zwei bis drei Meilen im Umkreise, mit den nacktesten Kalkfelsen begränzt, enthält nichts, als Millionen Steine, als die Überbleibsel der zurückgebliebenen Fluth«, oder der Schweizer Redaktor und spätere Sozialpolitiker Georg Baumberger: »Es ist, als wäre die Schöpfung hier erlahmt und hätte ihr Werk unvollendet im Stiche gelassen. Es ist nicht die melancholische Stimmung einst blühenden und nun verfallenen Lebens, die sich mit einem Lichtschein der Vergangenheit über eine Gegend breitet, sondern die ungleich düsterere des Unvollendeten, des Enterbten und Verfluchten von Anbeginn an, tot im Werden, tot im Sein, tot in aller Zukunft, und doch immer da.«

Doch auch damals öffnete sich dem einen oder anderen Durchreisenden die zaghafte Schönheit des Karstes. Joseph Aug. Lux, der die Gegend mit der Bahn befuhr, sieht im Karst zwar ein »Fluchland, über dem die Worte flammen: ›Im Schweiße deines Angesichtes …!‹, dennoch aber sei »die Öde nicht ohne Reiz, die Trostlosigkeit nicht ohne Schönheit. Handweise scheint die Erde zusammengetragen, zu winzigen Äckern in Mulden, den sogenannten Dolinen gehäuft, von geschichteten Steinen geschützt, hinter denen magere Bäumchen stehen, unschlüssig, ob sie die dürftigen Arme zum ungnädigen Himmel erheben oder zum noch ungnädigeren Steinherzen der Mutter Erde sinken lassen sollen.« Fritz Zschokke, Ordinarius für

Šmarje pri Sežani im Karst

Zoologie an der Universität Basel, ist zunächst beklommen vom »Eindruck unendlicher Monotonie und hilfloser Verlassenheit. Erst allmählich enthüllen sich dem Auge die großen Züge einer rauhen und herben Schönheit. Der Karst scheint den Sieg des toten Gesteins über die lebendige Schöpfung zu verkörpern. Endlos dehnen sich die Trümmerfelder der ungeschlachten, grauweißen und gelbgrauen Blöcke.« Dem widerspricht der schon erwähnte Ernst Decsey heftig und erkennt: »Der Stein macht den Zauber des Landes. (...) Von ihm lebt die ganze Gegend. Ohne ihn wäre sie tot.«

Wie karg und eintönig der Karst den Besuchern an der Oberfläche auch erschien, er war immer schon berühmt für seine Dolinen, Ponore (Schlucklöcher) und Tropfensteinhöhlen unter der Erde. Im Karst gibt es keine fließenden Oberflächengewässer, das Wasser versickert umgehend im porösen Kalkstein und formt eine reiche Unterwelt mit unzähligen Höhlen und Flussläufen. Die Adelsberger Grotte (Postojnska jama) ist mit 20 km eines der größten Tropfsteinhöhlensysteme der Welt und eine gut besuchte Touristenattraktion.

Eine weitere Karsterscheinung, den Cirkniško jezero, beschrieb schon der Ethno- und Topograph Valvasor 1689: »In diesem See seynd viel Gruben oder Löcher, auch viel Ströme oder lange Gruben wie Canäle, imgleichen kleine Hügel; sintemal sein Boden nicht gar eben ist. Auf solchem Grunde und Bodem kann man in einem Jahr fischen, Hasen hetzen, ja auch das grosse Wild, nemlich Bären, wilde Schweine und dergleichen jagen und schiessen, wie nicht weniger Wachteln und andre Vögel beitzen, Heu erndten, Hirs säen und schneiden.«

Dieses Naturschauspiel folgt dem Jahresrhythmus: Vom Herbst bis ins Frühjahr füllen unterirdische Wasserläufe das Becken des Zirknitzer Sees, in den Sommermonaten versickert der zehn Kilometer lange See vollständig, und Bauern ernten Heu und Getreide am Seegrund.

Die Idee, den Karst mit der Schwarzkiefer aufzuforsten, stammt von dem Erfinder und Forstmann Joseph Ressel. Ende des 19. Jahrhunderts begannen die Pflanzungen, die sich bald wie grüne Saumbänder durch den Karst zogen. Die Landschaft wurde für die Bürger Triests attraktiv, die den Karst am Wochenende und im Sommer besuchten. *Osmice* entstanden, wenn die Bauern einige Tage im Jahr (ursprünglich acht, daher der Name) Wein auf ihren Höfen verkaufen durften. Heute haben diese »Buschenschänken« ein- oder zweimal im Jahr zehn Tage lang geöffnet und bieten Produkte aus eigener Erzeugung an. Die Hinweise sind leicht zu übersehen, rote Holzpfeile oder handgemalte Pappschilder, denen man folgen sollte, wenn man die Köstlichkeiten des Karstes vor Ort genießen will.

Langsam kam der Tourismus in Schwung, und durch ihn erhielt der Weinanbau einen neuen Anstoß. Die Hauptweinsorte, der Teran, hatte bereits in der Zeit um Christi Geburt einen guten Ruf besessen. Der römische Geschichtsschreiber Plinius überliefert, dass Kaiserin Julia ihr stolzes Alter von 82 Jahren dem Karstwein zuschrieb. Es gäbe keinen gesünderen Wein auf der ganzen Welt. In der Vergangenheit wurde der Teran sogar in Apotheken verkauft, Teranfläschchen in Medizingröße sind angeblich heute noch in Umlauf.

Neben dem Weinanbau veränderte ein weiterer Erwerbszweig die Landschaft und warf kräftige Gewinne ab: Für die florierende Seidenraupenzucht wurden mehr und mehr Maulbeerbäume gebraucht, die das Futter für die gefräßigen Raupen lieferten. Die Wiederaufforstung machte auch den Harzverkauf lukrativ, aus dem australischen Zürgelbaum wurde außerdem das Holz für die Peitschenherstellung gewonnen. Die älteste handwerkliche Tradition im Karst hat jedoch, nahe liegend, die Steingewinnung, die auch schon in der Antike eine Rolle spielte (in Aurisina/Nabrežina existiert heute noch der Steinbruch »Cava Romana«).

Diese sozialen und wirtschaftlichen Entwicklungen fanden durch die Kriegserklärung Italiens an die österreichisch-ungarische Monarchie im Mai 1915 ein abruptes Ende. In den Karstdörfern waren während des Ersten Weltkrieges Soldaten aus der Monarchie stationiert, die Bewohner in die Steiermark und nach Dolenjska ausgesiedelt. Kirchen wurden zu behelfsmäßigen Krankenhäusern, und viele Soldatenfriedhöfe und Beinhäuser zeugen noch heute von diesem gewaltvollen Kapitel Karstgeschichte. Am heftigsten umkämpft waren die Orte um den Berg Grmada/Monte Ermada. Medeazza/Medjevas, San Giovanni di Duino/Štivan, Ceroglie/Cerovlje und Brestovica wurden 1917 dem Erdboden gleichgemacht, das berühmte Schloss Duino schwer beschädigt. Den grausamen Krieg im Karst beschrieb der slowenische Literat Prežihov Voranc in dem Roman »Doberdob«, daraus eine Passage, in der die Novemberoffensive der italienischen Isonzotruppen 1915 beginnt: »Schon zwei Tage lang dröhnte die Erde unter den Schlägen der tausend und abertausend Granaten, die der Feuerrachen jenseits des Isonzo in einem fort Richtung Osten ausspie. Das Bataillon durfte noch einen ganzen Tag diese Hölle mitanhören, bis in der Dämmerung des nächsten Tages der Befehl eintraf: ›Vorwärts!‹ Über dem Vippachtal hing ein furchtbarer Himmel voller schwerer, geschwärzter Wolken, aus denen ein feiner, unangenehmer Regen niedernieselte. (...) Der ganze Osten war eine einzige hohe, brennende Wand, die mit breiter Flamme nord- und südwärts pulsierte.«

Der Lyriker Giuseppe Ungaretti, als italienischer Soldat im Karst stationiert, verlieh seinen Eindrücken verstörenden Ausdruck, etwa im Gedicht »Wache« von 1915: »Eine ganze Nacht lang / geworfen neben / einen gemetzelten / Kameraden / mit seinem Mund / zähnefletschend / zum Vollmond gewandt / mit dem Blutandrang / seiner Hände / eingedrungen / in mein Schweigen / hab ich Briefe geschrieben / voll Liebe«. Fünfzig Jahre später bereiste Ungaretti den Karst noch einmal und zeichnete ein versöhnliches Bild, das sich in der Landschaft, die auch zu heilen begonnen hatte, spiegelt: »Ich habe gestern wieder einige Orte des Karsts besucht. Diese steinige Gegend – die damals durch den klebrigen Schlamm die Farbe blutigen Rosts angenommen hatte und die für den, der sie, verloren in der Nacht, im dichten Kreuzfeuer der pfeifenden Kugeln durchquerte, ein unsicheres Gelände war – ist heute wieder in ein üppiges Laubkleid gehüllt. Es ist unglaublich, heute wirkt der Karst beinahe heiter. Ich dachte: Ja, jetzt ist der Karst keine Hölle mehr, das ist das Grün der Hoffnung; jetzt, dachte ich, wird er zu einem friedlichen Ort der Poesie und lädt den, der sich vornimmt, Poesie, das heißt Glaube und Liebe, zu verbreiten, zur Sammlung ein.«

Doch von ruhigeren Zeiten war das Land noch weit entfernt: Durch den Vertrag von Rapallo 1920 wurden die Bewohner von Primorska an das Königreich Italien angeschlossen und damit vom slowenischen Kernland getrennt. Die faschistische Diktatur führte ab 1922 eine brutale Italianisierung durch: Orte und Familien wurden umbenamt, in Schulen und Ämtern wurde Slowenisch verboten. Die Repressalien bis hin zu Verschleppung, Internierung und Mord bezeichnete man als »ethnische Aufbesserung«.

Im Zweiten Weltkrieg wurden die junge Männer des Küstenlandes in die oft verhasste italienische Armee einberufen, und der Krieg kehrte in den Karst zurück. Nach der Kapitulation Italiens 1943, unter deutscher Besatzung, wirkte hier die Kosovel-Partisanenbrigade und löste scharfe Gegenmaßnahmen aus: Nach einem Eisenbahnangriff der Partisanen wurden die vier um dem Berg Grmada/Monte Ermada gelegenen Dörfer abermals zerstört. Auch andere, wie etwa Komen, Mali Dol oder Tomačevica, wurden niedergebrannt, die Bewohner nach Deutschland deportiert. Bewohner und Partisanen starben aber auch in dem einzigen deutschen Konzentrationslager auf italienischem Boden, der »Risiera« in Triest. Anfang Mai 1945 trafen neuseeländische Panzereinheiten im Karst ein und beendeten hier den Zweiten Weltkrieg.

Doch der Karst kam noch immer nicht zur Ruhe: Nach dem Sieg der jugoslawischen Armee wurden viele Slowenen wie Italiener ohne Gerichtsurteil oder per Schnellgericht verurteilt und verloren ihr Leben in einer der vielen Karsthöhlen und Foiben.

1947 unterschrieb Italien in Paris den Friedensvertrag, der die Gründung des »Freien Triester Territoriums« zur Folge hatte. Dadurch wurde der Karst entzwei gerissen: ein kleiner Teil kam zu Italien, ein anderer zum Freien Triester Territorium (und 1954 endgültig zu Italien), der größte zu Jugoslawien. Im Laufe der Jahre, vor allem durch die Verstädterung, änderten sich die Sprachenverhältnisse im italienischen Teil eklatant: Heute beherrscht nur noch ein Drittel der Bevölkerung die slowenische Sprache.

Slowenien und Italien, die sich den Karst heute teilen, sind inzwischen Mitglieder der Europäischen Union. Ist der Karst damit zu Ungarettis »friedlichem Ort der Poesie« geworden, der zur Sammlung lädt? Die Karstdörfer jedenfalls sind ruhig und beschaulich, für allzu aufdringliche Umbauten fehlt das Geld. Die Menschen freuen und plagen sich, wie sie es überall tun, vielleicht ein bisschen verbundener mit dem Flecken Erde, auf dem sie leben, als anderswo. Zwischen Weinreben gedeihen saftige Kiwis auf den Veranden, bei der Ernte hilft immer noch der eine Kleinbauer dem anderen, und der sanfte, grüne, duftende Karst ist längst keine »Landschaft des Schmerzes« mehr, aber eine, in die sich die Menschengeschichte deutlicher als anderswo eingeschrieben hat. Dass so viel

Karstlandschaft

gegenwärtige Geschichte keine Last sein muss, sondern ein ganz anderes Gefühl erzeugen kann, beschreibt Peter Handke: »Woher kam, schon mit dem ersten Sich-Umblicken damals, diese Freiheit? Wie kann eine Landschaft überhaupt etwas wie ›Freiheit‹ bedeuten? Ich habe den Karst in dem vergangenen Vierteljahrhundert ja noch viele Male betreten, beladen mit Rucksäcken (der einzige Mensch dort mit solch einem Ding), Taschen und Koffern – und warum ist mir, als habe ich die Arme und Hände immer frei gehabt, als sei schon mit dem ersten Tag der Seesack, den ich dabei doch überall mitschleppte, von meiner Schulter verschwunden?

Als Antwort fällt mir zunächst nur der Karstwind ein (und vielleicht dazu noch die Sonne). Es ist ein Wind, der in der Regel aus dem Südwesten kommt; ein Wind, der von der Adria aufsteigt zu dem Plateau und als steter, im Sitzen oder Stehen kaum wahrnehmbarer Luftstrom über dieses hinwegzieht. (...) Von jenem Fächeln habe ich mehr gelernt als von den fähigsten Lehrern: Mir die Sinne schärfend, alle zugleich, zeigte es mir im scheinbar Wirrsten, der menschenfernen Wildnis, Form um Form, eine klar getrennt von der andern, und eine die Ergänzung der andern, und ich entdeckte das nutzloseste Ding als einen Wert und kam in den Stand, die Dinge zusammen zu benennen.«

Der Wind gehört zum Karst wie die rote Erde, die weißen Steine, der Teran oder der Pršut, an dessen Entstehen er ja keinen geringen Anteil hat. Dieser wird in den ersten Monaten nicht in den Keller, sondern unter das Dach gehängt, und erst der Wind mache aus einem hundsgewöhnlichen Schinken einen Pršut, heißt es. Doch der sanft fächelnde Karstwind, der den Dichter Peter Handke so vieles lehrte, hat eine gemeine große Schwester: die Bora. Kosovel beschreibt die Bora als eine Kraft, »die Bäume entwurzelt, die Schiffe versinken lässt und Rastlosigkeit in die Seelen der Menschen bringt«. Die Karstarchitektur hat sie auf jeden Fall entscheidend geprägt, weil ihr, wie im Märchen von den drei Schweinen, nur Steinhäuser standhalten: »Die Häuser des Karstes, Trutzburgen von außen, eine in die andre verschachtelt, mit Kaminen obendrauf, die eigene Häuser sind, konnten im Innern umso zierlicher sein; brauchen kein Tonnengewölbe; wölben sich nur draußen leichthin gegen die Witterung«, schreibt Handke.

Auf dem Friedhof von Kopriva

Die Architektur eines Karstdorfes lässt sich am besten im malerischen Štanjel studieren, das seine knapp 300 Einwohner in zwei Ortsteilen auf der Hochebene von Komen beheimatet. Am reizvollsten ist es, den mittelalterlichen, gut erhaltenen Ortsteil Štanjels von Kobdilj kommend durch den Turm am Torweg zu betreten. Das ermöglicht wunderbare Blicke hinab ins Branica-Tal. Bald stößt man auf eine hübsche, terrassierte Parkanlage mit künstlich angelegtem Teich, einem Inselchen und venezianischer Brücke im Miniaturformat: den Ferrarigarten, mitsamt der dazugehörigen Villa für seinen Schwager Enrico Ferrari von Max (oder Maks) Fabiani errichtet. Fabiani wurde 1865 in Kobdilj geboren, war Architekt, Stadtplaner, Erfinder und Schriftsteller. Ein Universalgelehrter europäischen Formats: Gemeinsam mit Jože Plečnik gilt er als Begründer der slowenischen Architektur, in Wien war er Professor an der Polytechnik und Mitschöpfer der Wiener Sezession, außerdem Architekt der Urania. Noch vor dem Ersten Weltkrieg als Zeichner in seinem Wiener Büro tätig: Adolf Hitler. Diese alte Beziehung nutzte Fabiani später immer wieder aus, wird kolportiert, und das hat den großen Namen mit dem Nachhall des Kollaborateurs versehen.

Als Ljubljana 1895 von einem verheerenden Erdbeben zerstört wurde, war Fabiani der verantwortliche Stadtplaner des Wiederaufbaus. Nach dem Ersten Weltkrieg kehrte Fabiani in den Karst zurück, um seiner kriegsverwüsteten Heimat seine Kompetenz angedeihen zu lassen. Von 1935 bis 1945 war er Bürgermeister von Štanjel, in dieser Zeit ließ er die Villa Ferrari und den Ferrarigarten errichten. Auch hier konzipierte Fabiani ein Novum: Er kaufte die meisten in der ersten Reihe oberhalb des Parks gelegenen Gebäude und einige aus der zweiten auf, revitalisierte sie, ließ sie straßenseitig unbelassen und wandelte sie zum Park hin in eine Villa um, die so auf einzigartige Weise mit der Landschaft zu korrespondieren vermag.

Štanjel ist nicht nur einer der schönsten Orte des Karstes, sondern auch einer der ältesten. Seine Anfänge reichen in die Hallstattzeit zurück. Zwischen dem 16. und 19. Jahrhundert residierten hier die Grafen Kobenzl, eine Adelsfamilie, die in der Habsburger Monarchie hohe Diplomaten stellte. Durch Umbauten des Schlosses, der Kirche und des Dorfes insgesamt prägten sie das Erscheinungsbild des heutigen Štanjel entscheidend. Das Schloss wurde im Zweiten Weltkrieg niedergebrannt, die Revitalisierung begann in den 60er Jahren. Heute befindet sich dort die Galerie des Malers und Grafikers Lojze Spacal. Wie kein anderer hat er Motive, Bild- und Formensprache des Karstes in sein Werk aufgenommen und in die Welt (seine Arbeiten haben Eingang in viele wichtige Sammlungen zeitgenössischer Kunst gefunden) hinausgetragen.

Obwohl das Schloss den alten Ortskern dominiert, ist doch ein anderes Bauwerk wegen seiner optischen Eindrücklichkeit das Wahrzeichen Štanjels geworden: Die Kirche des hl. Daniel mit ihrer einzigartig geformten Turmspitze, die vielmehr an ein Minarett erinnert als an eine katholische Pfarrkirche gotischen Stils. Auf jeden Fall verleiht sie der Silhouette Štanjels Unverwechselbarkeit.

Einige der alten Karsthäuser sind hervorragend erhalten, eines von ihnen beherbergt ein kleine ethnologische Sammlung. Vielerorts wird renoviert und revitalisiert, meist nicht nur mit Hingabe, sondern mit ästhetischem Gespür und Sachverstand.

Schlendert man durch Štanjels enge Gässchen hügelauf und -ab, bis sie in kleine Plätze mit großen Brunnenanlagen münden, oder legt man eine kleine Rast auf dem hübschen Bänkchen unter dem ausladenden Feigenbaum ein, könnten einem die Verse von Cvetka Lipuš in den Sinn kommen: »Die steinerne Stadt / engt Fenster zu Scharten / knüpft Straßen zu Knoten. / Wölbende Portale / schmelzen Klinken / und Schlüssel zu Siegeln.«

Im Gastgarten des Schlosshofs lässt sich, zwar ohne Ausblick auf die schöne Umgebung, dafür aber beschattet von großen Kastanienbäumen, ein Glas Wein genießen, so kräftig und blau, dass er Zunge und Zähne färbt. Wenn der Teran, wie es ihm zugeschrieben wird, das Blut in Wallung gebracht hat, wird es Zeit, aufzubrechen und sich die erhitzten Wangen vom Karstwind kühlen zu lassen. Denn nur im Gehen entfaltet der Karst nicht nur eine ästhetische, sondern die alle Sinne ergreifende Dimension, die niemand besser als Peter Handke beschreiben könnte: »So erzeugt auch das Gehen im Karst den Wind, wenn der dort ausblieb, und mit ihm verflüchtigten sich die Grübeleien, und es kehrte mich wieder jener große Gedanke, befreiend wie nichts sonst, nach außen: ›Freund, du hast Zeit.‹ Das Zeithaben war es auch, was dem Dörfler zu seinem besonderen Gang verhalf. (…) Zu solch einem Gang gehörte es, daß der Gehende selbst sich in Abständen, unwillkürlich, doch umso bewußter, umblickte, nicht aus Angst vor einem Verfolger, sondern aus reiner Lust am Unterwegssein, je zielloser, desto besser, mit der Gewißheit, dabei in seinem Rücken eine Form zu entdecken, sei es auch nur ein Riß im Asphalt. Ja, die Gewißheit, eine Gangart zu finden, ganz Gang zu sein und dabei zum Entdecker zu werden, hob mir den Karst ab von den paar sonstigen freien Weltgegenden, durch die ich gekommen bin.«

Annemarie Pilgram-Ribitsch

Bei Kobdil

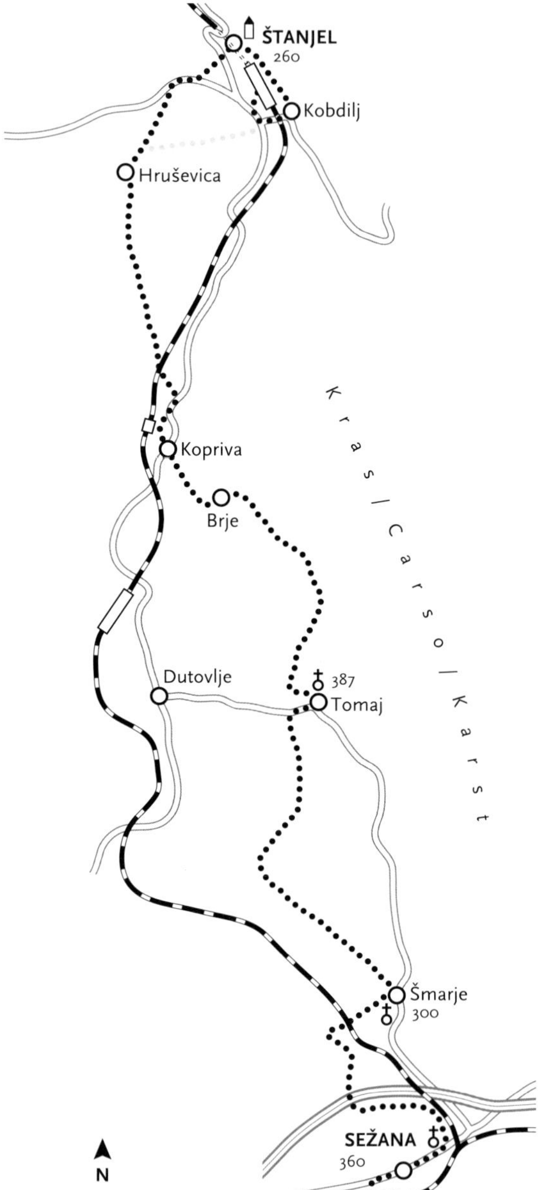
ŠTANJEL
260
Kobdilj
Hruševica
Kras / Carso / Karst
Kopriva
Brje
Dutovlje
387
Tomaj
Šmarje
300
SEŽANA
360
N
0
1
2 km

XVI Schöne Strecke

WANDERUNG VON ŠTANJEL NACH SEŽANA

Den slowenischen Karst als karge Gegend zu bezeichnen, hieße, den Regenwald eine Wüste nennen. Hier kann es im Frühjahr so üppig grünen wie in Irland, blühen im Frühsommer die Weiden wie fette Almwiesen und explodieren die Farben im Herbst in expressionistischer Manier. Auch die Vorstellung vom Karst als amorphe Landschaft ist unzutreffend. Was auf den ersten Blick flach und konturlos erscheint, erweist sich bald als äußerst bewegt und von unzähligen Trichtern und Mulden geformt. Gelegentlich tun sich wahre Schlünde und mit ihnen die bange Frage auf, wann wohl der nächste unterirdische Hohlraum einstürzen mag.

Bei dieser ausgedehnten, aber wegen der geringen Höhenunterschiede kaum anstrengenden Wanderung lernt man den Karst als Kulturlandschaft mit steingefassten Weiden, kreisrunden Feldern und Weingärten, aber auch als weitläufiges Waldgebiet kennen. Von den fünf Ansiedlungen am Wege hat jede ihre Eigenheiten; architektonische Kleinode sind – vom Postkartenidyll Štanjels ganz zu schweigen – die historischen Schornsteine von Kobdilj, der kleine Friedhof am Ortsrand von Kopriva und die »spanische« Kirche von Šmarje. Allen Ortschaften gemeinsam ist der spröde Charme unbedeutender Bauern- und Straßendörfer. Erst in Sežana, dem Ziel der Etappe, kippt die Melancholie der Siedlungen ins Trostlose. Über den atmosphärischen Stilbruch helfen eine komfortable Unterkunft, die gute Küche und der passend saure Wein hinweg.

ANMERKUNGEN: Leichte Wanderung. Anstiege: Insgesamt 100 m. Länge: 24 km. Gehzeit: 5,5 bis 6 Stunden. Karte: Izletniška karta Primorje in Kras, 1:50.000, Geodetski zavod Slovenije. Einkehr: Tomaj. Besondere Hinweise: Leider verkehrt die Karstbahn nur an Werktagen, daher ist man an den Wochenenden oder Feiertagen bei der Anreise (und etwaigen Rückkehr zum Ausgangspunkt der Wanderung) auf den PKW bzw. das Taxi in Sežana angewiesen: +386/41/621347. Wer Štanjel bereits am Vortag besichtigt hat und sich rund 30 Min. Asphalt ersparen möchte, wandert vom Bahnhof Štanjel auf direktem Weg nach Hruševica (Variante).

WEGBESCHREIBUNG: Man steigt vom **Bahnhof Štanjel** auf einem Asphaltsträßchen zur Hauptstraße an und wendet sich auf dieser nach links Richtung Sežana. Nach gut 200 m biegt man nach links (Wegweiser »Vipava«).

Variante: Nach gut 200 m, kurz vor der Abzweigung nach Vipava, biegt man beim Haus Kobdilj Nr. 5a nach rechts in ein ansteigendes Sträßchen, das gleich darauf endet. Rechts am Haus Nr. 5 vorbei in einen Karrenweg. Man folgt dem deutlichen, teilweise jedoch tunnelartig verwachsenen Hauptweg in westlicher Richtung. Nach ca. 30 Min. gelangt man bei einem Friedhof zu einer Querstraße; auf dieser nach links bis **Hruševica** (0:35 Std.).

Man überquert mittels Straßenbrücke die Eisenbahn und durchschreitet **Kobdilj.** Im Ort beschreibt die Straße eine Rechtskurve, man geht geradeaus in ein leicht ansteigendes Sträßchen. Nach etwa 300 m eine Gabelung, man geht links. Kurz darauf endet der Asphalt, weiter auf geschottertem Fahrweg. Einmündung in eine Schotterstraße, weiter geradeaus. Nach etwa 250 m nimmt man eine Abzweigung nach rechts und geht auf ein Denkmal zu. Anstieg auf breitem Kammweg Richtung Štanjel. Schöne Blicke. Man durchschreitet das alte Stadttor und betritt **Štanjel** (0:20 Std.). Man wendet sich nach links, gelangt zur Kirche und verlässt den alten Ortskern durch das Stadttor unterhalb der Burg. Abstieg zur Hauptstraße (Lebensmittelgeschäft), auf dieser nach links. Nach 100 m biegt man in ein untergeordnetes Sträßchen nach rechts, folgt diesem bis zum Ortsende und wendet sich auf der darauf folgenden Hauptstraße nach rechts. Nach 250 m wendet man sich in ein Sträßchen nach links (Wegweiser »Hruševica«). Auf wenig befahrener Straße bis **Hruševica** (1:10 Std.).

Im Ort eine Gabelung, man geht links an der Kirche vorbei, passiert den Tavčar-Hof und geht bei der darauf folgenden Gabelung rechts. Beim Haus Nr. 34 endet der Asphalt, geradeaus weiter auf einem Schotterweg. Eine erste Abzweigung nach rechts wird ignoriert. Nach 50 m eine Gabelung, man geht rechts. Schöner Karrenweg zwischen Steinmauern, Weingärten und Wiesen. Man bleibt stets auf dem Hauptweg und unterquert nach 10 Min. eine Hochspannungsleitung. Nach weiteren 20 Min. unterquert man die Bahnlinie und gelangt bald zu einer Autostraße, auf dieser nach rechts. Nach 200 m biegt man nach rechts in ein Sträßchen, bei der darauf folgenden Gabelung wieder rechts. Man passiert die **Bahnstation** Kopriva, gelangt über einen Fußweg in das auf einer flachen Kuppe liegende **Kopriva** und steigt, den Ort durchschreitend, zur Autostraße ab; auf dieser nach rechts. Nach 50 m biegt man nach links in ein Sträßchen (Wegweiser »Brje«). Besichtigung der **Kirche** und des Friedhofes (2:00 Std.).

Man folgt dem Sträßchen bis zu den ersten Häusern von **Brje** (2:10 Std.). Die Straße gabelt sich, man geht links, unmittelbar danach nach rechts und vor dem Haus Nr. 2a nach links in einen Karrenweg, der sich kurz darauf gabelt; man geht rechts, in südöstlicher Richtung. Kurz nach dem Ortsrand ignoriert man eine Abzweigung nach rechts sowie eine nach links. Man folgt dem (markierten) Hauptweg in ein Gehölz, kurzer Anstieg. Man gelangt zur einer Gabelung (rote Markierung »A«), man geht rechts und folgt der Markierung erst auf breitem, dann

Štanjel, Aufgang zum alten Ortskern

stellenweise etwas verwachsenem Wege bis zu einem Hochsitz. Halbrechts weiter auf einem breiten Weg. Nach gut 5 Min. wird eine Einmündung von links ignoriert. Nach 20 m eine Gabelung; man hält sich rechts. Bald darauf ein Querweg, man geht rechts. Man bleibt auf dem Hauptweg (Einmündungen von links und rechts werden ignoriert) und steigt auf schönem Weg gemächlich nach **Tomaj** an. Kurz vor den ersten Häusern ein Querweg, man geht links und nimmt beim Haus Nr. 54A eine Abzweigung nach links. Kurzer Anstieg bis zur Kirche von **Tomaj** (3:00 Std.).

Abstieg von der Kirche über den Stiegenabgang und ein Sträßchen zur Gostilna Tomaj an der **Hauptstraße**; auf dieser nach rechts. Nach gut 300 m (Verkehrsspiegel) verlässt man die Straße nach links und wendet sich in den markierten Wanderweg **Kosovelova pot**.

Man folgt der Markierung; breiter und angenehmer Weg zwischen Feldern, Weingärten bzw. im Wald. ACHTUNG: gelegentlich überraschender Richtungswechsel! Man erreicht **Šmarje** (4:00 Std.) und verlässt den Ort, weiter der Markierung folgend. (Lohnend: ein kurzer Abstecher zur »spanischen« Kirche an der Hauptstraße.) Moderat ansteigender Weg. Bald unterquert man die Bahntrasse, dann eine Hochspannungsleitung, um wenig später zu einem Rastplatz oberhalb der Autobahn zu gelangen. Weiter der Markierung folgend, über einen bewaldeten Rücken bis zum Ortsbeginn von **Šezana** (5:15 Std.). Man durchquert den Ort auf der Hauptstraße und gelangt nach rund 1,5 km zum **Bahnhof** bzw. zum benachbarten Hotel (5:30 Std.).

In Brje pri Koprivi

Triest: Die deplazierte Stadt

Triest ist zu allererst eine Stadt der Ankunft, fast paradigmatisch der unvermittelten Ankunft am Meer. Karl Friedrich Schinkel blickte hier von oben, »aus dieser Steinwüste plötzlich in die weite Fläche des adriatischen Meeres, das viele tausend Fuß unter mir die steilen Vorgebirge mit seinen im Abendgold glänzenden Fluten umzog«, Ferdinand Grillparzer schrieb: »– ein Hügel! – hinauf! – ah! und da lag es vor uns weit und blau und hell, und es war das Meer«, Adalbert Stifter »sah auf das tief unter meinen Füßen liegende Meer« und rief aus: »Wie groß ist Gott, wie herrlich ist seine Welt!« Auch Johann Gottfried Seume, der 1805 zu Fuß von Leipzig losging, sah auf seinem Spaziergang nach Syrakus hier das erste Mal das Meer. Noch die Wanderer der Gegenwart empfinden bei diesem überraschenden Blick ein Hochgefühl.

Wer sich, damit aufgeladen, in die Stadt hinein bewegt, wird enttäuscht sein. Bald sieht man in der Ferne riesige Öltanks. Von Bagnioli fährt der Bus durch gewöhnliche, geradezu hässliche Vorstädte in ein lärmendes Zentrum. Die wunderbar antiquierte Straßenbahnlinie 2, die sich von Villa Opicina zum Teil mit Standseilhilfe hinunter windet, lässt Blicke auf monströse Mietskasernen und den faschistischen Prunkbau der Universität zu. Sie endet an der gesichtslosen Piazza Oberdan. Die Altstadt rund um das Kastell ist vernachlässigt. »... in die Länge möchte ich hier nicht wohnen«, schrieb schon Seume.

»Triest – Stadt aus Papier«, so hat Claudio Magris einen lesenswerten Text betitelt. Das hat zunächst einen wörtlichen Sinn: Viele Literaten, wie zum Beispiel Italo Svevo, sind hier geboren, viele, wie zum Beispiel James Joyce, hergekommen. Sogar Sigmund Freud hat hier 1876 ein Forschungsstipendium an der Zoologischen Versuchsstation absolviert. Stadt aus Papier, das kann aber auch heißen: Triest war und ist selbst mehr Literatur als wirkliche Stadt, mehr Imagination als Schönheit, und dabei nicht bloß eine Projektionsfläche »mitteleuropäischer« Sehnsüchte. Literatur und Imagination haben vielmehr etwas Gegenständliches, fast Materielles. Die Stadt ist, wie Roberto Bazlen schreibt, immer »ein hervorragender Resonanzboden gewesen, eine Stadt von ungewöhnlichem seismographischem Gespür«. Worin besteht dieses Gespür? Ein Seismograph jedenfalls ist ein Instrument zur Registrierung von Erdbeben, und die Erde zittert, wenn Spannungen sich entladen.

Physisch spürbar ist tatsächlich eine Spannung zwischen Innen und Außen. Vom Land her eingeengt durch die Berge, blickt die Stadt auf ein beschränktes Meer, das im Dunst unendlich scheint. Die Winde durchqueren sie nicht, sondern nehmen einen längeren Aufenthalt: der

Maestrale aus westlicher, der Scirocco aus südlicher, der Libeccio aus südwestlicher Richtung, und dann die Bora, ein kalter Wind aus Nordosten, der aus der ungarischen Tiefebene kommt. Mehr als die anderen verengt und verdüstert er das Gemüt. Wer Angst hat, weggerissen zu werden, findet oft eiserne Gelegenheiten zum Festhalten, die eigens dafür an den Häusern angebracht sind. So was braucht man vor allem im Winter, wenn die Bora Straßen und Häuserwände mit Eis überzieht. »Der Wind hat zwei Töne«, schreibt Scipio Slataper in seinem Text »Triest, der Karst«: »Die Attacke und die Flucht.«

Das war auch die Spannung, in der dieser 1888 geborene Schriftsteller stand. Ilse Pollack hat an seinem Beispiel die zerrissene Seele von Triest beschrieben. Slataper ging als junger Mann mit einem Stipendium nach Florenz, um Literaturwissenschaft zu studieren. Die Habsburger hatten Triest eine italienischsprachige Universität verweigert. In Florenz wird der Flüchtling einerseits als Unterdrückter Willkommen geheißen, andererseits als exotisch und provinziell abgewertet. Von Florenz und dieser ambivalenten Situation aus, die der Situation von Triest selber entspricht, geht er zur Attacke über: Die Stadt habe keine Kultur und keine Idealität, vielmehr eine »Geschichte aus Eis«, heißt es in seinen Triestiner Briefen, die Bibliothek sei provinziell, das Kunstmuseum kaufe jeden Ramsch. Die italienische Seele der Stadt sei schon ökonomisch gespalten: »Triest fühlt die Wichtigkeit des deutschen Elements – und muß es bekämpfen. Es hat Angst vor den slawischen Banken und wird deren Kunde.«

Die Seele der Stadt ist freilich insgesamt zerrissen, denn im Grunde sind alle Einwohner »deplaziert«, wenn sie sich über ihre nationale Herkunft definieren wollen: Die Deutschen sowieso, und selbst die Italiener, die Triest als Eigentum ihrer Nation reklamierten, mussten die Sprache der vornehmen Leute aus Florenz übernehmen. Italienisch existierte als gemeinsame Hochsprache noch nicht, und die eigene Triestiner Sprache stand dem minderen venezianischen Dialekt nahe, in dem sich viele Seeleute, also die gewöhnlichen Menschen, unterhielten. Und noch heute bezeichnen die Triestiner das, was westlich von Monfalcone liegt, als Italien. Slataper ist übrigens zurückgekehrt, wurde zu einer Schlüsselfigur des Triestiner Literaturlebens und ist 1915 als italienischer Soldat im Karst gefallen.

Auch die Slowenen in Triest sind »deplaziert«. Mit dem nationalen Differenzierungsprozess im 19. Jahrhundert ging ein Prozess der sozialen Differenzierung einher. Teile der homogenen, slowenisch sprechenden Bevölkerung im bäuerlichen Umland wanderten in die Stadt ein.

Der Gegensatz zwischen den Landflüchtigen und der kaufmännischen Oberschicht hatte damit auch eine sozialpolitische Komponente. 1910 lebten mehr slowenisch sprechende Menschen in Triest als in Ljubljana, nämlich über 56.000. Heute existieren unter anderem eine slowenische Studienbibliothek, deren Vorläufer, der 1861 gegründete »Slawische Volksleseverein« während der Zeit des Faschismus und Nationalsozialismus verboten war, das 1907 gegründete professionelle Slowenische Theater, das Slowenische Musikwerk und die Tageszeitung »Primorski Dnevnik«, die auch in Slowenien viele Leser hat. Der slowenische Anteil am gegenwärtigen kulturellen Leben der Stadt ist dem entsprechend beachtlich.

Wanderer, die den Weg über Miramare wählen, treffen auf die Spuren eines weiteren Flüchtlings. Im Schlosspark kann man viele exotische Pflanzen bewundern, deren Vorfahren Erzherzog Maximilian, ein Bruder von Kaiser Franz Joseph, von seinen zahlreichen Weltreisen mit der Fregatte »Novara« mitgebracht hat. Das 1856 im Stil der Spätrenaissance erbaute Schloss mutet wie eine Kopie an, manche sagen: einer normannischen Burg, andere: eines englischen Landsitzes. Der schöne Blick auf Triest scheint Maximilian nicht befriedigt zu haben. Wie später Kronprinz Rudolf war er aus der Art geschlagen. Schon als Generalgouverneur der Lombardei hatte er für die damalige Zeit moderne Ideen verfolgt. Als Konteradmiral führte er Panzerung und Dampfantrieb in der österreichischen Kriegsmarine ein, was 1866 den auf vielen Gemälden festgehaltenen Rammstoß der »SMS Ferdinand Max« ermöglichen und die Seeschlacht von Lissa für Österreich entscheiden sollte. 1864 ließ sich der merkwürdige Habsburger mit französischer Hilfe zum Kaiser von Mexiko ausrufen. An manchen Möbeln im Schloss kann man noch den mexikanischen Adler sehen, der ein Reptil im Schnabel zerbeißt. Maximilians Versuch, Mexiko nach seinen Ideen umzubauen, scheiterte, und er selbst geriet in die Position des Reptils. Nach dem Abzug der Franzosen, von ihm als Verrat empfunden, und dem Sieg seines populären Gegners Benito Juarez wurde er 1867 standrechtlich erschossen. Auf Manets Gemälde »Die Erschießung Kaiser Maximilians« tragen die Schützen nicht zufällig französische Uniformen. Es hat sich als Legende erwiesen, dass Maximilians Lieblingslied, ausgerechnet »La Paloma« von Sebastian de Yradier, tatsächlich dasselbe, das noch Freddy Quinn interpretierte, während seiner Hinrichtung gespielt wurde. Der Tote wurde auf der »Novara« noch einmal an seinem Schloss vorbeigefahren. »Und Sie, Maximilian, im dreifachen Sarg, für immer geschützt vor der Blendung Miramare«, so hält Wolfgang Siegmund diesen absurden Augenblick in einem Gedicht fest. Gemahlin Charlot-

te, Tochter des belgischen Königs Leopold I., muss ihn sehr geliebt haben. Nach vergeblichen Versuchen, Hilfe für ihren bedrängten Max zu organisieren, verfiel sie dem Wahnsinn. Seither, so schreibt Constantin Christomanos 1892, ist Miramare »erfüllt mit der dunklen Trauer der Vereinsamung«.

Viele andere, die vielleicht nur die Bora in den Wahnsinn getrieben hatte, wurden vom Psychiater Franco Basaglia befreit. Nach Jahren in Gorizia, wo er sein Konzept einer »Demokratischen Psychiatrie« entwickelt hatte, übernahm Basaglia die Leitung der großen Triestiner Irrenanstalt, weniger Klinik als Gefängnis, in der man die Kranken mit kalten Bädern und Elektroschocks traktierte. Auf sein Betreiben hin wurde Triest zum Experimentierfeld, die Anstalt 1977 geschlossen und 1978 ein Gesetz verabschiedet, das alle anderen psychiatrischen Anstalten in Italien abschaffte und alternative Betreuungseinrichtungen forcierte. »Freiheit heilt« haben ehemalige Patienten auf die Mauern der Anstalt in San Giovanni bei Triest geschrieben, ehe der Gebäudekomplex abgerissen wurde. Aber die Freiheit konfrontierte die Patienten auch mit der Erkenntnis, dass sie draußen noch immer ausgeschlossen waren.

Helmut Eisendle beobachtet in seinem Text »Städte« besonders viele *matti*, viele Verrückte, in den Straßen von Triest. Die Stadt ist tatsächlich für das Experiment geeignet, der Gesellschaft ihren Wahnsinn zurükkzugeben. Untertunnelte Hügel, verschachtelte Treppen wie zum Beispiel die Scala dei Giganti an der Via Caoitolina, die unterirdischen Flüsse im Karst der Umgebung und ihr rätselhafter Verlauf, das Zimmerfenster in der »Pensione Blaue Krone«, durch das man auf die nur einen halben Meter entfernte Wand und in einen stockfinsteren Lichthof blickt: Nicht umsonst schreibt Susanna Tamaro in »Roma–Trieste« von »der klaustrophobischen Enge der Stadt« und nennt sie »eine Stadt der Gifte«. Tamaro, selbst gebürtige Triestinerin, spricht aber auch vom Reichtum, den diese Gifte für einen Künstler darstellen. Sie muss James Joyce ganz intensiv genossen haben. Er lebte 1905 bis 1915 mit kurzen Unterbrechungen in Triest und schlug sich als Englischlehrer durch. Triest ist für ihn, so heißt es in einem Brief, »die grobschlächtigste Stadt, in der ich je gewesen bin. Es ist kaum möglich zu übertreiben, wollte man die Unhöflichkeit der Leute schildern.« Manche sagen, dass das noch heute zutrifft. Die Scala James Joyce findet sich wenige Schritte vom Haus Via Bramante 4, in dem er von 1912 bis 1915 gewohnt hat, entfernt.

Scala dei Giganti, Triest

In Triest schrieb Joyce, neben den letzten Kapiteln des »Ulysses«, auch die in den Dubliners veröffentliche Geschichte »The Dead«. Enge Verhältnisse und die Perspektive nach außen laufen im literarischen Dublin von Joyce gegeneinander. Das bildet auch die Seele von Triest ab, die Joyce so empfunden hat. Und wie die Städtewanderer im heutigen Triest stehen die Figuren von Joyce am Ende nicht draußen, sondern bloß wieder am Ausgangspunkt. The Dead: Seume wohnte im selben Gasthof, in dem der berühmte Archäologe Johann Joachim Winckelmann 1768 von einem jungen Koch, »einem meuchlerischen Bedienten«, wie sich Seume gruselt, getötet worden ist, »vielleicht ist es das nemliche Zimmer«, und die Versuchung liegt nahe, einen Satz von Walter Benjamin über das bürgerliche Interieur (»auf diesem Sofa kann die Tante nur ermordet werden«) abzuwandeln in: In dieser Stadt konnte Winckelmann nur ermordet werden. Im sehenswerten Friedhof Sant' Anna an der Via Costalunga, der konfessionell aus sieben Teilen besteht, hat die kosmopolitische Vergangenheit überdauert.

Die Morbidität der Stadt hängt also nicht nur mit Enge und Dunkelheit zusammen. Triest hat eine historische Vielschichtigkeit, die weniger an Prag als an Berlin denken lässt. Viele Bewohner haben während der Spanne eines Lebens in fünf unterschiedlichen Territorien gelebt, ohne die Stadt zu verlassen: in der Habsburger Monarchie, im Italien der Zwischenkriegszeit, während der Nazibesetzung in der so genannten Operationszone Adriatisches Küstenland, innerhalb der Republica Sociale Italiana, dann bis 1954 im Territorio Libero di Trieste und schließlich wieder in Italien. Aber während die geschichtlichen Schritte und Schnitte in der Weite von Berlin, in den dortigen Zerstörungen und Überbauungen klar unterscheidbar nebeneinander liegen, sind in Triest historische Ungleichzeitigkeiten und Widersprüche in äußerster Dichte präsent. Sie formieren mehrere Städte in einer Stadt. Folgt man dem Philosophen Michel Foucault in seinem Text »Andere Räume«, dann kennt die Gegenwart keinen homogen Raum mehr, in dem sich aktuelle und historische Unterschiede einfach nebeneinander situieren lassen: Triest macht eine einfache Übersetzung dieses Satzes möglich: Die Stadt ist, so wieder Susanna Tamaro, »eine Stadt der Spiegel. (...) Alle Dinge werden von einem zum nächsten und wieder zurückgeworfen, werden erst schmaler, dann breiter, erst winzig, dann riesig, erscheinen plötzlich schrecklich und unerträglich und verschwinden schließlich, ohne jemals ihre wirkliche Natur preisgegeben zu haben.« Triest also: vielleicht eine postmoderne Stadt.

Die Schichten, die da präsent sind, müssen vor dem Hintergrund der großen Geschichte gelesen werden. 104 vor Christus das erste Mal erwähnt, war Tergeste, ein Name, der sich von Terg, das heißt Markt, herleitet, eine römische Festung und ein Hafen, der allerdings mit Aquileia nicht konkurrieren konnte. Die Spuren aus dieser Zeit, zum Beispiel das Amphitheater oder der Arco di Riccardo, ehemals Bestandteil der römischen Stadtmauer aus dem ersten nachchristlichen Jahrhundert, finden sich in der Altstadt. Nach dem Untergang des Weströmischen Reichs 476 herrschten Ostgoten, Byzantiner und dann Langobarden. Ab 774 gehörte die Stadt zum Reich Karls des Großen, 1203 wurde sie von Venedig erobert, und nach 180 Jahren des konfliktreichen Hin und Her, einer Zeit, in der immerhin die Kathedrale San Giusto erbaut wurde, sagten die Habsburger 1382, sie hätten jetzt den Schutz der Stadt vor ihrem Nachbarn übernommen.

Das blieb lange Zeit ein machtpolitisches Motiv. Die ökonomische Bedeutung des Hafens wurde erst realisiert, als Karl VI. Triest 1719 zum kaiserlichen Freihafen erklärte. Zu den damals kaum 4500 Einwohnern kamen nun zahlreiche italienische, deutsche, französische, griechische

Triest, Bagno Ausonia

Triest, in der Altstadt

und armenische Einwanderer dazu. Die Vielheit der Küche, vom Gulasch bis zu süditalienischen Speisen, vom Baccala, das ist ein von den Seefahrern mitgeführter getrockneter Fisch, bis zum Wild aus dem slowenischen Hinterland, zeugt noch heute vom kosmopolitischen Gemisch, das sich nun zusammenrührte: »Alles ist voller Bewegung; bunt durch einander drängt sich das Gewirr der Nationen (...); alles jubelt beim Wein, und unbehinderte Freiheit herrscht«, schwärmte damals Karl Friedrich Schinkel. Zur Zeit Kaiserin Maria Theresias, die von 1740 bis 1780 regierte, wurden Salinen trocken gelegt und das großzügig weite theresianische Viertel nördlich der Altstadt entstand. Der Canal Grande, Relikt der Trockenlegung, muss den Vergleich mit seinem Namensvetter in Venedig scheuen. Ruderboote können die Brücken mit Mühe unterqueren. An seinem Ende steht die große serbisch-orthodoxe Kirche von 1860. Darin ist ein Patent von Maria Theresia zu bewundern, das den Serben Religionsfreiheit garantierte, sowie ein von Kaiser Franz Joseph geschenkter Säbel. Die kosmopolitische Öffnung der Stadt wird vom Molo Audace aus am besten sichtbar: Der Blick wandert hinaus ins Meer, rechts die Küstenlinie entlang, zurück zur Stadt und zur Piazza Unità d'Italia und zu den imposanten Gründerzeitbauten des Lloyd Triestino von 1883, der als Schifffahrtsgesellschaft 1830 gegründet wurde, oder der Assicurazione Generali. Der Molo ist nach dem italienischen Kriegsschiff »Audace« benannt, das im November 1918 anlegte und die Annexion von Triest durch das Königreich Italien einleitete. Dieser Teil des Hafens ist heute öd und leer.

An den napoleonischen Kriegen konnten die Triestiner noch verdienen: Sie »wünschen nur, dass ihnen der Himmel noch zehn Jahre einen so gedeihlichen Krieg bescheren möge«, berichtet Seume: »... schlagt euch todt, nur bezahlt vorher unsere Sardellen und Tücher«. Dieser Offenheit des Handels stand bald die seelische Geschlossenheit der italienischen, slowenischen und deutschen Nationalisten gegenüber. Die Multikulturalität der Stadt war real, aber zugleich auch ein Mythos. Darauf weist Angelo Ara in seinem Text »Triest – eine mitteleuropäische Stadt« im Rahmen der Krise Mitteleuropas hin: Triest »war sogar in seinen besten Augenblicken von den Zeichen einer Krise geprägt, die nicht ökonomischer, sondern existentieller Natur war.«

Triest war der wichtigste Brennpunkt der Nationalitätenkämpfe im Österreich des 19. Jahrhunderts. Und gerade hier ist der Keim der künftigen Isolation, den sie säten, am beispielhaftesten aufgegangen. Irgendwie muss schon die Schönheit des ersten Blicks zum nationalen Besitzdenken provoziert haben. Ein Eisenbahnführer von 1913 schildert eine Situation im Zug bei Opicina: »Fremde Laute klingen an, slawische, italienische Mischungen. Das Gespräch geht um politische Dinge, die hier national gewendet sind. Alle leben in gesteigertem Rassegefühl, jeder will sich betonen. (...) Ein Streit will ausbrechen, aber eine Stimme ruft: ›Sehen Sie da hinaus, ist das nicht herrlich?‹« Guglielmo Oberdan, noch heute Nationalheld und Namensgeber unzähliger italienischer Straßen und Plätze, warf 1882, anlässlich des 500-Jahr-Jubiläums der Habsburgerherrschaft über die Stadt, eine Bombe auf Kaiser Franz Joseph, verfehlte den Herrscher, tötete zwei Personen und wurde noch im selben Jahr gehenkt. Im Museum des Risorgimento, Via XXIV Maggio 4, in der Nähe der nach ihm benannten Piazza, kann man seine Gefängniszelle, aber auch Dokumente einer undistanzierten Verklärung besichtigen.

Die existenzielle Krise kulminierte mit dem Ende der Habsburgermonarchie. Der Kosmopolitismus wurde zunächst durch die wirtschaftliche Isolation, dann durch die faschistische Durchsetzung der Italianità zur nostalgischen Erinnerung von Händlern und Literaten, blieb aber in der Physiognomie der Stadt subtil erhalten. Im Caffè Tommaseo, eröffnet 1830 an der Piazza Tommaseo, oder im Caffè degli Specchi, eröffnet 1839 an der Piazza Unità d'Italia, trank man weiterhin einen Großen Braunen oder Verlängerten und kann das auch heute noch tun. Die schöne Einrichtung des Caffè San Marco, Via Cesare Battisti, ist im Original von 1914 erhalten. Dort trafen sich die großen Literaten, Italo Svevo, der wichtigste italienische Schriftsteller des beginnenden zwanzigsten Jahrhunderts, oder Umberto Saba, dessen ambivalente Gefühle in einem seiner Gedichte anklingen: »Triest, du neue Stadt, / du hast den Wuchs des Gassenmädchens, / bist ohne Form und Stil gewachsen / zwischen Meer und harten Hügeln.« Saba war ein unglücklicher Liebhaber seiner Stadt. Als Sohn einer jüdischen Mutter musste er 1943 fliehen und kehrte 1946 zurück. Viele seiner Leidensgenossen wurden in die Vernichtungslager gebracht. Die eindrucksvolle Synagoge in der Via San Francesco, im Jahr 1912 in einem syrisch anmutenden Stil erbaut, gilt als architektonisch bedeutsam. Im Caffé San Marco sitzen noch immer feingliedrige alte Leute, die als Schriftsteller durchgehen können.

Gabriele D'Annunzio ritt von Triest auf einem weißen Pferd los zur Eroberung von Fiume, dem späteren Rijeka. Die Brutalität des italienischen Faschismus wurde durch seine operettenhaften Züge nur scheinbar gemildert. Ein Konzentrationslager im deutschen Stil hat er jedoch nicht zu Stande gebracht. Die Risiera San Sabba, Ratto della Pilera 1, war das einzige deutsche Vernichtungslager auf italienischem Boden. Die alte Reismühle von 1913, ein klassisches Industrieensemble mit bis zu sechs Etagen, wurde 1943 zum Straflager 339. Durch den Schornstein zog der Rauch aus einem Krematorium hoch. Etwa 4000 Personen wurden erschlagen, erschossen oder vergast. 69 Züge belieferten von Triest und der Risiera aus die größeren Vernichtungslager im Norden. Die Mannschaft unter dem Oberkommando des Höheren SS- und Polizeiführers Odilo Globočnik, gebürtiger Triestiner mit österreichischen Wurzeln, zuerst in Kärnten Gau-Propagandaleiter, der schon in seinem Namen die Widersprüche der Stadt zur Darstellung bringt, werkten vorwiegend Deutsche als Schergen. 1945 wurden der Schornstein und das Krematorium gesprengt, um die Spuren zu verwischen. Die Risiera San Sabba ist heute ein *monumento nationale* und beherbergt ein interessantes Museum.

Einige andere unter den relativ zahlreichen Museen in Triest, vor allem das Museo del Mare, Via Campo Marzo 5, und das Museo Ferroviario, Stazione die Campo Marzo 1, bewahren das Aroma der Isolation, in die die Stadt nach 1945 aufs Neue geriet: »... halb Verfall, halb ausgestellter Verfall, eine Museums-Fassade vor dem Ort des Verfalls selbst«, so beschreibt Wolfgang Kaempfer das Eisenbahnmuseum in seinem Text »Trieste, Randlage«. Das Museo Rivoltella, 1872 vom Baron Pasquale Rivoltella gegründet, beinhaltet eine der wichtigsten italienischen Sammlungen der Kunst des 18. und 19. Jahrhunderts. Es ist Denkmal eines weltoffenen Mäzens und hält damit fest, was aus Triest hätte werden können.

Nach dem Ende des Zweiten Weltkriegs war die Stadt kurz von jugoslawischen Partisanen besetzt. 1947 schlossen Italien und die Alliierten den Pariser Friedensvertrag und gründeten damit das Territorio Libero di Trieste, einen neutralen Staat unter der Oberhoheit der Vereinten Nationen. 1954 kam Triest wieder provisorisch unter italienische Zivilverwaltung. Erst 1975, mit dem Vertrag von Osimo, kam Triest definitiv zu Italien. Italien baute 1966 eine neue Kirche: »Mutter und Königin Maria« ist über der Stadt im Westen weithin sichtbar, vom Zahn der Zeit schon angenagt, halb Versammlungshalle, halb Katakombe, Betondreieck, das Milo Dor in seinem Text »Triest, die Stadt zwischen drei Welten« mit Recht als »nationalen Tempel, … ein an Größenwahn grenzendes, monumentales Gebäude« bezeichnet hat, das »nachts illuminiert wird, damit es die ewige Präsenz eines nebulösen Nationalismus bezeuge«.

Triest, San Giusto

Immer noch ist Triest ein Freiluftmuseum mit lebenden Personen. Die vielen hier ansässigen Pensionisten haben mit ihren Renten zumindest in den letzten Jahren für eine gewisse ökonomische Stabilität gesorgt. Das Teatro Verdi an der Piazza Verdi 1, in dem Verdis Opern »Il Corsaro« und »Stiffelio« uraufgeführt worden sind, riecht nicht mehr »entsetzlich nach Stockfisch«, wie Seume schon kurz nach seiner Eröffnung 1801 bemerkte, und vielleicht könnten das neue Europa und die geöffneten Grenzen die alte Stadt durchlüften. Es ist zu hoffen, dass damit das Bunte, wie zum Beispiel die mehrstöckige Markthalle am Largo Barriera Vecchia, in der Fische, Kleider und viele andere Dinge verkauft werden, nicht weggeblasen wird. Ein irgendwie magischer Ort ist auch der weithin sichtbare, 70 Meter hohe Leuchtturm Faro della Vittoria, eingeweiht 1927 von Vittorio Emanuele III. Der Blick von oben ist großartig: das Meer, die Berge, die Stadt, Istrien am Horizont. Hier kann man nachvollziehen, warum der Regisseur Giorgio Strehler, auch er ein Triestiner, seinen Text »Mein Triest« fast trotzig mit »Erinnerungen an etwas Schönes« untertitelt hat. Aber dennoch eine »harte Stadt, zurückhaltend und auf ihre Weise streng«, wie er schreibt: und wie ihre Einwohner »alles andere als leicht zu haben«.

Wilhelm Berger

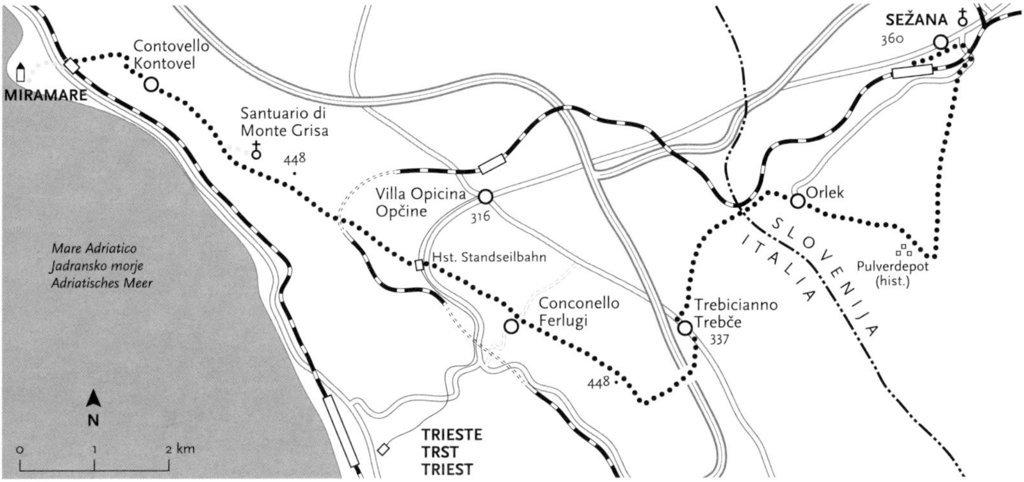

XVII **Ans Meer**

WANDERUNG VON SEŽANA NACH TRIESTE/TRST/TRIEST (MIRAMARE)

Die letzte Etappe steht ganz im Zeichen der Triestiner Bucht, die einem über weite Strecken – während man den Rand des Karst-Plateaus entlang wandert – zu Füßen liegt. Nur die ersten zwei Stunden gehören dem Karst, den man bei Orlek, einem einsamen Dorf an der Grenze, noch einmal in seiner klassischen Ausformung erlebt. Tiefe Dolinen, vielfältiges Buschwerk und verschlungene Pfade prägen die Landschaft. Man gelangt auf Schleichwegen nach Italien und lässt Trebiciano, eine Straßensiedlung der traurigen Art, rasch hinter sich. Kurz ist der Anstieg zum bewaldeten Kamm über Triest. Gibt die Vegetation anfänglich nur Ausschnitte frei, überblickt man bald die ganze Stadt. Wie ein Seestern liegt sie am Wasser; dahinter streckt der Hafen seine Tentakel aus. Von oben, unter dem Gewicht des Himmels, schiebt sich das Meer ins Bild. Man umgeht Triest in weitem Bogen und hält – sofern man nicht in Villa Opicina in die Straßenstandseilbahn umsteigt – auf Contovello zu, das sich auf einen Felsen über der Küste zurückgezogen hat. Von hier lässt man sich in einen Graben fallen und steigt auf einem alten Treppenweg entlang eines Bächleins zum Bahnhof von Miramare ab. Nur ein kurzer Spaziergang ist es zu Maximilians Schloss am adriatischen Meer.

ANMERKUNGEN: Leichte Wanderung. Anstiege: Insgesamt 250 m. Länge: 24 km. Gehzeit: 6 bis 6,5 Stunden. Variante: Gut 4 Stunden. Karten: Izletniška karta Primorje in Kras, 1:50.000, Geodetski zavod Slovenije. Tabacco-Wanderkarte 047 Carso Triestino e Isontino, 1:25.000. Einkehr: Campingbuffet bei Villa Opicina. Besondere Hinweise: Die Rückfahrt zum Bahnhof Sežana erfolgt am besten vom Bahnhof Villa Opicina aus, von wo täglich zwei Züge nach Sežana verkehren. Fahrzeit knapp 10 Minuten. Regelmäßige Straßenbahnverbindungen von Triest (Piazza Oberdan) nach Villa Opicina. Fahrzeit 45 Minuten. Alle anderen Verbindungen sind mit großen Umwegen (über Monfalcone bzw. Gorizia/Nova Gorica) und öfterem Umsteigen verbunden.

WEGBESCHREIBUNG: Man verlässt den **Bahnhof Sežana,** wendet sich nach rechts und folgt einer Straße entlang der Gleise in nordöstlicher Richtung. Vorbei an einer Sportschule und dem Kulturzentrum bis zu einer Querstraße; auf dieser scharf nach rechts. Man überquert die Bahn und folgt der Hauptstraße bis zu einer Dreifachgabelung (Wegweiser »Orlek«). Man nimmt die mittlere (nicht ausgeschilderte) Straße. Nach etwa 300 m endet der Asphalt; auf breiter Schotterstraße geradeaus weiter. Nach etwa 30 Min., bereits in Sichtweite einer Hochspannungsleitung, biegt man nach rechts in einen Fahrweg, der auf zwei gemauerte **Torpfeiler** zugeht. Kurz darauf ein weiteres »Tor«; der Weg gabelt sich; man hält sich rechts. Angenehmer Weg, der sich – teilweise in Gegenrichtung zum bisherigen Weg – ca. 20 Min. durch den Karst schlängelt.

Man erreicht **Orlek** (1:15 Std.) und hält sich bei einer Gabelung in Sichtweite des ersten Hauses links. Man wandert am linken Ortsrand und gelangt zum Haus Nr. 36a. Man biegt nach rechts in ein Asphaltsträßchen und gelangt bei einer kleinen Kapelle zu einer Kreuzung. Man geht links bergab und erreicht eine Querstraße; auf dieser nach links. Nach 20 m (Brunnen) wendet man sich nach rechts in eine geschotterte Fahrspur. Man passiert ein Haus und gelangt zu einem weiteren Gebäude (Ballspielplatz), wo man sich nach links wendet. Man wandert auf einer Fahrspur in südöstlicher Richtung (rechter Hand die tief eingeschnittene Bahnlinie). Man erreicht nach 5 Min. einen kleinen **Grenzübergang,** geht geradeaus und betritt – nun auf markiertem Wege – **Italien.** Gleich darauf weist die Markierung nach links; man geht jedoch geradeaus und gelangt bei einem gelben Haus zu einer geschotterten Querstraße. Man geht links und folgt dem (bald asphaltierten) Hauptweg bis **Trebiciano** (1:45 Std.).

Bei den ersten Häusern eine Gabelung; man geht rechts und folgt einem Sträßlein bis zur **Hauptstraße**; auf dieser nach links bis zum Hauptplatz. Man passiert die Kirche und wendet sich nach 50 m, beim Haus Nr. 247, halbrechts in ein Sträßchen. Geradeaus bis zu einer Kreuzung, man geht halbrechts (Fahrverbot) in einen Schotterweg, der kurz darauf ansteigt und bald die Autobahn überquert. Kurzer Anstieg bis zum bewaldeten **Hügelkamm** (2:30 Std.).

Blick von Contovello/Kontovel auf Triest

Man wendet sich nach rechts und folgt einem markierten Kammweg (Nr. 1) in mehrmaligem Auf und Ab. Aussichtsplätze mit Blick auf Triest. Bei einer markierten Kreuzung geradeaus. Man passiert zwei großen **Sendemasten** und erreicht gleich darauf eine asphaltierte Querstraße; auf dieser nach links bis zum Ortsbeginn von **Conconello.** Hier wendet man sich scharf nach rechts und folgt der Markierung auf bequemem Wege bis zu einem **Campingplatz** (4:00 Std.).

Kurzer Abstieg zur **Hauptstraße**; auf dieser 300 m nach rechts bis zur **Haltestelle der Straßenbahn** Villa Opicina–Triest (4:05 Std.). Häufige Verbindungen ins Stadtzentrum.

Man verlässt die Hauptstraße und wendet sich (noch vor einem Obelisken) halblinks in einen breiten geschotterten Weg (Fahrverbot, Markierung Nr. 1). Bequeme **Promenade** in nordwestlicher Richtung. Bald weite Blicke zur Küste. Nach 1 Std. erreicht man eine asphaltierte Straße, der man bis zu einem **Parkplatz** folgt.

Abstecher: Von hier führt scharf rechts ein steil ansteigender, sehr schöner Weg (Markierung Nr. 12) zum »Pyramidenstumpf« des Nationalen Marienheiligtums am **Gipfel** des Kammes. Hin und zurück ca. 45 Min.

Geradeaus (der Markierung folgend) bis zur **Hauptstraße**, auf dieser ca. 500 m geradeaus, dann nach links. Man durchschreitet ein Villenviertel und steigt, nachdem man eine breitere Straße gequert hat, zur Kirche von **Contovello** an (5:30 Std.).

Man geht am Portal der Kirche vorbei und wendet sich in eine Gasse (Fahrverbot), der man um drei Ecken zu einer Quergasse folgt; auf dieser nach links, leicht ansteigend. Man verlässt den Ort in nordwestlicher Richtung, passiert den **Friedhof** und erreicht eine Häusergruppe. Das Sträßlein beschreibt eine scharfe Rechtskurve, senkt sich und führt zu einem kleinen Teich. Hier wendet man sich scharf nach links und folgt einem breiten Weg in einen Graben (Markierung). Bei einem Rastplatz wechselt man auf einen Treppenweg, der neben einem Bächlein steil bergab führt. Man erreicht den **Bahnhof Miramare** (6:00 Std.).

Man unterquert die Bahn, wendet sich auf einer Querstraße nach rechts und gelangt zum Eingang des **Schlossparkes** von Miramare (nur bis 17:00 Uhr geöffnet!). Abstieg durch den Park (eher rechts halten) bis zum **Schloss Miramare** am Meer (6:15 Std.). Am Uferweg nach links bis zur Einmündung in die Küstenstraße, wo sich eine **Bushaltestelle** befindet (6:30 Std.).

Triest, an der Mole

ÜBERNACHTUNGEN

Warmbad Villach:
Warmbaderhof
Kadischenallee 22–24
+43/4242/3001-0
warmbaderhof@warmbad.at
www.warmbad.com

Finkenstein:
Finkensteiner Hof
Mallestiger Platz1
+43/4254/2176
hotel@finkensteinerhof.at
www.finkensteinerhof.at

Faak:
Hotel Müllneritsch
Seeuferlandesstraße 27
+43/4254/2118
hotel.muellneritsch@utanet.at
www.tiscover.at/
hotel.muellneritsch

Inselhotel Faakersee
+43/4254/2145
info@inselhotel.at
www.inselhotel.at

Ledenitzen:
Gasthof-Pension Rausch
St. Gregorweg 9
+43/4254/2844
www.gasthofrausch.com

Rosenbach:
Gasthof-Pension Matschnig
Rosenbach Nr. 16
+43/4253/8106

Landhaus Drachenstein
Rosenbach 12
+43/4253/8208
landhaus@drachenstein.at
www.drachenstein.at

Jesenice:
Restavracija Kazina
Cesta Železarjev 5
+386/4/5863811

Bled (Ortsteil Grad)
Hotel Jelovica
Cesta Svobode 8
+386/4/5796000
jelovica@hotel-jelovica.si
www.hotel-jelovica.si

Jugendherberge Bledec
Grajska 17
+386/4/5745250
bledec@mlino.si

Bled Jezero:
(Bahnhofsnähe):
Vila Černe
+386/4/5742723

Penzion Zaka
Župančičeva 9
+386/4/5741014
+386/31/449371
zaka.tonejec@siol.net
www.bled-zaka.com

Bohinjska Bela:
Gostilna Penzion Batist
Bohinjska Bela 128
+386/4/5720100

Bohinjska Bistrica:
Penzion Tripič
Triglavska cesta 13
+386/4/5721282
pension.tripic@bohinj.si
www.bohinj.si/tripic

Ribčev Laz:
Hotel Jezero
+386/4/57291-00
www.bohinj.si
alpinum.bohinj@eunet.si

Ukanc:
Hotel Zlatorog
+386/4/5723381
www.alpinum.net
alpinum.bohinj@eunet.si

Podbrdo:
Sobe Panjtar Tončka
Podbrdo 83
+386/5/3808027
+386/31/680 997
suzana.torkar@guest.arnes.si

Hudajužna:
Počitniško stanovanje Zver
Hudajužna 22/b
+386/5/3808202
+386/31/472187

Zakojca:
Pri Flandru
Marija Vencelj Tušar
Zakojca 1
+386/5/3779800
info@kmetija-flander.si
www.kmetija-flander.si

Most na Soči:
Penzion Šterk
Most na Soči 55
+386/5/3887065
penzion.sterk@siol.net
www.penzion-sterk.si

Hotel Lucija
Most na Soči 57
+386/5/3813292
info@hotel-lucija.com
www.hotel-lucija.com

Tolminski Lom:
Turistična kmetija Široko
Tolminski Lom 41a
+386/5/3887220
+386/41/280966
tksiroko@volja.net
www.slovenia-
tourism.si/siroko

Kanal:
Gostišče Križnič
Trg svobode 1
+386/5/3051008
gostisce.kriznic@email.si

Dobrovo:
Gostilna Dobrovo
Trg 25. maj 10
+386/5/3045056

Medana:
Turistična kmetija Klinec
Medana 20
+386/5/3045092
+386/41/779167
klinec-medana@s5.net

Gostilna Bužinel
Medana 18
+386/5/3045082
+386/31/671705
info@gostilna-buzinel.si
www.gostilna-buzinel.si

Turistična kmetija Belica
Medana 32
+386/5/3042104
info@belica.net
www.belica.net

Gorizia:
Albergo Alla Transalpina
Via Giuseppe Caprin 30
+39/0481/530291
info@hotel-transalpina.com
www.hotel-transalpina.com

Grand Hotel Entourage
Piazza S. Antonio 2
+39/0481/550235
info@grandhotelentourage.it
www.grandhotelentourage.com

Nova Gorica:
Hotel Sabotin
Cesta IX. korpusa 35
Solkan
+386/5/3365000
hotel.sabotin@hit.si

Volčja Draga:
Hotel Casino Paquito
Volčja Draga 61
+386/5/3304791

Branik:
Villa Flora
Branik 176
Tjaša Demšar
+386/5/3057909
www.artw.org/villaflora.htm

Štanjel:
Sobe Fratnik
Kobdilj 5c (Bahnhofsnähe)
+386/5/769 0116
www.fratnik.com
info@fratnik.com

Apartments
Marija Jera Švagelj
Štanjel 6a
+386/5/769 0018
+386/31/522188
nassa.desella@siol.net

Apartments Stanarjevi
Štanjel 29
+386/5/7691007
+386/31/389621
info@stanarjevi.com
www.stanarjevi.com

Hruševica:
Turistična kmetija Tavčar
Hruševica
+386/5/7690136

Tomaj:
Turistična kmetija Škerlj
Tomaj 53a
Dutovlje
+386/5/7640673
skerlj.tomaj@siol.net

Sežana:
Hotel Tabor
Kolodvorska 4
+386/5/7341551
hotel.tabor@siol.net
www.tabor.tk

Penzion Triglav
Partizanska cesta 1
+386/5/7341361

Triest:
Pensione Rittmeyer
Via Rittmeyer 2
+39/040/762233
info@pensionerittmeyer.com
www.pensionerittmeyer.com

Albergo Città di Parenzo
Via degli Artisti 8
+39/040/631133
info@hotelparenzo.com
www.hotelparenzo.com

Hotel Riviera & Maximilian's
Strada Costiera 22
+39/040/224551
info@hotelrivieraemaximilian.com
www.hotelrivieraemaximilian.com

Nuovo Hotel Daneu
Strada per Vienna 55
Villa Opicina
+39/040/214214
www.hoteldaneu.com

ORTSREGISTER

DIE AUTOREN

Gerhard Pilgram

geb. 1955, Kulturmanager und bildender Künstler, ist Geschäftsführer des Universitätskulturzentrums UNIKUM Klagenfurt.

Wilhelm Berger

geb. 1957, Sozialwissenschaftler und Philosoph, ist Prodekan der Fakultät für Interdisziplinäre Forschung und Fortbildung (Klagenfurt–Graz–Wien).

Gerhard Maurer

geb. 1967, arbeitet freiberuflich als PR-Berater, Coach und Fotograf in Klagenfurt

Gemeinsame Buchveröffentlichungen:
»Kärnten. Unten durch«
Klagenfurt 1998
»Verschütt gehen«
Klagenfurt 2002
»Slowenien entgegen«
Klagenfurt 2004

Ko-Autorinnen und Autoren:
Werner Koroschitz
Emil Krištof
Annemarie Pilgram-Ribitsch

Lektorat:
Annemarie Pilgram-Ribitsch
Kartenskizzen: Emil Krištof
Übersetzungen: Katja Kernjak
Recherchen: Tina Hofstätter

»Das Weite suchen. Zu Fuß von Kärnten nach Triest« ist ein Projekt des Universitätskulturzentrums UNIKUM.

Der besondere Dank der Autoren gilt der Kulturabteilung der Stadt Villach, der Universität Klagenfurt und allen TestwandererInnen, insbesondere: Jens Donner, Tachmina Khaidarova-Krištof, Emil Krištof, Katharina Müller, Veronika Ott, Dietmar Pickl, Marion Pruckner, Martin Schöffmann, Inge Vavra und Bertram Wassermann.